全国教育科学规划课题（教育部重点）
“农村学前教育公共服务体系的构建研究”
（批准号：DHA110229）研究成果

江苏省社会科学基金重点项目
“江苏农村学前教育公共服务体系的保障机制研究”
（批准号：14JYA003）研究成果

农村学前教育
公共服务研究

尹坚勤　等◎著

教育科学出版社
·北　京·

代　序

我国学前教育改革的难点在农村，重点在补偿与保障。2017 年 10 月召开的中国共产党第十九次全国代表大会明确部署，作为保障和改善民生的重要内容，“幼有所育”要不断取得新进展。《国家中长期教育改革和发展规划纲要（2010—2020 年）》提出要“建成覆盖城乡的基本公共教育服务体系”，学前教育的发展任务之一是“重点发展农村学前教育。努力提高农村学前教育普及程度。着力保证留守儿童入园”。2010 年 12 月 1 日，时任中共中央政治局委员、国务委员刘延东在全国学前教育工作电视电话会议中提出，“要把加快发展农村学前教育作为重点。各级政府要把发展农村学前教育作为新农村建设的紧迫任务，纳入公共服务体系，加快乡村幼儿园建设，建立和完善县、乡、村三级学前教育服务网络，使农村适龄儿童能够享有公平的学前教育机会”。2015 年，中共中央、国务院印发《关于加大改革创新力度加快农业现代化建设的若干意见》，其中有关农村教育的表述出现在第三部分“围绕城乡发展一体化，深入推进新农村建设”第 16 条“提升农村公共服务水平”中：“因地制宜保留并办好村小学和教学点。支持乡村两级公办和普惠性民办幼儿园建设。”此文件的政策导向十分鲜明，直接关注我国学前教育最边缘也是最底端的乡村幼儿园。2012 年 3 月 1 日起施行的《江苏省学前教育条例》在全国范围内率先从法律层面确立了学前教育的公益性、普惠性，规定“县级以上地方人民政府应当保障学龄前儿童能够平等接受基本的、有质量的学前教育”，“大力发展农村学前教育，缩小城乡之间、区域之间、学前教育机构之间保育教育条件和水平的差距”。

相关政策和文件已经明确农村学前教育是学前教育事业的重要组成部分，国家和地方政府也在努力履行职责，积极建设和发展农村学前教育。然而在现实中，农村学前教育的发展进程远没有教育发展蓝图规划的那般美好，尤其是在大量经济欠发达地区和边远地区，公共服务体系的建构和运行存在着各种各样的问题。事实上，这些地区农村学前教育常常存在被忽略、被边缘化和生存空间狭小的现象。在现实中，部分民办园、村办点等处于缺乏基本规范的低水平运转状态，基本难以靠自身的力量生存和发展，其服务对象基本属于农村居住人口中的弱势群体。然而，这些机构在偏远的经济欠发达地区，交通不便的丘陵、水网地区均有着存在的必要性，主要因其方便农村村落散居方式，教育成本低，家长熟悉、认同。这些机构在现阶段以及今后一个时期都将持续保留并发展，具有积极的现实意义。伴随着城镇化发展的进程，大量农村家庭以多种形式迁往县区或是乡镇中心区域。对于留在村里的家庭，办园点往往是他们的唯一选择。如果没有“弱势补偿”政策作为保障，这些家庭很可能因为没有远距离入园的相应费用，面临放弃学前教育的境地。

近年来，我国农村学前教育公共服务体系的建设问题备受研究者的关注。从研究内容来看，不少研究者对学前教育公共服务体系的内涵、内容和途径进行了一定的探索。有研究者以教育公平理论、教育成本分担理论、政府职能理论、公共服务理论和人力资本投资理论为依据，探讨了政府作为公共产品的提供者和社会公平的维护者在发展学前教育过程中的责任与义务，提出了政府主导农村学前教育发展的基本框架。也有研究者提出，政府要在财政政策上加大对农村学前教育的投入，充分考虑东、中、西部的差异，为贫困儿童、流动儿童提供学前教育补贴。同时，优先保障中西部农村学前教育师资队伍，利用多种资源发展农村学前教育，逐步完善学前教育监管体系，等等。

本书的一大特色在于提出了中国农村学前教育公共服务体系建设的三个阶段划分，即创设阶段、突破阶段和创新阶段。这一划分有利于：累积已经取得的理论和实践成果，将体系建设不断向纵深推进；剖析已有地方经验的发展模式和实践探索，展开对农村学前教育公共服务体系的理性认识与系统构建。本书根据社会转型时期特定的文化背景，把关注农村弱势人群学前儿童的生存境况及其改善问题作为公共服务建设重要而关键的组成部分，强调以政府为主导，进行制度设计与公共教育资源建设，在向农村学前教育提供基本规范的、基本覆盖的公共产品的基础上，实现农村学前教育发展的“教育补偿”，实行教育资源配置的“优先扶持”，积极探讨保障城乡均衡发展的、有质量的农村学前教育公共服务路径。

传统的中国社会是一个典型意义上的“乡土社会”，至今，乡村仍然是国家政治、经济和文化生活的根基所在，农村学前教育已经成为增进农村新居住人口交流与凝聚力、增强新型城镇建设与文明内核力发展的主要途径。新型城镇化中的生态观就是让村民具有同等的发展权利和环境。把促进公平作为国家基本教育政策，就是守住教育底线，促进最底端教育机构的标准化发展。探究和把握农村学前教育的内在规律，是不失乡土本色又呼应时代变迁的重要命题，对于完善教育公共服务管理，对于新型城镇化中的乡村复兴之宏旨，具有十分显见的理论价值和现实意义。

因为，中国新型城镇化的未来取决于这部分坚守乡村的儿童，他们的发展代表着未来一代新市民的整体素质和城市面貌。

本书是全国教育科学规划课题（教育部重点）“农村学前教育公共服务体系的构建研究”、江苏省社会科学基金重点项目“江苏农村学前教育公共服务体系的保障机制研究”的成果。笔者强烈感到一个研究者的责任：对研究成果与该领域现存知识成果之间的关系进行清楚的认知和表达。科研规范要求我们对同领域既往科研和实践进行广泛、深入、严密的审视和鉴别，并在这种审视和鉴别中定义研究的意义，力争做到不遗漏任何重要的、典型的研究结论和实践模式。衷心感谢课题组核心成员们数年来持之以恒的精诚合作、热诚研究和辛苦劳动。感谢长期以来坚守在乡村幼儿园的广大教师，你们的坚守是我们研究的不懈动力和不竭源泉。感谢所有给予课题研究和本书编写大力支持的默默无闻的人们。感谢教育科学出版社白爱宝老师始终如一的跟踪关注和鼓励支持。

本书编写分工如下：第一章，尹坚勤；第二章，陈华；第三章、第四章，尹坚勤；第五章，何锋（第一、第二、第四、第五节），陈华（第三节）；第六章，吴巍莹（第二、第三、第四节），尹坚勤（第一节）；第七章，贾云；第八章，尹坚勤，何锋。全书由尹坚勤统稿。

尹坚勤

目　录

第一章
中国农村学前教育公共服务体系概论

管理学中的木桶理论和系统论中的系统功能理论告诉人们，系统的功能取决于系统中功能最弱的环节。同样，一个社会人口的整体素质和竞争能力必然会受到社会弱势群体素质的制约。在现代社会，教育已成为人们摆脱贫困的重要途径，也是提高生活质量的基础和前提。由于我国长期存在的城乡分割二元经济社会结构，农村的学前教育相对于城市地区普遍薄弱。尤其是农村学前儿童群体中，很大一部分来自贫困家庭，他们没有能力离开乡村，如果不改变其接受学前教育权利和机会的现状，意味着他们就会“输在”教育的起跑线上，代与代之间将进行贫困的“遗传”或“复制”。只有建立、完善农村学前教育公共服务体系，才能够对这一群体实施补偿教育，才能够帮助弱势群体实现向上流动，摆脱恶性循环。

探究、理解和把握农村学前教育公共服务的内在规律，是顺应时代变迁、实现其应有的现代转换的重要保障，对于完善教育公共服务有着重要的价值与意义。例如，“兜底政策”能够守住教育底线，“托住”最底端学前教育的标准化发展，对于新型城镇化中的乡村复兴之宏旨，具有十分显见的理论价值和现实意义。以促进公平作为国家基本教育政策的发展战略共识，对扶助弱势、抑制新的弱势群体产生具有结构性支撑意义。教育公平的主要责任在政府，全社会要共同促进教育公平。学前教育是国民教育的基础和开端，是重要的社会公益事业，也是满足家庭需求、促进社会公平的重要公共服务。

农村学前教育公共服务是社会公共服务尤其是教育公共服务的有机组成

部分。因此，本章分别介绍社会公共服务与教育公共服务的相关概念和要点、学前教育公共服务的核心概念和基本命题。在此基础上，针对目前我国学前教育公共服务发展现状与问题，就农村学前教育公共服务的要义、以人为本的教育服务需求等方面展开论述，并且提出构建城乡一体的学前教育公共服务体系。

第一节　社会公共服务与公共服务能力

一、社会公共服务与公共服务能力的基本内容及其特征

随着全球化进程和国际竞争的日益加剧，建立、完善中国特色的社会公共服务体系已经从作为提高人民幸福指数、提高国家竞争力的必由之路上升为国家战略。《中华人民共和国国民经济和社会发展第十三个五年规划纲要》(以下简称“《‘十三五’规划纲要》”）指出：“坚持普惠性、保基本、均等化、可持续方向，从解决人民最关心最直接最现实的利益问题入手，增强政府职责，提高公共服务共建能力和共享水平。”教育部 2010 年 12 月 1 日召开全国学前教育电视电话会议，提出“要把加快发展农村学前教育作为重点。各级政府要把发展农村学前教育作为新农村建设的紧迫任务，纳入公共服务体系，加快乡村幼儿园建设，建立和完善县、乡、村三级学前教育服务网络，使农村适龄儿童能够享有公平的学前教育机会”。

（一）社会公共服务的基本特征

公共服务指建立在一定社会共识基础上，一国全体公民不论其种族、收入和地位如何，都应公平、普遍享有的服务。公共服务的性质决定了它不可能完全由市场自发提供，而应由政府来提供或主导提供。提供公共服务是政府的最基本职能。公共服务不仅是政府部门的责任所在，更是政府部门的核心职能所在。公共服务体系包括公共教育、公共卫生、公共文化服务和社会

福利等体系，是以政府为主导，以提供基本而有保障的公共产品为主要任务，以全体社会成员分享改革发展成果为基本目标的一系列制度设计。政府主导、社会参与及体制创新是其主要表现特征，追求公共、公平是其实质内涵和价值取向。

社会公共服务一般具有三个方面的特征，即大众化、基本性和非营利性。

1. 公共服务是一种大众化的服务

公共服务有别于其他任何一种服务，因为公共服务是由政府提供的、面向全体社会成员的大众化服务。公共服务不以任何特定的人群为对象，公共服务的提供不受任何人群的社会、经济背景影响。

2. 公共服务是一种基本服务

公共服务是与人们日常生活密切相关的基本服务，内容非常广泛，包括供水、供电和公共交通，也包括公共安全、医疗、教育和文化娱乐等。随着公共服务体系的完善，越来越多的领域将被纳入基本公共服务的范畴。公共服务是一种面向社会、面向全体公民的基本服务。

3. 公共服务是一种非营利性的服务

公共服务是由政府所提供的一种非营利性的服务。政府提供公共服务是为了社会整体人群的生活便利、舒适、幸福，而非为了经济利益。公共服务不应该也不可能由市场主导。一些公共服务可能会以市场经营模式提供，但都以严格的法律法规作保障，而且市场化的服务只能够是一种补充与调节。

（二）公共服务能力及其基本保障

公共服务提供的主体包括政府、非政府公共部门（主要指事业单位，如学校、医院等）和公务人员。公共服务能力是指政府、非政府公共部门以及公务人员等利用公共资源为社会提供服务的能力。

公共服务能力包括两大领域：一是政府部门的公共服务能力，二是公务人员的公共服务能力。提高政府的公共服务能力必然落实到具体的决策者和执行者的服务能力，因为政府是由一个个公务人员组成的，政府的服务是由一个个岗位、一个个角色构建起的公共服务的体系。

公共服务能力的提高主要依赖于公共服务体系的完善以及公共服务人员

能力的提高。以农村学前教育公共服务为例，农村学前教育公共服务能力的两大基本保障是：①农村学前教育的制度体系（包括经费来源体系、办园体系、管理体系、师资供给体系等）的完善程度；②农村学前教育师资和管理人员的素质。

二、公共服务的基本手段及供给不均

（一）公共服务的基本手段

政府供给基本公共服务的三种基本手段是：监管、付费、直接提供。

监管是指通过建立健全各种制度、机制，对非政府组织供给公共服务进行全程监督与管理。

付费是指政府通过付费来干预公共服务的提供，包括向服务提供者和服务需求者提供补贴等。

直接提供是指政府公立机构直接向公众提供公共服务。

（二）公共服务供给不均

前述政府供给基本公共服务的三种手段都旨在实现基本公共服务的高效、公平，然而事实上却都存在“供给不均”的问题，表现为“服务制度供给不均”“政府财政供给不均”“服务人员、设备和设施供给不均”和“服务质量不均”等。

1. 服务制度供给不均

服务制度供给不均主要表现为公共服务制度的城乡二元化。虽然科学发展观强调城乡协调发展，但长期以来的“重城轻农”现象持续存在，造成今天依然存在城乡二元格局。有些地区因为贫富差距的拉大，二元化现象更加严重。一些制度的存在本身就是不均。

2. 政府财政供给不均

政府财政供给不均主要体现为地方财政辖区内分配不均以及中央与地方对基本公共服务财政支出分担比例失衡。地方财政辖区内分配不均会拉大城乡及不同社会群体之间的差距，加剧社会不公。大多数省份的财政收入有限，在市县一级更是捉襟见肘，难于提供各种基本公共服务所需的资金，只能重点顾及其中一部分，造成地方财政供给不均。地方政府缺乏足够的财权，却承担大部分的基本公共服务责任。严重的权责不一，增加了地方供给基本公共服务的难度，影响了地方基本公共服务的公平性。

3. 服务人员、设备和设施供给不均

这主要反映在各基本公共服务部门中工作人员、设备、设施配置的数量及质量上的差别。城市配备了更多优秀人才，配置了更优质的设备，服务质量更高。

4. 服务质量不均

城乡差距、区域差距、不同社会群体间的差距本质上反映了基本公共服务在数量或质量上的不均。基本公共服务数量上的均等，未必能保证群众真正享受到质量均等的服务，所以应规避基本公共服务数量上的不均，但同时更应该克服基本公共服务质量上的不均。

三、公共服务的均等化是质量服务的关键

基本公共服务均等化是指政府要为社会成员提供基本的、与经济社会发展水平相适应的、能够体现公平正义原则的大致均等的公共产品和服务，是人们生存和发展最基本条件的均等。推进基本公共服务均等化已经成为我国经济社会发展的紧迫任务。广大社会成员的公共需求全面、快速增长与公共产品短缺、基本公共服务不到位的问题共存，导致政府供给基本公共服务过程中存在着供给不足和供给不均的现象。

提高公共服务的质量，除了解决供给不足问题，关键是克服公共服务的不均。以农村学前教育为例，要全面、真正提高农村学前教育公共服务的质量，需要立足于人的全面发展和基本公共服务需求，加大公共财政对农村学前教育的投入力度，让全体适龄儿童及其家庭享有同等的入园和接受服务的机会。同时，需要把城市和农村的学前教育事业发展作为一个有机整体，包括在基础设施建设方面统一考虑、统一布局、统一推进，使城市向农村不断延伸，实现学前教育的城乡共享。

四、我国公共服务的发展趋势

社会发展的基本宗旨是人人共享、普遍受益。我国社会的基本需求发生了变化，要求转变经济发展方式，加快建立覆盖全体社会成员的基本公共服务体系，以应对基本公共需求全面快速增长所带来的新的挑战。

（一）提高供给能力

1. 避免基本公共服务供给的“泛市场化”

基本公共服务供给市场化曾经被视为解决政府供给不足问题的有效途径，但在运行中却容易引发“泛市场化”，即把不该市场化的基本公共服务也市场化了，使基本公共服务的消费成本提高，一般群众难以承受，加剧了社会不均。基本公共服务供给主体多元化，应考虑到不同类别的基本公共服务需选择不同的供给主体。有些基本公共服务只能由政府来提供，以实现公平，这是由这些基本公共服务的特性所决定的。因此，需要防止因“泛市场化”而导致的基本公共服务不均。

2. 力求公平地分配地方政府转移支付的资金

增加部门经费开支透明度，提高被服务对象的知情权、参与权，是预防公共财政转移支付分配不均的有效办法。在对公共服务支出进行绩效审计时，应特别考虑公共服务支出的公平性问题。

3. 推进公共服务政策制定与实施的民主化、科学化

基本公共服务均等化的实现有赖于公共服务部门科学、民主地制定并实施公共服务政策。实践证明，行政程序法、行政问责制、干部考核制度、听证制度等，是保证公共服务政策科学制定与执行的科学化、民主化的有力举措。

（二）提高享受基本公共服务的能力

推进基本公共服务均等化，不仅要重视提升政府基本公共服务供给能力，而且要重视提高社会公众享受基本公共服务的能力，努力追求全体社会成员，

特别是困难群体具备大致相当的享受基本公共服务的能力。

1. 提高公众对公共服务的选择能力

所有公众都有根据自己实际需要选择基本公共服务的权利，但未必所有人都有足够的公共服务选择能力，选择真正适合自己需要的公共服务。一部分公众有经济实力，但他们缺乏选择公共服务的意识，因此没有得到本来可以均等享有的基本公共服务。

2. 遵循自助先于公助原则

虽然政府出资购买基本公共服务，但不能将政府公共服务作为一种纯粹的福利性公共产品，仍有相当一部分基本公共服务需要群众自己付费。群众必须具备享受基本公共服务的经济能力，对于部分困难群体，应提供优惠政策，创造就业条件，遵循自助先于公助原则。

3. 提高公共服务购买力

部分困难群体经济承受力低，难以购买基本公共服务，失去了享受服务的机会，导致机会不均。提高困难群体公共服务购买力是消除不均的根本途径，而充分就业是提高困难群体公共服务购买力的保障。

（三）提高服务质量

提高服务质量意味着关注提供公共服务的质量与公共产品的适应性和适宜性。目前，城市拥有比农村更多数量的基本公共服务资源，而且城市对基本公共服务资源利用的集中程度更高，造成现阶段城乡居民在享受基本公共服务中的不均。

基本公共服务均等化的程度高低与城镇化、工业化的程度高低相关，需要根据不同地域的具体情况分步推进。农村要想得到高质量的基本公共服务，除了政府加大对农村投入外，还应该考虑集中利用农村现有的有限基本公共服务资源。

（四）提高社会满意度

目前政府公共服务的公众评价体系尚未建立健全。政府自身的绩效评估没有把公众对政府公共服务的满意度作为考核标准。公众对公共服务表达不满，说明他们的公共需求没有得到满足，要求政府改变公共服务方式，健全社情民意沟通渠道，扩大公众在公共服务问责制中的知情权、参与权和监督权。

第二节 公共教育服务与政府职能转换

《“十三五”规划纲要》明确提出公共教育属于基本公共服务领域。在实现基本公共服务的途径方面，《“十三五”规划纲要》强调创新公共服务提供方式，能由政府购买服务提供的，政府不再直接承办；能由政府和社会资本合作提供的，广泛吸引社会资本参与。在基本公共服务的提供和质量保证中，政府职能须回归到公共服务的基础上，而服务型政府职能的关键在于管理方式构建。政府公共职能明确定位于经济调节、市场监管、公共服务和社会管理四大方面。落实到公共教育服务，政府的职能从举办教育到提供公共教育服务。这是一个重要的命题，无疑是根本性解决教育面临的众多问题的一大机会。

一、发展服务型政府是解决教育问题的必要前提

公共教育产品短缺和公共教育服务不到位等问题是我国教育面临的重大问题。造成问题的主因是政府职能的“缺位”和“虚位”。“缺位”是政府的一种不作为，如有的研究者指出：“政府不能给予充分的经费保障，曾经要求或者默许学校通过各种途径创收以弥补经费的缺口，这就是所谓的‘缺位’，也是造成学校不规范收费的主要原因之一。而学校不规范收费往往使得学校的公益性受损、寻利性增加……必然使教育机构及其人员的思想受到侵蚀并导致行为出现偏差。”①

“虚位”是政府作为流于形式。在政府的职能实施中，尽管制度设计完

① 尹后庆．建立和完善公共教育服务体系的思考［J］．教育发展研究，2009（01）．

善、职责明确，但由于缺乏执行力，结果导致制度得不到很好的贯彻执行，停留在文字设计和档案材料中。这种“虚位”久而久之会转变为制度疲弱，从而引起社会公众对制度的怀疑和不信任，减弱对制度的认同和支持。

要解决教育问题，需要改变思路，用新的制度设计和更加有效的举措去推动政府职能向公共服务回归。教育系统应紧紧抓住政府职能转变的机遇，主动地去推进建立和完善教育的公共服务体系。

二、政府公共教育服务的基本内涵

公共教育服务的实质是为应对公共教育需求而进行公共资源的投入与配置，就是指通过政府的公共支出使得所有老百姓都能公平地享有教育服务。

政府代表公共利益，利用公共财政提供公共教育服务，其目标是追求公共教育服务的有效性和适切性。公共教育服务的核心是普惠性。政府提供的基本教育服务产品必须具有公益性、公平性、非竞争性的特征。

政府公共教育服务的水平应当随着经济和社会发展与公众需求的增加而逐步提高。以学前教育为例，学前教育发展到某种程度后完全可能成为一种准公共服务产品或者进一步成为完全的公共服务产品，主要体现在学前教育普及程度不断提高和公共教育财力在学前教育成本分担中比例的提高。东、中、西部政府可以根据经济能力和财力承担学前教育部分成本，逐步增加政府服务的成分。尤其在一些经济比较发达、有财政供给能力并且老百姓对学前教育需求旺盛的地区，可以通过提高生均经费、制定免费教育政策解决学前教育公共服务中的财政难题。

在服务供给方式上，公共教育服务不应该也无法由政府包揽，可以在直接提供公共服务的基础上，通过购买服务（成本收费）、委托管理等方式间接提供教育服务。通过非营利性的社会组织机构和个人提供这种服务，确保政府的财力用于公共教育事业，保证成本收费机制的良性运行。例如，在学前教育领域实施这一机制有利于遏制目前社会不合理的高收费现象，彻底解决“入园贵”的现实问题。

三、重视公共教育服务制度设计

公共教育服务并非简单和绝对意义上的公正而仁慈的福利产品。公共教育服务是用制度和机制来治理现有教育行业存在的种种问题，特别是解决公共教育产品短缺和公共教育服务不到位等问题。因此，有必要从治理的视角重新思考政府在公共教育产品与服务中的角色和价值，运用治理理念变革公共教育服务体制，实现公共教育服务供给主体的多元化、公共教育治理权力的多中心化和公共教育服务结构的多样化。

（一）建立公共教育服务保障制度

公共服务需要具有经费和制度的双重保障。在公共教育服务这个领域内，有不同层面的政府参与，因此需要明确各自的职责，建立起职责明确、分工合理、制度健全、举措有力的保障机制。其中，设计适合我国国情和现实需要的教育财政投入及分配方案是保障公共教育服务均衡发展的主要内容。

（二）建立公共教育服务的非营利监管制度

公共服务中的间接服务是通过社会性机构和个人完成的，必须有非营利制度与监管制度设计，才能保证服务的公共性。以学前教育为例，目前，民办学前教育机构多为营利性，办学主体要求提高收费以获得更多投资回报，而目前推行的普惠性幼儿园只有通过增加对其拨款换取不得高于同类幼儿园收费的保证，同时避免其采取其他途径与手段获利。必须依托非营利财政制度的约束和监管制度的执行，方能保障进入民办幼儿园的公共财政资金真正成为成本分担的资金，否则不仅无法实现降低学费的目的，而且会加大个别民办教育投资者收益机会，引发新的社会不公平。

（三）提高公共教育服务水平的均衡化制度

公共服务的最大特征是普惠性，要注意教育政策的普惠性、适切性和补偿性。针对我国现阶段社会发展的现实状况，公共教育服务的主要问题是所提供的教育服务及服务水平的城乡均衡化。

公共教育服务均衡化制度建立的关键，在于公共教育服务能否在关注服务对象的全覆盖的同时，实现区域、城乡和人群之间差异的最小化。更多的社会关注和财政支持，向农村留守儿童、新移民儿童以及贫困家庭和外来务工人员子女等倾斜，针对农村幼儿园发展的实际需求给予政策性倾斜。当前，对薄弱地区、特殊人群集中的农村地区，急需提供补偿性的服务供给，以确实保证公共教育服务的普惠性和可获得性，使教育真正成为社会公平的基石和社会和谐的促进手段。

第三节　学前教育公共服务发展现状与问题

一、中国学前教育公共服务发展现状

据统计，2014 年，全国范围内学前三年毛入园率达到 70.5%，已经超过《国家中长期教育改革和发展规划纲要（2010—2020 年）》确定的 2020 年要达到 70%的目标，提前实现发展目标，而且比 2009 年提高了将近 20%。这说明我国学前教育规模在五年里飞速发展。普及率提高的原因主要是政府加大了投入，无论是财政投入还是人力投入，都是史无前例的。每个地区都在积极建立政府主导的公共服务体系，中西部地区尤其采用政府购买服务的方式来扩大学前教育规模。以下从幼儿园数量和财政投入的增加进行分析，相关信息都来自各地区申报国家学前教育改革发展实验区的申报表。

（一）中部地区案例

1. 江西省吉州区

江西省吉州区是江西省吉安市市辖区，经济、政治都较为发达。总人口 34.6 万，城镇人口占到了 21.1 万。城市幼儿园 51 所，农村幼儿园 26 所，民办园占主体。

从表 1-1 中可以看出，在幼儿园（所）数量上，吉州区 2009 年的幼儿园总数量为 74 所，学前三年毛入园率也是相当高的，达到了 81.5%。但普惠性民办园数量为 0，公办园也只有 1 所。这表明吉州区学前教育的主要力量为其他民办园和其他教育机构或班级，对于普惠性幼儿园的认识较为落后。这对地方学前教育事业发展有着较大的影响。因为总体来讲，民办园教师专业水准相对较低。到了 2014 年，普惠性民办园的数量和在园人数都提高了很多，说明政府开始重视并积极投入财政支持。在财政投入方面，从 2009 年到 2014 年，无论是总投入还是本级投入都增加了很多，使当地办园条件得到了有效改善。吉州区尤其重点发展农村学前教育，努力缩小城乡之间的差距，解决了农村大量学前儿童的入园问题。

表 1-1　江西省吉州区 2009 年、2014 年学前教育发展情况对比

	2014 年	2009 年	增长情况
学前三年毛入园率（%）	88	81.5	6.5
幼儿园（所） 其中：公办园 普惠性民办园	79 6 12	74 1 0	5 5 12
在园幼儿（人） 其中：公办园 普惠性民办园	13561 3387 2265	10270 305 0	3291 3082 2265
学前教育财政总投入（万元） 其中：本级财政投入	794 610	165.6 128.6	628.4 481.4

2. 河南省新安县

河南省新安县位于洛阳市西部，历史悠久。境内地势复杂，“山高、岭多、河谷碎”是对新安县地势特征的主要描述。全县山地面积占 19%，丘陵面积约占 72%。地势以山地丘陵为主。

从表 1-2 中幼儿园园所数量可以看出，2009 年新安县的公办园只有 1 所，2014 年增加到 17 所，平均每年增加 3 所公办园；普惠性民办园平均每年增加 5 所。这样数量的增加直观表明了学前教育规模的快速扩大。幼儿园数量和幼儿人数的增加必然带来师资的紧缺，因此，学前教育规模的扩大也

带动了教师队伍的扩大，甚至带动了整体教师地位的提高。表中也清晰地反映出上级投入和本级投入的增长量都十分巨大。

表 1-2　河南省新安县 2009 年、2014 年学前教育发展情况对比

	2014 年	2009 年	增长数
学前三年毛入园率（%）	88	60	28
幼儿园（所）	54	11	43
其中：公办园	17	1	16
普惠性民办园	37	10	27
在园幼儿（人）	11437	3440	7997
其中：公办园	3573	1410	2163
普惠性民办园	7864	2030	5834
学前教育财政总投入（万元）	5522.6	1596	3926.6
其中：本级财政投入	1074.2	336	738.2

新安县特有的办园模式是集团化办园，以教育集团为领头羊，通过优秀示范园对周边幼儿园进行引领和辐射，帮助和扶持各种类型幼儿园，并率先按照“覆盖人口 5000 人，服务半径 1.5 千米”的原则，完善农村幼儿园的布局，以此来增加幼儿园的数量，扩大学前教育的规模。而且新安县还鼓励村（社区）集体办园，生源充足的村和社区独立办园，生源不足的村则几个邻近的村联合办园，共同承担责任。通过集团化办园模式，构建质量较好、覆盖面较广的学前教育公共服务体系。

（二）西部地区案例

1. 云南省巍山彝族回族自治县

云南省巍山彝族回族自治县处于云南省西部，境内河谷、盆地、山地相间分布，海拔差异较大，全县山区面积达总面积的 93.3%。巍山县是少数民族聚集地，少数民族人口约占总人口的 45.5%。城镇常住居民人均生产总值差距较大，是我国扶贫开发工作重点县。

巍山县是一个以山区为主的地区，地势是影响教育发展的一个重要问题。山地多，带来交通的不便，交通的不便带来信息的闭塞，影响教育发展。而

且由于城乡经济差异较大，农村儿童很难受到更好的教育。但正是由于巍山县通过申报国家学前教育改革发展实验区，各方加大了财政投入和设施投入，加强了教师队伍建设，采用了以奖代补、结对帮扶的政策。从 2009 年到 2014 年，全县学前三年毛入园率增长了 30.3%，公办园增加了 3 所，普惠性民办园增加了 5 所。而且从表 1-3 中可以明显看出，该地区公办园很少，而普惠性民办园则占有很重要的位置，也就是说该地区对于普惠性民办园的关注程度具有前瞻性。

表 1-3　云南省巍山县 2009 年、2014 年学前教育发展情况对比

	2014 年	2009 年	增长数
学前三年毛入园率（%）	84.5	54.2	30.3
幼儿园（所）	76	68	8
其中：公办园	5	2	3
普惠性民办园	71	66	5
在园幼儿（人）	7635	6319	1316
其中：公办园	1389	620	769
普惠性民办园	6246	5699	547
学前教育财政总投入（万元）	306.9	132.3	174.6
其中：本级财政投入	271.3	122.3	149

另外，考虑到地方文化差异较大，而且分散在各个地方，巍山县采取了就近入园、巡回支教和设立早教点等方法，帮助缺乏优质学前教育的农村和偏远地区解决入园难的问题。同时以多种形式扶持普惠性民办幼儿园，为幼儿园提供土地、税收等方面的优惠政策，通过政府购买服务，完善公共服务体系，扩大办园数量，大力发展学前教育的办学规模。

2. 四川省泸州市泸县

四川省泸州市泸县人口超 110 万，经济相对发达，但教育质量一直较为滞后，尤其是学前教育方面。近年来，全县加快发展学前教育，尤其是财政投入和保障机制都做出了非常巨大的调整。

从 2009 年到 2014 年，泸县学前三年毛入园率增长了 21.3%，其中最引人注目的就是表 1-4 中财政投入方面。5 年来，财政总投入从 150 万元增加

到了6000万元。无论是上级财政投入还是本级财政投入，都加大了对学前教育的关注。财政投入是学前教育发展非常重要的方面，一旦财政投入跟上，那么无论是校舍、公共设施等，还是师资队伍，都会有很大的提升。

表1-4 四川省泸县2009年、2014年学前教育发展情况对比

	2014年	2009年	增长数
学前三年毛入园率（%）	86.6	65.3	21.3
幼儿园（所） 其中：公办园 普惠性民办园	100 20 27	71 5 12	29 15 15
在园幼儿（人） 其中：公办园 普惠性民办园	26357 17030 3479	13500 4200 1210	12857 12830 2269
学前教育财政总投入（万元） 其中：本级财政投入	6000 3200	150 150	5850 3050

针对当地的特点，泸县还创新性地探索并初步建立起了政府主导的“五大”保障机制，以此建成质量较高、覆盖面较广的公共服务体系。而且泸县一直坚持“快一步”“高品质”“可持续”的学前教育改革发展原则，加强领导和教师队伍建设，切实解决“入园难”“入园贵”问题。

二、我国学前教育公共服务发展存在的主要问题

根据对上述样本地区数据的分析，研究发现每个地区有着地方特色的各类问题，主要有以下几个方面。

1. 教师队伍整体不足

研究表明，随着社会发展需求的快速增长，样本地区教师队伍普遍存在多种问题，主要包括：①教师专业化水平低下，如泸县的问题就是当地有很多临时聘请的教师，普遍素质和专业化水平都不高。公办园教师大多是小学教师转岗过来的，教师专业程度不高。②教师数量严重不足，教师编制不够。如巍山县提到教师编制不足使得幼儿园的部分教师只能从中小学中选调，还

影响了义务教育阶段教师的稳定性。这些问题使教师专业水准难以得到保障。

教师队伍是整个教育事业能否稳步发展的重要因素。幼儿园教师质量在一定程度上还影响着家长对幼儿园的选择，所以只有教师数量和事业编制得到增加，素质和能力得到提升，才会满足更多社会需求，学前教育事业才会稳步发展。

2. 普遍存在公办园少、民办园质量较差的现象

研究表明，在 2009 年，很多样本地区民办园数量都高于公办园，农村尤其如此。各民办幼儿园的办园水平参差不齐，保教质量也有待提高。这样的后果是提供优质学前教育资源的机会十分有限，大众对公办优质学前教育资源的基本需求无法满足。另外，民办园的收费标准较高，质量却相对较差。如旌阳区提到公办和民办幼儿园保教费标准差距大，民办园收费两极化，民办园普遍收费高于公办园。一些民办园凭借特色教育和优质硬件设施，大幅上涨入园价格，另一些民办园虽然收费低，但是规模小，条件差。这样的两极化对幼儿园的规模发展造成了重大影响。

幼儿园的数量和质量决定着学前儿童入园需求的满足程度。只有在不断增加幼儿园数量的同时保证质量的发展，才能满足日益增长的社会需求，才能有效扩大教育规模。

3. 教育科研制度不完善

从样本地区文件可以发现，提到教育科研制度的很少，只有个别地区强调了教科研制度的重要性并发现了问题。如有的地区提到了学前教育教研制度需深入推进，尤其是农村学前教育教研水平低下，教师主动性不足，而且也缺乏相应的设施和条件。这就说明各地区还没有正确意识到教育科研对于教师发展和教育发展的重要性。

教育科研制度是提高教师专业成长水平的重要保障，教师教育教学的基础是教师教科研能力。只有不断去研究儿童，不断去交流分享，才能提高自身的素质。

4. 区域之间、城乡之间发展不平衡

区域发展和城乡发展之间的不平衡主要体现在各个地区之间以及农村偏远地区和城镇经济相对发达地区之间的差异。如有的地区提到区域之间学前教育资源布局不均衡，导致各幼儿园之间的差距非常明显。农村偏远地区财

政投入相对较少，带来的后果就是学前教育资源匮乏、教师待遇差，并形成恶性循环。这些和公共服务体系的建立有着极大的关系。

公共服务体系主要是政府主导下通过自身设计产品或者购买服务来建立普惠性民办园的长效机制。而一般中西部地区都是采用购买服务的方式来增加学位，如样本地区中很多地方提到了公共服务体系，但基本都是一笔带过，没有深入阐述。这也说明地方政府对公共服务体系的关注还不够。

第四节　农村学前教育公共服务的要义：率先纳入免费教育

农村学前教育公共服务是我国公共教育服务体系中的薄弱环节。对“农村学前教育”概念的理解取决于对“农村”这一概念的界定。城乡划分的标准根据统计目的与需求的不同而有差异。在地域的界定上，国家统计局2006年的《统计上划分城乡的规定》，将我国地域划分为城镇和乡村。在教育统计口径中，则根据教育整体发展水平与需求划分为城市、县镇和农村。在本书中，“农村”指县城以下的所有乡镇以及行政村，“农村学前教育”则指农村乡镇、行政村（街道）的学前教育，不包括县/县级市政府所在地学前教育。

大量研究表明，学前教育对儿童的身心发展具有重要价值。对学前教育的投资的回报率高于对其他任何一个教育阶段的投资，而面向弱势群体的学前教育投入效益最高。农村学前教育受益范围广，外部溢出效应强，原则上应由中央政府承担主导责任。应该进一步从促进社会公正与和谐、保障农村儿童平等受教育权的角度，认识农村学前教育公共服务的必要性和紧迫性。为此，必须建立以中央政府为主的农村学前教育财政投入体制，建立以公办园为主、以民办普惠性幼儿园为补充的农村学前教育公共服务体系。

近年来，在党和国家的高度重视下，我国学前教育事业发展的速度与规模令人瞩目，农村学前教育也获得了长足的发展。农村学前教育不仅成为学前教育领域的研究热点，而且也成为社会讨论的热点话题。但是农村学前教育在飞跃发展的同时，其自身还存在一些亟待解决的问题。基于当前我国社会公共服务水平不足、长期以来农村学前教育发展水平较低等原因，要从根本上解决这些问题，应该率先将农村学前教育纳入免费教育。目前，分区域、分阶段将我国农村学前教育纳入免费教育体系的各种条件已经基本具备，可以先期试点，逐步推广。

一、农村学前教育纳入免费教育的必要性与紧迫性

（一）面向弱势群体的学前教育投入将获取更高的回报

国内外大量研究表明，学前教育是不可延时补偿的。一旦错过了心智发展的关键期，将对儿童达到应有发展水平产生不利影响。人生起跑阶段的教育公平机会，是家庭摆脱代际恶性循环的重要途径。国家投资学前教育的社会回报率高于其他任何一个教育阶段，面向弱势群体的学前教育投入将获取更高的回报，这种回报包括提高新型城镇市民的竞争力、改变代际贫困现象、促进社会和谐与文明建设等多方面的社会回馈。

（二）农村学前教育在国家政策中体现不足

“学前教育是以公益性为根本属性的准公共产品”这一定位非常准确，它反映了当前我国经济社会发展形势下学前教育具有公益性和非义务性的双重属性。①“……长期以来一些政府部门及其领导对学前教育事业的教育性和公益性认识不够，对学前教育在教育体系和社会公益事业中的重要地位缺乏应有的正确认识……”② 几十年来，我国对农村儿童欠下的债务实在是太多了，再这样长此以往不“强迫”不作为，将难以面对和谐社会的教育公平问题。一味地以财力为借口，实质上是继续漠视被城市化取向的学前教育政策遗忘了的农村学前教育事业，是对农村儿童的严重不公。这实际上是对农村教育落后的坐视不管和放任。一些地方政府的教师招考从来没有考虑过幼儿

---

① 李辉．幼儿教育券：我国幼教体制改革的可行方案［J］．幼儿教育（教育科学），2009（1、2）．

② 庞丽娟，范明丽．“省级统筹 以县为主”完善我国学前教育管理体制［J］．教育研究，2013（10）．

教师，部分官员根本不知道发展学前教育属于自己的职责范围，甚至认为发展学前教育是“吃饱饭撑的”。

今天有些农村家庭不是不愿意送孩子进幼儿园，而是适龄儿童上不了幼儿园。部分不规范幼儿园的教育质量无法保障，导致对儿童身心发展产生负面影响。2016 年 9 月，安徽省某县一个拥有 6 万多人口、总面积 100 多平方千米的省重点建设中心镇竟无一所公办幼儿园。这种现象在我国农村地区具有一定的代表性，尤其是在中西部地区。其主要原因是公共教育服务的供给不足，教育财政对农村幼儿园的投入不足，而这部分家庭购买服务即支付幼儿园保教费用的能力明显不足。

改革开放以来，我国专门针对农村学前教育的独立性政策仅有教育部《关于发展农村幼儿教育的几点意见》（1983 年）和国家教育委员会《关于进一步办好幼儿学前班的意见》（ 1986 年）两项。大部分政策文件对农村学前教育仅仅是“附带性提及”，国家对农村学前教育的重视程度仍有待进一步加强，农村学前教育在国家政策中体现不充分，有待进一步强化。

（三）免费教育是国际学前教育发展的一个重要趋势

为农村儿童提供免费教育是缩小城乡差距、推进教育公平的一项重要任务，是当前及未来一段时间国际学前教育发展的一个重要趋势。根据联合国教科文组织发布的 2007 年全民教育全球监测报告显示，截至 2006 年，已有 30 个国家和地区出台了免费学前教育法律法规。丹麦、芬兰、韩国、美国、爱尔兰、葡萄牙、新西兰、法国、匈牙利、意大利、英国、比利时、瑞典和澳大利亚等经济发达国家，巴西、墨西哥、古巴和蒙古等发展中国家，我国澳门、台湾等地区，均先后确立了免费学前教育制度，重点保障农村儿童享有最起码的教育权利。许多国家在推进农村学前教育发展的过程中，纷纷明确了中央政府的主体责任，制定了优先促进农村学前教育发展的战略目标，优先和重点保障农村儿童接受学前教育的权利。

进入 21 世纪，面对城乡学前教育差距的进一步拉大，公共教育服务的均等化问题日益凸显，以及因供给不足导致农村儿童所遭受的严重不公，我国部分学者和社会人士积极呼吁免费教育应该向学前教育延伸，率先将农村学前教育纳入免费教育。应该进一步从促进社会公正与和谐、保障农村儿童平等受教育权利的角度认识农村免费学前教育的必要性，更应该从构建与完善农村公共教育服务的视角认识提供合适的农村学前教育产品的紧迫性，努力使广大农村地区尤其是中西部农村地区的儿童不输在起跑线上。

二、农村学前教育纳入免费教育的可行性

《国家中长期教育改革和发展规划纲要（2010—2020年）》明确提出要重点发展农村学前教育，努力提高农村学前教育普及程度。2014年11月，教育部、国家发展改革委、财政部印发《关于实施第二期学前教育三年行动计划的意见》，更是明确提出要逐步建立起以公共财政投入为主的农村学前教育成本分担机制，着力扩大农村学前教育资源。当前中央财政重点支持的“4大类7个重点项目”中，有三大类是专门针对农村学前教育或者以农村学前教育为主，分别为校舍改建类、幼师培训类及幼儿资助类。2016年11月12日，财新网报道5000个亿花了还有千万学前儿童入不了园，明确指出现阶段的财政投入飞升，然而配置不均，导致农村地区仍然存在适龄儿童上不了幼儿园的现象。这些政策和现象说明，实现免费农村学前教育，关键已经不是政府是否重视（政府已经非常重视），也不是国家是否具备财政实力（5000个亿是一个可观的数字），而是如何合理配置的问题。具体可以从以下三方面着手。

1. 提高治理意识

有学者已经从学前教育的重要性、教育成本、缩小城乡差别、提高学前教育质量、法治化与规范化管理等方面论证了率先实行免费农村学前教育的必要性与可行性。[①] 免费农村学前教育已经不再是资金的问题，而是政府对农村学前教育如何进行制度设计和彻底治理的问题。是否具有这种治理意识，又从一定程度上反映各级政府对农村学前教育是真重视还是假重视。如果对农村学前教育具有制度设计和彻底治理精神，各级政府自然会想尽办法创造

① 李辉．也谈幼儿教育义务化——《幼儿教育能否义务化》读后感［J］．幼儿教育（教育科学），2009（18）：1-4.

条件提供免费公共学前教育服务；反之，则会列出许许多多的理由来延缓或排斥有利于农村学前教育的改革措施。正如庞丽娟教授所言，“长期以来一些政府部门及其领导对学前教育事业的教育性和公益性认识不够，对学前教育在教育体系和社会公益事业中的重要地位缺乏应有的正确认识”①。一些地方政府不知道发展学前教育属于自己的职责范围，导致部分地区长期没有学前教育财政经费专项，教师招考忽略幼儿教师部分。对农村学前教育抱着这种认识和态度，当然就不可能迈出实现免费农村学前教育的第一步。

2. 合理配置

如果说此前我国财力确实无力支撑农村学前教育，那么到了今天，问题的根源是能否对大量的教育财政与教育资源进行应有的合理配置。2016 年，经济并不发达的河南驻马店，在其区域性的教育发展规划中，提出学前三年毛入园率达到 87%，学前一年毛入园率达到 95%，其中入公办幼儿园和普惠性幼儿园的比率达到 97%。② 开封已经具备了实施农村学前一年免费教育的财政实力。宁夏某县虽然自然环境恶劣，经济发展滞后，但其学前教育发展在宁夏名列前茅，获得了省级政府的认可。③ 这些成绩还是在“地方为主，中央奖补”的财政投入机制下取得的，如果能够确立以中央财政投入为主的机制，那么类似宁夏某县的农村学前教育应该能够取得更加辉煌的成就。这说明，我国已经具备将农村学前教育纳入免费教育体系的条件。正如一位市长所说，在全国普及山村幼儿园，实施学前免费教育，解决农村儿童入园难问题，是完全可行的。

3. 提供产品

改革开放以来，我国对农村儿童欠下的债实在是太多了，已经到了补偿的时候了。为发挥教育补偿政策的应有作用，各级政府部门须率先执行农村学前教育免费政策，为农村家庭提供基本充足的公办幼儿园，并逐步实施 1~

① 庞丽娟，范明丽．“省级统筹　以县为主”完善我国学前教育管理体制［J］. 教育研究，2013（10）：24-28.

② 市教育局．驻马店市九大项目促教育体育事业扩容提质［EB/OL］.（2016-02-18）［2018-07-16］http：//www. zhumadian. gov. cn.

③ 高扬，曾晓东．绩优奖励制度能有效激励农村地方政府的学前教育服务供给吗？［J］. 宁夏社会科学，2015（6）：90-94.

2年的免费学前教育。为了保证农村免费学前教育的质量和效果，教育部门应该组织、落实提供适宜农村学前教育服务内容，合理规划农村乡镇、行政村（街道）幼儿园数量发展规模和配置，保障教育经费与师资落实到位。

三、农村免费学前公共教育服务的主要实施路径

如上所述，无论从政府财政力量、管理经验，还是从公共服务能力方面看，农村学前教育纳入免费教育的条件显然已经基本具备，其实施途径主要包括以下三个方面。

（一）建立以中央政府为主的财政投入体制

很长一段时间以来，各级政府对农村学前教育的财政投入责任不明确，财政支持农村学前教育的职责在一定程度上被弱化。“现有体制人为地将我国公民分为四个等级，并据此分配不等的幼教资源，这是明显的分配制度不公。国家只承担政府和事业单位的幼教经费而置农村幼教于不顾，这是明显的政府失职行为。”“教育财政公平的基本要求是不同阶层和社群之间按比例平等分配教育经费。……在分配过程中必须遵循以下五项原则……。上述五项原则在我国幼教界没有得到体现，反而出现越来越明显的马太效应……一方面是农村幼教资源紧缺，另一方面是城市优质幼教资源浪费或被瓜分。”① “部分城市的名园、公办园长期享用超编的教师配置，使得优质资源过于集中……”② 被城市化学前教育体制所遗忘的农村学前教育急需中央财政。

使用财政分配原则的多样性是世界诸多国家促进教育均衡发展的主要手段。许多国家注重强化中央政府优先保障农村学前教育的财政投入责任，将财政优先投向农村幼儿，并不断地加大财政投入力度，从而为发展农村学前教育奠定可靠的物质基础，例如印度明确规定政府在预算分配上优先确保最弱势群体的儿童。“以印度儿童综合发展服务计划为例，中央政府经费承担

① 李辉．幼儿教育券：我国幼教体制改革的可行方案［J］．幼儿教育（教育科学），2009（1、2）．
② 尹坚勤．执行《配备标准》　保障事业发展［J］．早期教育（教科研版），2013（6）．

的比例是90%”①。当前，对于谁来投入农村学前教育经费的问题已经达成基本共识，以中央政府为主承担农村学前教育的费用是世界各国促进农村学前教育发展的通例。我国中央政府也毅然决然地扛起了这个重任。

由于我国农村幅员辽阔，地区差异大，中央与地方政府应根据各地具体情况承担不同程度的主体责任。在中西部农村地区，学前教育财政保障的主体应该以中央政府为主，实行中央财政承担70%、省财政承担20%、县财政承担10%的成本分担机制。东部经济发达的农村地区，其学前教育财政投入保障的重心则以中央支持下的地方政府为主。唯有如此，才能有效地缩小我国学前教育发展的巨大地区和城乡差异。为此，中央和地方政府应明确将发展农村学前教育作为推进学前教育公平的着力点，以农村儿童为重点实行免费学前教育，建立以农村为重点的学前教育投入体制，并以公办园为主推进农村学前教育发展。

(二) 建立以公办园为主的农村公共学前教育服务体系

实行农村学前教育的免费制度，必须建立以公办幼儿园为主，鼓励普惠性幼儿园发展，民办幼儿园适当补充的服务机制。

在我国不少偏远农村地区，不仅行政村没有幼儿园，就连乡镇也缺乏创建幼儿园的条件，没有真正意义上的公办幼儿园，幼儿园一般处于自收自支的状态。有些地方政府在无奈之下只好以幼儿看护点替代。中央政府应该尽快加大资金投入力度，“强化国家举办和提供学前教育机构的主导责任，大力增设公立幼儿园，以公立园为主导为弱势儿童提供学前教育是当今世界主要国家和地区弱势儿童教育扶助政策的共同选择”②。在大力发展乡镇中心幼儿园的同时，县、乡镇两级政府须尽可能改善和提高幼儿看护点的软硬件设施，并强化对农村幼儿看护点的监管。在未来一段时间，随着新农村建设和城镇化建设的逐步推进，县级政府应该合理布局，整合资源，在中央财政的强力支持下，逐步将幼儿看护点转制为公办幼儿园。

---

① 庞丽娟，夏靖，孙美红．世界主要国家和地区弱势儿童学前教育扶助政策研究［J］．教育学报，2010（5）．

② 同①。

在创办公办园的过程中，地方政府要有积极的态度。例如，最近在我国的一些地方出现民办园干扰公办园建设的现象。对于这种情形，乡镇政府部门须积极应对各种纠纷，妥善做好各方的工作，确保既要引导民办园有序、健康地发展，又要确保公办园的创办和发展无人为障碍。在乡镇政府无力协调各方工作的情况下，县级政府应该及时出面，按照相关政策进行干预。如无相关政策，则应尽快制定。在政策导向上，应该尽力确保政府创办公办园的既定政策不受各种因素的影响而流产，导致最后搁置公办园创建计划。

各地应根据中央和省相关文件要求，结合本地实际制定《农村幼儿园办园条件基本标准》，并严格按照相关标准新建、改建、扩建农村幼儿园的场所并完善配套的硬件设施。推进农村学前教育发展应该以政府建立的公办园为主，对此目前各方已经达成基本共识。由于复杂的因素，目前市场上大量的民办园是以营利为目的。因此，必须强化对民办园的监管与评估，尤其是对办园资质和收费标准的监管，不断提高对民办园的要求，使其逐步达到或接近公办园的标准。

（三）强化农村幼儿园师资队伍建设

“我国幼儿教育的根本问题在农村，而农村幼儿教育的关键问题是教师的严重缺乏。”① 部分农村地区长期缺乏幼儿教师编制，每年教师招考计划中没有幼儿教师计划。据某市幼教专干介绍，20 世纪 90 年代以来，该市没有增加过一个幼儿教师编制。而由于没有编制，很难吸引到学前教育专业的毕业生。② 与我国形成鲜明对比的是，许多国家和地区明确规定幼儿教师与中小学教师享有同等的社会地位和工资待遇，明确幼儿教师工资由政府财政拨付。我国台湾地区明确规定要给在弱势地区工作的幼儿教师额外的“地域加给”，对农村幼儿教师到城市研修给予旅费和膳宿费补助等。③

我国应尽早明确农村幼儿教师的法律身份和社会地位，尽快解决农村幼

① 尹坚勤．执行《配备标准》　保障事业发展［J］．早期教育，2013（6）．

② 李红婷．农村学前教育政策审视：期待更多关注［J］．中国教育学刊，2009（5）：1618．

③ 庞丽娟，夏靖，孙美红．世界主要国家和地区弱势儿童学前教育扶助政策研究［J］．教育学报，2010（5）．

儿教师，尤其是中西部农村幼儿教师的编制、职称和培训等问题。各级政府要以“抓铁有痕、壮士断腕”的魄力扎实有效地推进我国农村学前教育事业持续、健康发展。将免费师范生、“特岗计划”、“转岗计划”、需求地生源招生等政策延伸至学前教育，进一步出台专门针对农村幼儿教师培养与管理的政策和制度，以优惠的补偿政策积极鼓励农村籍学前教育专业学生回到家乡，服务家乡的学前教育。

中央财政应该尽快加大对农村幼儿教师工资待遇的补偿力度。在幼儿教师缺口较大的背景下，现有 100~200 元的补偿力度还不足以吸引到足够的师资投身农村学前教育。对在偏远的乡镇从教的幼儿教师，其月工资应在其县城同级别幼儿教师的工资基础上补偿 500~800 元。在中西部农村地区，可以尝试对在偏远的行政村从教的幼儿教师进行更多奖补，例如使其月工资远高于县城同级别幼儿教师的工资，吸引一部分农村籍学生回家乡献身农村学前教育事业。

第五节　新型城镇化建设与以人为本的教育服务需求

传统的中国社会是一个典型意义上的“乡土社会”，至今，乡村仍然是国家政治、经济和文化生活的根基所在。① 伴随着新型城镇化的进程，社会转型、大量人口流动和信息时代的渗透，传统的文化范式发生了嬗变，原生态文化的稳定性和封闭性结构发生变化。农村既丧失了本土文化的优良传统，又未能出现兼顾传统与现代的良性过渡，表现出凋零、断裂、缺失的文化状态。这种文化状态带来农村家庭居住方式与生活方式的突变，对新型城镇发展的未来主体——儿童更是产生了难以修复的影响。因此，新型城镇化必须坚持以人为本的生态观，即让农村居民具有同等的发展权利和生活环境。只有坚持以人为本的生态观，才能真正满足有利于农村学前儿童生存和发展的

① 王露璐．新乡土伦理——社会转型期的中国乡村伦理问题研究［M］．北京：人民出版社，2016：1.

教育需求。

一、新型城镇化建设与新的教育需求

党的十八大报告明确提出要建设以人为核心的新型城镇化。新型城镇化的核心是人的城镇化，其中的核心价值是以人为本。农村人口转移到城镇，目的是造福百姓并且让农民逐步融入城镇。这个过程的关键在于切实提高城镇化建设的全面质量。目前，我国城镇常住人口中，有2亿多农民工及其随迁家属，此数字随着全面放开建制镇和小城市落户限制政策还将上升。值得关注的是，这些进入城镇的农民工及其随迁家属，未能享受城镇居民的待遇，城镇内部出现了新的二元结构矛盾，也带来农村留守儿童、妇女和老人突出的问题，给经济和社会发展带来一些风险隐患。

新型城镇化建设必须坚持以人为本的理念，着眼于人的全面发展。而要做到这点，必须关注新型城镇化影响下每一个人生存和发展的各个方面，包括人与人之间交往的普遍性，相互之间文化和文明的交流，物质和精神两方面财富的均衡积累，生活水平的不断提高，个人幸福感的不断增强，对自身发展和价值的肯定，对社会经济和文化生活的贡献，对主流价值的认同，等等。所有这些，都给新型城镇化背景下的教育特别是学前教育提出了新的挑战。要提供新时期农村学前教育公共服务，必须关注新型城镇化背景下教育对象所具有的不同于以往的教育需求。

二、拥有同等教育机会是新型城镇化建设的重要诉求

实现主城区、小城镇、新型农村社区协调发展，所有服务人口享有同样的权利，更好地促进人的发展及社会的和谐发展是新型城镇化建设的美好愿望和追求。新型城镇化以人的发展作为根本出发点，重点提高农民的素质和生活水平。要实现这一目标，其中重要的变量是接受教育的机会和权利是否公平均衡。

目前的新城镇市民大多以生育人口为主体，居住证是他们进入城镇的通行证。然而，住房与居住只是社会生活的一个方面，只有为他们提供子女受

教育的同等机会，才能够让他们感受一种真正的接纳。为外来适龄儿童提供同等的接受学前教育的权利，是支持家庭科学育儿，促进生活水平全面提升的主要方面，也是让外来农民家庭真正融入城镇生活的重要途径。

解决家庭育儿过程中的问题，是促进有能力在城镇稳定就业和生活的常住人口有序地实现市民化的重要保障条件之一。孩子是家庭的中心对象，只有充分满足孩子成长过程中的健康保障与教育需求，才能让年轻的外来父母安居乐业，让随迁的祖父母安心居住，享受生活。同时，更多的儿童能为新型城镇化注入真正的活力和动力。凡此种种，都决定了教育机会均等对新型城镇化建设的决定性影响，而农村儿童是否能拥有与城市儿童均等的教育机会更关乎新型城镇化建设的未来。

三、城镇化进程中的学前教育与乡村文化传播

教育是文化的产物，农村学前教育是个体与乡村文化发生连接和不断互动的过程。环境会影响学前儿童的发展，学前儿童处于怎样的文化环境中，往往就会形成怎样的观念。今天的乡村儿童就是乡村未来的主人，他们应该成为有能力的学习者与主动的学习建构者，并且在乡村社区环境与家园合作的合力中绽放天性，寻找适合并属于自己的发展。农村学前教育在个体与社会功能两个方面具有重要现实意义。它一方面指向促进学前儿童在身体、认知、社会性和情感等方面健康和谐地发展，另一方面作用于其他社会子系统，包括：直接进行社会文化传递；提供改善家庭教养方式的服务；提高妇女（母亲）教育素养和家庭地位；增进新居住人口的交流与凝聚力；增强新型城镇化建设的和谐发展与文明内核力。

农村学前教育的发展需要导向回归教育本真，回归儿童本色，回归自然社会。教师追求一种自然和谐、质朴协作的专业成长与幸福生活之路。在现代城镇化建设所导向的自然生态环境中，儿童过着顺应自然成长、得到适宜支持的和谐的童年生活，这种自然生长的童年蕴含着无限的可能性。农村幼儿园的课程建设与管理文化应该凸显自己的乡村文化属性，建立乡村文化立场。

（一）农村幼儿园课程的乡村文化立场

乡村文化底蕴深厚，丰富鲜活，源远流长，有着自身的价值和生命源泉。农村幼儿园课程可让儿童感受春夏秋冬的自然变化对人们生活的不同影响，培养儿童尊重自然、保护环境的生活态度。

1. 乡村孩童立场

农村幼儿园教育可充分体现农村儿童视角、安全、需要以及成长，让儿童充分体验和感受现代文化和地域性传统文化的真谛，体验春夏秋冬的自然变化对人们生活的不同影响，使儿童在自然环境中释放本真，尽情游戏，健康发展，快乐成长。

2. 乡村环境立场

农村幼儿园可选择儿童生活环境和乡村自然环境作为课程建设的基础，培养儿童尊重自然、保护环境的生活态度。从乡村社区背景中汲取素材和灵感，更适应儿童天然的生活方式和形态，让儿童得到内在自然和外在自然完整统一的成长。例如，幼儿园所有的公共活动空间、场地与路道之间可打造一系列形态各异的绿化及活动庭院，让幼儿园的内部设计与外部乡村的自然环境保持一致。

3. 乡村生活立场

可运用天人合一的哲学思想，发展教师、儿童、家长、自然四位合体的农村幼儿园课程开发实践模式。这种立场可改善幼儿园游戏与课程的内容、方法和途径，使课程内容融合城乡文化。同时，农村幼儿园课程可倡导自然教育理想，以季节为序，关注内容的整合性及逻辑性，注重活动与活动之间、经验与经验之间的逻辑线和螺旋式衍生。课程内容来自儿童的生活。农村幼儿教师可尽量在真实的生活场景或具有一定真实性的实习场景中开展活动，关注目标和活动方式的适宜性，并以体验、感受、操作、探究等直接经验的获得为主，每个环节都让儿童真实参与，充分体现课程的活动性。

（二）农村幼儿园课程中的乡村文化传播与民族文化传承

现代教育改革呼唤民族精神的回归，呼唤教育对生活的回归。民风民俗等民间文化是乡村文化的重要内容，成为幼儿园教育的文化资源是幼儿园教育发展的历史必然，也是幼儿园改革的现实要求。如我国二十四节气已经被纳入人类非物质文化遗产代表作名录加以保护和综合利用，端午节、元宵节、中秋节等传统节日已经成为幼儿园的重要教育资源。农村幼儿园在这方面具有明显优势。可以依托农村公共教育资源平台，对这些民间文化资源进行开发与利用，并免费提供给各农村幼儿园，作为课程的重要补充或发现学习、体验学习的主要基地，同时通过网络供农村家庭及社区广泛使用。

民间游戏是乡村文化宝库中的明珠。民间游戏作为民俗教育的主要活动方式，也是现代教育的宝贵资源。民间游戏是鲜活的教育文化遗产，蕴涵着丰富的民族智慧和民族理念，又是一种重要的民间教育活动，在传递民族文化、塑造民族精神、培育民族性格的过程中具有不可替代的功能和意义。开发和运用民间游戏具有重大的实践意义。农村幼儿园可将其作为重要的教育文化资源加以开发和利用，使幼儿园的教育更紧密地与儿童的实际生活状况，与儿童所处的社会共同体的文化相联系。民间游戏与幼儿园课程融合，可以让儿童始终感受传统乡村文化的熏陶。由于民间游戏来源于儿童生活，往往具有明显的地域特色和本土气息，易被儿童接受，也是教师熟悉和易操作的内容，可以改善当前农村幼儿园课程内容的城市化倾向，以及既脱离当地实际、又无本土特色的现状。挖掘、整理、提炼和利用民间游戏，是农村幼儿园教育教学资源本土化以及加强民族文化传承的重要一环。

第六节　城乡一体的学前教育公共服务体系构建

自 20 世纪 60 年代以来，无论美、英等发达国家，还是巴西、墨西哥、印度等发展中人口大国，都纷纷把学前教育纳入政府公共服务体系。政府优先保障薄弱农村学前教育成为国际社会的战略共识与成功经验。如法国政府 2000 年《教育法典》与 1989 年《教育方向指导法》均规定由政府优先保障农村、山区等地 2 岁儿童接受学前教育，英国与韩国政府通过法律与规划明确优先发展农村学前教育的战略思想。又如马来西亚在《2006—2010 年全国教育发展大蓝图》中，指出政府应优先发展农村学前教育以缩小城乡差距。由此，无论是发达国家还是发展中国家，均已将为农村或者薄弱地区的弱势群体提供公共学前教育服务作为当务之急，以及教育发展的长远之策。

2010 年 12 月的全国学前教育电视电话会议提出要把加快发展农村学前教育作为重点，各级政府要把发展农村学前教育作为新农村建设的紧迫任务，纳入公共服务体系，加快乡村幼儿园建设，建立和完善县、乡、村三级学前教育服务网络，使农村适龄儿童能够享有公平的学前教育机会。体系构建是一项复杂的系统工程，需要廓清农村学前教育公共服务体系的内涵、内容、实施途径及运行机制。各项体制和制度的完善不是孤立的，而应相互呼应和补充，只有建立整体统筹、协调运行的保障机制，农村学前教育公共服务体系才能切实有效地循环运转，从而确保农村乡镇各类幼儿园的健康发展。我国的农村学前公共服务应该：走出普遍化、整体化倾向，关注新型城镇化进程中农村儿童身心发展的特质与需求；走出简单化、静态化思维，全面和动态地考察公共服务中社会支持构成因素的相互关系和运行逻辑。

提升基本公共服务水平，包括坚持以人为本、服务为先，履行政府公共服务职责，提高政府保障能力，逐步缩小城乡区域间基本公共服务差距。城乡一体的学前教育公共服务必然成为社会发展进程中的一个重大命题，也是公共服务体系的一个重要议题。学前教育公共服务体系提供一种全面的“社会支持系统”。这一系统的建立，需要运用基于教育学、社会学等的跨学科研究方法，多学科协同研究，具体探讨影响 3~6 岁儿童接受有质量的学前教育的各种因素（如政策、体制、市场化、幼儿园类型等），并进行政策分析。我们不仅需要提供“有形的”公共产品和服务，还要注重解决“无形的”传统文化制约和观念羁绊，通过社会宣传、大众传媒让科学育儿观念真正走进千家万户，把家庭早期教育的价值融入乡村文化，并建立弱势群体的公共舆论表达渠道。

我们要探索建立“覆盖城乡、以公共服务为主导和托底保障，以社会力量机构为补充渠道的公共学前教育服务体系”，以实现城乡一体、互促共进为基本特征，以地方政府为主导，向区域内全体适龄儿童与家庭提供“双基本”和“二元式”的公共产品，满足区域内适龄儿童、家庭与社区的基本需求。“双基本”是指提供符合基本规范的学前教育服务，提供能够基本覆盖区域内所有适龄儿童的教育服务。这种教育服务的主要目的是使所有家庭3~6岁的儿童进入规范合格的幼儿园，接受适宜的学前教育，在生理、认知、情感和社会性方面健康发展，快乐成长。可以从建立保障机制和形成正确的公共服务取向两个方面入手。

一、建立公共服务体系的保障机制

目前农村学前教育公共服务总体上基础薄弱，区域发展极不均衡，缺乏应有的支持和保障。在新农村发展背景下，为确保“全覆盖、保基本、有质量”的教育发展目标的实现，需要设计对应性公共服务体系的保障机制。

第一，农村学前教育必须保障“托底发展”。建立社会支持机制，县、镇两级管理机制，中心园核心引领机制，农村办园点支持机制。

第二，农村学前教育必须保障“补偿政策”。从县（区）和乡两级政府职能分担机制、相关职能部门协调策略、乡镇学前教育管理指导中心模式三个方面，着手完善农村学前教育公共服务管理运行保障机制。探索专项经费、以奖代补、省级经费资助等经费保障模式的成效。从幼儿教师的准入标准、在岗培训、地位与待遇三个方面着手建立师资保障机制。

第三，家庭育儿的具体支持与指导是公共服务的重要内容。城镇化发展带来农村家庭教养方式的转型，应该建立计划生育、儿童保健、妇联等部门联动的社会支持系统，整体改善和干预儿童生活的社区环境，全面改善农村处境不利儿童及其家庭的状况。

管理运行、财政投入、师资配备和家庭服务，共同构成农村学前教育公共服务体系保障机制的主要内容。这四个方面各自发挥着其独特功能，同时互相关联与制约。其中，行政管理体制提供运行保障，财政投入提供经费保障，师资队伍提供质量保障，家庭服务提供支持保障。

二、形成学前教育城乡一体的服务取向

（一）服务于新城镇居住人口中的适龄儿童与家庭

城镇化的推进给人们的生活带来诸多变化。如果把农村居民的各种生活

作为一个内在一致的整体来看待，必然充满了城镇二元结构下的孤立或冲突的样态。在新城镇集中了大批农村流入人口，由于居住环境的改变，儿童的活动范围从宽广的田边地头变成了小区高楼，邻里关系从乡里乡亲一家亲转变为“对门邻居互不相识”。因此，幼儿园在为儿童提供全天候学前教育服务的同时，还需要适当地服务家庭并通过家园合作等途径提高家长的育儿水平，帮助他们转变家庭的生活与教养方式以适应城镇生活，提高他们科学育儿的能力以及相关的科学文化水平。这也是保证学前教育质量的前提条件。对于城镇化过程中较早进入城镇的儿童和家庭，应该尽可能满足他们在学前教育方面的实际需求，合理规划幼儿园的发展规模与服务形式，解决发展过程中的新问题。

（二）服务于农村驻守人口中的适龄儿童与家庭

在城镇化进程中，必然存在着一部分农村驻守人口，包括较多的留守儿童家庭、单亲家庭与贫困家庭。他们长期驻守在农村并传习着多年以来农村家庭育儿的理念与方法。对于这部分社会底层的弱势家庭，在为他们提供学前教育服务的同时，更加需要借助家园合作等途径，帮助家长提高育儿水平。从育儿入手，能够对农村家庭产生最为直接的影响，使得父母乃至于祖父母在知识与素养方面有所改变。针对这部分农村最底端的幼儿和家庭，必须完全由政府提供有质量的学前教育公共服务。

（三）重新定义农村学前教育公共服务的职责和功能

须完善管理体制，基本形成政府保障的托底发展策略支持下的公共教育服务体系。可以街道和乡镇中心园为示范性核心服务中心，并且以实际常住人口的密集程度确定具体的数量，每个中心园下设各类村办点。村办点服务圈可以 3~5 千米为半径，或者以长期居住人口在 5000 人左右为标准，建设一个中心街道的学前教育管理中心。其中，示范性核心指导服务中心原则上设立在社区核心区域，一般设立在中心幼儿园，以网络状向周边的二级社区指导服务中心与指导服务站辐射，直至覆盖当地人口居住面积。

同时，也可以借助覆盖城乡的 3~6 岁学前教育与发展管理服务指导资源库（网络），以提供基础性服务为主要功能，通过线上线下等多种手段和方式，以资源服务的形式满足各类家庭的需要。对于需求导向的市场购买服务体系，必须加强规范与标准管理制度。由于农村民办幼儿园进入门槛较低、收费较低等现实状况，应该在遵循民办园市场发展规律的同时，建立统一发展的行业管理基本标准，包括管理、投入、人员和评价，保障办园的基本质量。运用购买服务的方式，满足部分家长的需求，补充基础性服务体量的不足。

在相当长的一段时间，我国农村学前教育公共服务将呈现政府导向的服务体系与需求导向的市场服务体系并存局面。政府导向的服务体系重在再建与重构，主要包括乡镇中心幼儿园、乡镇其他幼儿园、村办幼儿园（点、班），适用于大部分农村地区（尤其是欠发达地区）。需求导向的市场服务体系重在规范与标准，主要包括乡镇民办幼儿园等各类学前教育机构，适用于部分经济发达地区。

第二章
建立中国农村学前教育公共服务体系的理论与实践背景

《国家中长期教育改革和发展规划纲要（2010—2020 年）》提出要重点发展农村学前教育，明确政府职责，加大政府投入，加强学前教育管理。这既是国际社会的战略共识，也是我国社会发展的迫切要求。

第一节 国际视野：时代背景与别国经验

联合国教科文组织 1996 年在《教育——财富蕴藏其中》的报告中指出，受过学前教育的孩子与没有受过这一教育的孩子相比较，往往能更顺利入学，过早辍学的可能性也少得多。近年来，不仅在教育科学领域，还包括在神经科学、分子生物学、功能基因组学与行为社会科学等领域都有新发现，证实人的早期经验奠定其一生发展的基础，甚至会改变基因表达，并长期影响人的发展；消极的早期经验可能在客观的、物质的、生理的层面，削弱健康发展基础，对儿童发展某方面造成摧残性的打击。儿童的营养状况、所处的物理环境，以及儿童与家庭及周围关系所构成的人际环境，都是影响儿童早期成长与发展的重要因素，而儿童与家庭及周围关系所构成人际环境的不利条件，位于消极因素之首。正是基于这样的共识，世界各国都非常重视向贫困家庭儿童（或处境不利儿童）提供公共服务，以保障低幼儿童具有公平和良好的开端。这些国家在教育公共服务方面的理论与实践，既是我国探索农村学前教育公共服务体系的时代背景，同时也为我国农村学前教育公共服务体系的建立提供经验。

一、美国联邦政府对贫困家庭儿童的保障措施

（一）建立保障机构

1. 成立联邦儿童局

1909 年西奥多·罗斯福总统首次召开了关于儿童问题的白宫会议，会议的中心议题是保护因贫困、疾病等而缺乏照料的儿童。在总统竭力提倡下，1912 年，联邦儿童局成立。[①] 联邦儿童局最初职能是对各阶层儿童的福利和生活状况进行调查并提交报告，以帮助各州和地方政府保护儿童免受虐待和忽视。这是美国联邦政府第一次高度关切并回应遭受贫困和疾病困扰的数百万美国儿童。自此，美国联邦政府逐渐重视保护儿童免受虐待，促进儿童健康，保障儿童安全。

2. 成立公共卫生署

随着女权运动以及越来越多关于贫困母亲健康和照料相关数据的涌现，1912 年，联邦政府成建立了公共卫生署。[②]

3. 成立国家心理健康研究所（NIMH）和国家儿童健康与人类发育研究（NICHD）

美国国立卫生研究院（NIH）在 1946 年成立国家心理健康研究所，对儿童生理和心理健康开展了卓有成效的研究，为促进儿童健康提供了有力的科学依据。1963 年，美国国立卫生研究院又专门成立国家儿童健康与人类发育研究所，管理并协调对儿童及其母亲的健康以及儿童身体、智力和情感发展方面的生物医学和社会科学研究。

---

① 耿洪孝．美国儿童福利事业研究——以 1909 年白宫会议的召开为中心［J］．华中师范大学研究生学报［J］．2014，9（3）．

② 杨微．美国公共卫生体系的发展历程［C］．中华医学会医史学分会第十三届二次学术年会论文集．

(二)政策法案保障

1.《母婴法案》

自伍德罗·威尔逊总统于1919年召开白宫儿童会议之后，儿童的健康问题日益成为政策制定者的关注焦点。威尔逊总统宣称1919年为“儿童年”，要求制定促进儿童和母亲健康、福利的最低标准。此举是对4/5的母亲缺乏足够产前照顾的积极回应。1921年颁布的《母婴法案》又称《谢珀德-唐纳法案》授权联邦政府进行监督并向各州提供配套经费，支持相关机构宣传母婴健康知识。该举措是联邦政府首次以法律的形式直接回应儿童和母亲的切实需要。此后相继在全国范围内建立了3000所健康保育中心。

2.《社会保障法》

富兰克林·罗斯福总统的新举措包括颁布童工、亲子健康、日间照料相关教育法律，其中对儿童及其家庭影响最大的是1935年的《社会保障法》，提出联邦政府要提供配套经费支持各州儿童福利机构资助16岁以下的残疾的或者单亲家庭儿童，提出设立抚养未成年儿童家庭援助（ADC）项目，旨在减少儿童贫困的现象。抚养未成年儿童家庭援助项目能够使联邦政府补偿各州用于联邦核准的儿童资助计划的总经费的1/3。《社会保障法》还指出联邦政府提供经费帮助各州保护无家可归儿童、被忽视儿童等，减少潜在的不良儿童的风险。

3.《全国学校午餐法》

美国1946年颁布了《全国学校午餐法》，制订了全国学校午餐计划，首次以立法的形式为贫困儿童的午餐提供资助。1962年，美国根据各州的参与程度与需要进一步改善了资助分配。在州和联邦政府引导性计划的基础上，该法案授权农业部通过发行债券的形式为各州筹集配套经费。借助明确且成功的立法以及在之后的数十年间诸多政策的调整和改善，据美国农业部的统计有超过两千万的儿童，几乎占在校儿童总数的2/5，享受到了免费午餐或者廉价午餐。近年来，联邦政府每年拨给学生营养餐项目的补贴高达210亿美元。

4. 食品券项目和儿童营养计划

食品券项目在20世纪70年代逐渐定位于提高低收入者的营养水平。

2008 年联邦食品券项目更名为补充营养援助项目。2011 年领取食品券福利的人数超过 4400 万。① 美国儿童营养计划主要为低收入家庭的妇女、婴儿及 5 岁以下幼儿提供营养丰富的食物和健康饮食信息，并开展相关医疗保健服务，目的在于提高参与者在关键期的身体素质。在美国，有将近一半的婴儿以及 1/4 的 5 岁以下幼儿参加了此项目。②

5. 家庭援助计划

1935 年，美国政府颁布《社会保障法》，提出抚养未成年子女援助计划（ADC），为需要抚养未成年子女的贫困家庭与失业者家庭提供援助。1961 年，美国政府将此计划更名为“未成年子女家庭援助计划”（AFDC），反映出政府对家庭的重视。家庭援助计划借鉴了经济学家米尔顿·弗里德曼提出的逆所得税（negative income tax）理论，作为工作所得抵税（earned income tax credit）的一个重要组成部分，旨在减少贫困、增强工作积极性。工作所得抵税和随后的儿童税政策反映出政府越发倚重运用税收杠杆调节并提高贫困家庭的收入，而非单一地出台直接的经费援助计划。

6. 提前开端计划

美国自 1965 年实施的迄今为止规模最大的儿童早期发展项目是提前开端计划。该项目是由美国联邦政府发起并举办、面向弱势地区和贫困人群的公立免费补偿性学前教育项目。该项目为贫困家庭的儿童提供免费学前教育和卫生保健服务，为贫困儿童的家长提供教育和服务，旨在对社会弱势群体家庭的处境不利儿童进行教育补偿，以追求教育公平，帮助儿童在学习习惯和社会行为方面做好入学准备。该项目集中了政策制定者、各大基金会，以及美国众多高校和研究机构的医学、心理与教育专家，定期举行项目咨询与评估会议，多方力量、多个维度共同推进此项目的开展，取得了举世瞩目的国家政绩与专业研究成果。该项目至今仍在进行中。

7.《不让一个孩子落后法案》

2002 年，乔治·布什总统签署《不让一个孩子落后法案》，明确提出联

---

① 朱春奎，陆娇丽. 美国食品券项目的历史发展与运营管理［J］. 南京社会科学，2012（7）.

② 秦炜森，蔡迎旗. 美国儿童营养计划 WIC 项目的由来、内容及特色［J］. 学前教育研究，2013（6）.

邦政府必须缩小处境不利儿童与同龄人之间的成绩差距，确保所有儿童的学业进步，其基本保障措施就在于将教育资源配置到最需要的地方，即社会弱势群体所在的地方。

此外，美国联邦政府在早期教育和看护方面的支出还包括平等开端项目（Even Start）、《身心障碍者教育法》和托养看护资助计划等。①

二、俄罗斯农村学前教育质量保障机制

俄罗斯农村学前教育质量保障机制通过规定办园条件、办园规模与活动组织以及提供管理与服务三个方面来实现。

1. 农村幼儿园具有俄联邦教育部门规定的办园条件

从办园物质要求来看，在俄罗斯，不管农村还是城市，创办幼儿园必须达到规定的条件，包括住房条件、设备和教育装备、干部保证等。幼儿园只有在物质条件达到了相应要求后，才有可能依法律程序获得许可证，继而获得开展教育工作的权利。俄罗斯农村幼儿园具备了俄罗斯联邦教育部门规定的办园条件，达到了俄罗斯联邦教育部门规定的班级面积要求，如育婴班的游戏室、教室和餐室人均面积不得少于2.5平方米，其他学前班不得少于2平方米。从俄罗斯农村学前教育的师资配备情况看，教师学历达标率高、师幼比高。据2012年统计数据，伏尔加地区的两所幼儿园（一所是城市幼儿园，一所是农村幼儿园）中，农村幼儿园有2位教师与23名幼儿（师幼比为1∶11.5），教师都接受过大学本科学前教育；城市幼儿园有27位教师，175名幼儿（师幼比为1∶6.5），80%的教师接受过学前教育与心理学方面的大学本科教育，20%的教师达到大学专科的水平。

2. 农村幼儿园的办园规模与活动组织体现了因地制宜

由于人口分布比较分散，俄罗斯农村学前教育规模比较小。俄罗斯农村幼儿园需要考虑农村人口的特点，调整幼儿园的办园规模。俄罗斯联邦对学前儿童入园有具体的要求，基本体现了就近入园的原则。如在村镇和小城市，幼儿园距适龄儿童家庭所在地应不超过500米；在农村，应不超过1000米。

① 蔡迎旗. 留守幼儿生存与发展问题研究［M］. 南京：江苏教育出版社，2009：14.

农村地区的幼儿园有时会采用不同的方式来开发他们的资源，特别是利用农村地区的自然资源优势开展生态式的教育。

3. 政府为农村学前教育提供了比较到位的管理与服务

俄罗斯联邦教育管理机构提供的课程服务，为教育质量合格的学前教育提供了支撑。俄罗斯联邦教育局提供了多种课程模式供幼儿园选择，各幼儿园（包括城市幼儿园和农村幼儿园）均可从中选择适合本幼儿园的课程，这为各幼儿园的课程实施提供了资源保障。俄罗斯联邦教育局设计了 12 种复杂的、25 种部分的、2 种特殊的教育项目，这些教育项目得到了俄罗斯联邦教育部认可。每所幼儿园的课程每 5 年需要检测一次，检测过程中需要提供以下材料：儿童的身体与精神健康、情感发展、认知发展、创造能力、个性发展，影响儿童的价值观，与家庭的互动，等等。①

三、芬兰、英国等欧洲国家的儿童家庭援助措施

欧洲国家，尤其是北欧国家的社会福利保障体系非常完善。由于这些国家的儿童有相当多的时间在家里和社区接受教育，国家不强求儿童接受社会专门的学前教育和看护，政府根据每名儿童的家庭与个人情况给予特别补贴。因此，这些国家的儿童补助以家庭为基础，政策导向亦如此。

（一）芬兰的儿童家庭福利援助

在芬兰，福利援助以政府支出为主，以儿童家庭保护为导向，能兼顾托幼机构、社区、儿童家庭多方的利益；给予家长让孩子居家、在社区和托幼机构接受教育和看护的自由选择权；使选择不同教养方式的儿童都能得到大致相同的财政补助；政府对儿童的生活、学习和家庭生活提供全方位的补助，为儿童构筑安全的社会保障网。

---

① 严仲连，斯维特拉娜·索科洛娃．俄罗斯农村学前教育质量保障的经验［J］．比较教育研究，2013（06）．

（二）英国的教育优先区、教育券计划

英国的学前教育投入主要用于扩大儿童的入学机会、对抗贫困。其支出以提供儿童保教场所、设施、服务、人员等儿童接受各种形式的保教活动所需的生活和学习必备条件为主。

为提高儿童入学率、对抗贫困，英国采取了一系列措施。1967 年发表的《普洛登报告》中率先提出了一个全国性的教育补偿计划，即“教育优先区”（educational priority area），将贫民地区以及学校设备与师资较差地区划定为“教育优先区”，优先划拨教育经费给这些地区，同时为鼓励优秀教师到教育优先区服务，特别提供优惠教育津贴，以补救这些地区教育之不足，使文化不利或资源不足地区的教育能够得到适当的发展。

1997 年，为提高 3~4 岁儿童入学率，英国政府加大财政投入，广泛设立托幼机构，并于 1998 年 9 月开始推行 4 岁儿童教育券计划，所有适龄儿童可以领取约 1100 英镑的教育券。1998 年，英国政府又推行国家儿童看护战略，为 0~14 岁乃至 16 岁的儿童提供全面的看护支持。该计划中政府与私人、志愿部门合作，充分利用儿童家庭和社区资源，但政府耗资巨大。英国政府开展的儿童免费看护项目还包括确保开端项目、优秀早教中心计划、放学后儿童看护、教育行动区、健康行动区、幼儿教师培训项目等。

英国为居家儿童及其家庭也提供了资助项目，包括家庭便利就业、家庭识字战略、儿童家庭教育和服务指导、工作和残疾人家庭税费抵扣等。

四、韩国的学前教育质量保障机制

（一）《生计保护法》

韩国的《生计保护法》规定，低收入家庭儿童、单亲家庭儿童和福利机构收留的儿童应得到国家保护和支持。2002 年，政府为 154560 名儿童看护机构中的儿童提供了学费支持。这些接受支持的儿童占该年 770029 名进入看护机构儿童的 20.1%。接受政府财政支持的儿童中，0~2 岁儿童占同龄儿童的 15.5%，3~5 岁儿童占同龄儿童的 19.1%；有 51005 名儿童，即 33%的儿

童属于生计保护家庭，学费全免；有 103555 名儿童，即 67%的儿童属于低收入家庭，学费减免 40%。[①]

（二）教育券

韩国用教育券为 5 岁儿童提供自由选择教育和看护的权利。2002 年，接受自由教育和看护的儿童共有 113184 名，其中 26202 名在幼儿园，占受资助者的 23.1%；86982 名在看护机构，占 76.9%。两者加起来占 5 岁儿童总数的 8.3%。参加教育券计划的儿童可以进入公立托幼机构，享受学费减免；也可以进入私立托幼机构，每月可得到高达 10 万韩元的儿童教育券补助。[②]

另外，印度 1975 年设立儿童发展综合服务计划（Integrated Child Development Services）。其项目经费主要来源于联合国儿童基金会、世界银行、世界食品项目等国际组织的资助，印度本国政府也投入了大量的资金。该计划意在扩展教育的服务范围，主要针对农村贫穷地区、城市贫民窟儿童，以满足这些儿童学习发展、营养健康方面的需要。每年该计划都会有新的地区申报建立服务中心或微服务中心。古巴政府于 1992 年正式启动“教育你的孩子计划”，旨在实现农村地区，特别是山区、边远地区儿童免费学前教育服务的全覆盖。

五、共性与趋势

由上可见，为了给儿童创设良好的成长环境，世界各国采取的做法各不相同，但其中仍然包含着相同的战略共识与相似的实践做法。

（一）重视教育公平的起点

英国、俄罗斯和美国等国家的研究都非常重视早期教育对儿童入学准备的影响，并将早期教育作为教育公平的起点。儿童的入学准备包括前读写和

① 蔡迎旗．留守幼儿生存与发展问题研究［M］．南京：江苏教育出版社，2009：14-15.

② 同①，15.

数学认知技能，以及社会性技能、好奇心和学习欲望等，因此很多研究把培养早期人际交往能力视为入学准备的重要内容。人际环境的变化，与同伴、成人交往频率和交往方式的变化，以及成人与儿童交往中所出现的规定性任务、要求，要求儿童提高心理水平，理解成人的要求，控制自己的行为，并形成正确的自我评价。

（二）重视社会支持网络的建立

世界各国早期干预项目均重在确保儿童拥有良好开端，对象集中于贫困家庭或处境不利儿童，其前提假设是儿童早期阶段是改变困境的关键阶段，父母收入和儿童成就之间的关系并非线性的，而是复杂的，解决问题的办法不在于物质援助，而更多地与文化行为、社会行为相关。① 因此，为保障低幼儿童具有公平、良好的开端，要建立全方位的社会支持网络，尤其要重视政府的扶持与协调作用及社区和志愿组织的帮助。比如美国的开端计划、英国的国家儿童看护战略、OECD 国家的儿童教育和看护补助项目等，都非常重视政府和社会向弱势家庭提供健康、教育、家庭咨询等综合服务。

第二节　本土立场：社会支持与教育补偿

政府优先保障薄弱农村学前教育是国际社会的战略共识与成功经验。然而目前在我国，由于政府的缺位与失位，相对城市学前教育，农村学前教育公共服务面临严峻的挑战，存在普遍发展不均衡、经费投入低、民办园管理失范和师资队伍建设滞后等一系列管理问题。②

---

① 苏珊·纽曼．学前教育改革与国家反贫困战略：美国的经验［M］．李敏谊，等译．北京：教育科学出版社，2011：19.

② 刘璐，蔡迎旗．农村“留守幼儿”问题解决中政府应承担的责任［J］．学前教育研究，2007(6).

一、社会支持：调动教育改革的外部力量

《国家中长期教育改革和发展规划纲要（2010—2020年）》明确指出要充分调动全社会关心支持教育的积极性，共同担负起培育下一代的责任，并在发展任务、体制改革及保障措施等方面，多次提及和强调了教育改革和发展的社会支持问题的重要性。《国务院办公厅关于开展国家教育体制改革试点的通知》也提出要努力形成全社会共同推进教育事业改革发展的良好局面，向教育界提出了一个重要的研究课题。

（一）社会支持的内涵

经过多年的市场化改革，目前我国大部分地区克服了穿衣吃饭等私人产品的短缺问题，在“十二五”时期，我国进入了公共产品短缺时代。上学贵、看病贵、养老无保障、就业难、房价高等公共产品的短缺，逐渐成为我国经济和社会发展的突出矛盾。百姓的生活理想从“楼上楼下，电灯电话”转变为“学有所教、劳有所得、病有所医、老有所养、住有所居”。教育从“奢侈品”变成了“生存的必需品”。同时，以往被人们寄予厚望的教育，也成为被公众批评最多的领域之一。

2012年7月11日，国务院印发的国家公共基本服务体系“十二五”规划，突出强调了把基本公共服务制度作为公共产品向全民提供的核心理念①，并提出推进教育基本公共服务均等化、建立健全教育基本公共服务体系（包括学前教育、九年义务教育和高中阶段教育）的目标。然而，经历了30年以经济建设为中心的改革阶段，我国政府在公共服务方面积累了很多“欠账”，政府的社会管理和公共服务职能相对薄弱。② 随着经济的发展，全社会公共需求全面快速增长，社会参与程度不断提高，越来越暴露出公共治理建设的滞后。从经济建设型政府向公共服务型政府转型，确立政府在基本公共服务

---

① 胡祖才．把基本公共服务制度作为公共产品向全民提供［EB/OL］．(2012-07-19)［2017-07-19］http：//www. chinadaily. com. cn/micro-reading/dzh/2012-07-19/content_ 6483307. html.

② 汪玉凯．转变政府职能与公共服务改革［N］．中国政府采购报，20111220（4）．

中的主体地位和主导作用，成为新阶段改革的重点。

长期以来，我国的教育改革往往是就教育改教育，着力于教育系统内部教育观念、教育内容的转变和教师专业能力的提高。而且在20世纪末国家经济发展的首要目标（甚至有“GDP至上”的发展思路）指导下，教育改革首先是作为培养劳动力、实现经济发展目标的手段而提出。这是用教育的发展去适应和支持社会的发展，却几乎没有主动关注或培育教育改革和发展的社会基础，也未能自觉地去寻求、依靠社会支持，调动全面的社会支持力量来发展教育。教育是一个系统工程，教育改革是一个需要综合治理的问题，依靠政府来启动的历次教育改革实际获得的社会支持离教育改革和发展所需获得的社会支持相去甚远，现实中存在支持缺位、支持越位、协调错位等问题。社会支持问题成为影响我国教育改革和发展进程的不可回避的重要问题。

从2008年左右至今，各研究领域都在对改革开放以来的研究进行回顾与展望。就改革开放以来的中国教育改革，也有一些学者进行了历史的考察和分析。从社会支持的视角审视已有研究可以发现，它们多是从教育内部、从教育政策文本去看，而较少从教育外部、从教育改革的实际实施去看。

“社会支持”这一概念主要是指代社会联系与个体或弱势群体的身心健康、生存状态之间的关系。20世纪60年代，有心理学家为了探明生活压力对人身心健康的影响而对社会支持问题进行了专门研究。其后，社会学家、社会精神病学家、流行病学家等都基于各自的理论视角对社会支持问题进行了大量研究。其中，尤以心理学与社会学的社会支持研究最多，影响也最大。在心理学研究中，学者们对社会支持界定不一，比较普遍的看法认为，社会支持是个体从其所拥有的社会关系中获得的精神与物质的支持，这些支持能减轻个体的心理应激反应，缓解精神紧张状态，提高社会适应能力。

在社会学研究中，具体界定同样因人而异，但在社会支持的对象问题上，观点相当一致，即都把弱势人群作为社会支持的对象。比较有代表性的是，郑杭生等人提出，在笼统的含义上，可以把社会支持表述为各种社会形态对社会脆弱群体即社会生活有困难者所提供的无偿救助和服务。① 陈成文与潘泽泉则强调社会支持的本质特征在于其社会性、选择性和无偿性，认为所谓

① 郑杭生，等．转型中的中国社会和中国社会的转型［M］．北京：首都师范大学出版社，1996：25.

社会支持，是指一定社会网络运用一定的物质和精神手段对社会弱势群体进行无偿帮助的行为的总和。[①] 为此，社会学中的社会支持研究所关注的，便是弱势人群的生存境况及其改善问题，这些弱势人群包括病患者、孤寡老人、贫困大学生、下岗失业者、妇女、农民工和农村留守儿童，等等。[②③] 根据这样的思路，对社会支持的研究其实可以溯源至法国社会学家涂尔干，他通过对自杀的研究发现，自杀率与个体同社会联系的紧密程度有关。[④]

除了个体与弱势人群之外，也有一些研究所说的社会支持的对象是指某个领域或某个事项，诸如法治、技术创新、环保产业发展、跨流域调水、医院改革，等等，如我国城市固体废弃物处理的社会支持系统构建研究[⑤]。不过此类研究所占比例很小，且有一部分是以“社会支撑”代替“社会支持”概念。

“社会支持”这一概念被教育学者应用于教育改革和发展，始于我国教育改革和发展的社会支持系统研究项目（2012）。该项目将教育改革和发展作为支持的对象，探讨的是除去教育之后的“剩余社会”的各种要素（如政策、体制、人才市场、社会投入和公众文化）对教育改革和发展的促进作用。此“社会支持”概念所说的“社会”，主要是指教育的“外部社会”，即除去作为支持对象的教育的“剩余社会”。尽管教育自身也是整个社会的一个组成部分，尽管教育内部（如校长、教师）支持因素对于教育改革和发展也极为重要，但该项目提出，外部社会支持欠缺或微弱已成为屡屡影响我国教育改革和发展进程的不可回避的重要原因，甚至在许多情况下成为首要原因。更何况，教育内部支持因素的状况常常也会受到外部支持因素的状况的影响。

---

① 陈成文，潘泽泉．论社会支持的社会学意义［J］．湖南师范大学社会科学学报，2000（6）．

② 周林刚，冯建华．社会支持理论——一个文献的回顾［J］．广西师范学院学报（哲学社会科学版），2005（3）．

③ 林顺利，孟亚男．国内弱势群体社会支持研究述评［J］．甘肃社会科学，2010（1）．

④ 黎春娴．我国高校贫困生社会支持研究综述［J］．漳州师范学院学报（哲学社会科学版），2010（3）．

⑤ 刘勇．我国城市固体废弃物处理的社会支持系统构建研究［J］．江西行政学院学报，2012（1）．

（二）社会支持的内容及主体

已有研究对社会支持系统的界定，一方面，从宏观层面，也就是国家政策方面来看，包括政府、社区、家庭、学校四个层面的支持；另一方面，从微观层面来说，主要是个体从外界获得的支持。不同学者对社会支持进行了分类。比如，科布将社会支持分为情感性支持、网络支持、满足自尊支持、物质性支持、工具性支持和抚育性支持等类型。库恩将社会支持分为归属性支持、满足自尊支持、物质性支持、赞成性支持四种类型。大致来看，社会支持包括客观支持（如物质性支持）与主观支持（如满足自尊支持）两种类型。大量研究表明，社会支持和心理弹性有显著相关。家庭关系的和谐以及邻居的支持可以促进儿童适应能力的养成，教师对儿童的支持对儿童抗逆境能力的形成具有促进作用。世界各国为保障低幼儿童拥有公平、良好的开端，都在探索建立全方位的社会支持网络，尤其强调社区和志愿组织的帮助和政府的扶持与协调作用。①

深层解析农村学前儿童社会支持系统各要素间的关系不难发现，其支持源主要由政府职能的支持、公众和社会组织的支持、血缘和地缘关系的个人支持三个方面构成。其中，政府职能的支持包括财政支持、政策支持和体制支持；公众和社会组织的支持包括社区支持、民间公益组织支持、社会投入支持、社会舆论支持和公众文化支持；个人支持包括与学前儿童具有血缘或地缘关系的亲人、同伴、教师、抚养人等的支持。

目前，农村学前儿童乃至学前教育事业需要的，除了物质的关爱，更是长期而有效的综合支持。例如，面向农村留守儿童推出的关爱服务手段多样，然而，其实际效果存疑。留守儿童工作多倾向于物质关爱、流于形式、缺乏长效机制和法律保障等问题逐渐显露，零散的关爱行动难以解决这些问题，亟须动员政府、社区、企业、社会组织和媒体等力量，构建完整的、和谐的、适度的、大致均衡的社会支持系统，以长期而有效地促进农村留守儿童的发

① Kay Tisdall. Communication, Cooperation or Collaboration? The Involvement of Voluntary Organisations in the First Scottish Children's Services Plan［M］// Dorota Iwaniec and Mancolm Hill. *Child Welfare Policy and Practice*. Jessica Kindsley Publishers. 2000：37-56.

展。在政府推进社会公共服务创新和新型城镇化建设的过程中，如何建立更具针对性和专业性的农村学前教育公共服务体系，是一个亟须解决的问题。

二、教育补偿：切断代际贫困的恶性循环

教育补偿是促进教育公平的重要途径，主要是由政府为保障处境不利群体的基本教育权利而设计的教育补救制度和采取的各种补偿和救助行为。我国现行的学前教育资源配置政策是一种“弱势倾斜”取向，不能从根本上起到缩小教育发展差距的作用。从“弱势倾斜”走向“弱势补偿”，是缩小教育资源配置差距、实现教育均衡发展的必由之路。

（一）教育补偿的内涵及必要性

美国当代著名的新自由主义代表人物约翰·罗尔斯1971年在其著作《正义论》中，指出鉴于社会和经济不平等的现象，对于弱势群体子女的教育来说，仅仅强调平等对待、机会均等并不能从根本上消除其发生的恶性循环过程。罗尔斯提出，对于出身和自然禀赋的不利者，都要给予补偿，进而提出“补偿性正义”的概念。他所提出的补偿原则认为：“为了平等地对待所有人，提供真正平等的机会，社会必须更多地注意那些天赋低和出身弱势的社会地位的人们。遵照这一原则，较大的资源可能要花费在智力较差而非较高的人们身上，至少在某一阶段，比方说早期教育期间是这样。”①

联合国教科文组织和几大发达国家都强调弱势补偿，即对教育弱势群体进行某种补偿教育以消除教育上的不平等。对教育弱势群体进行补偿的主要理由有二：一是社会公平、均衡发展的理想诉求，补偿教育是对现实教育不平等的援助和补救，是达到事实上的教育平等、实现教育长远效益的基本途径；二是只有教育政策价值选择满足和符合绝大多数社会成员的利益和要求时，教育政策才获得较强的合法性。如果因现实的不平等使弱势群体受到了损害而不进行有效的补偿，就会削弱教育政策的合法性，进而危及教育政策

---

① 罗尔斯．正义论［M］．何怀宏，何包钢，廖中白，译．北京：中国社会科学出版社，1988：101.

的有效性。

教育补偿的对象是社会弱势群体。社会弱势群体是指在政治、经济、文化、体能、智能和处境等方面处于相对不利地位的一部分人群。教育中的弱势群体的核心特征是缺乏获得、支配教育资源的能力和潜力，在社会成员满足自身教育利益及其他利益的竞争中处于不利地位或弱势地位，留守儿童、单亲家庭儿童、残障儿童等均属于弱势群体范畴。而这些人口的数量，不容忽视。据全国妇联课题组在 2013 年发布的《全国农村留守儿童、城乡流动儿童状况研究报告》指出，全国农村留守儿童 6102. 55 万，其中学前农村留守儿童（0~5 岁）达 2342 万，占农村留守儿童的 38. 38%。

我国学前教育领域的不公平现象已成为一个不容回避的客观事实，具体表现在以下几个方面。

第一，区域差别大。我国的东部、中部和西部的学前教育差别很大，而且这种差别还在加大，这可从各省市学前教育事业“九五”发展指标看。第一片的 9 个省市为发达地区，学前三年教育的入园率一般在 80%以上，如：江苏、浙江两省学前三年教育的入园率 2000 年为 80%；浙江学前一年教育的入园率为 95%，农村正推行学前两年或三年教育。第二片的 13 个省市为中等发达地区，如河北、湖北等地学前三年教育的入园率基本上在50%~70%，农村学前一年教育的入园率在 50%~70%。第三片的 9 个省和自治区是欠发达地区，如内蒙古、广西、宁夏等，学前三年教育的入园率基本上只能定在 35%~50%，没有农村学前一年教育的指标。当前全国各地学前教育的实际状况也基本如此。

第二，城乡差别大。我国城市的儿童大部分都能受到三年学前教育，而许多农村的儿童在受教育机会、时间及质量上都远不如城市儿童，还有一些农村儿童根本无法享受学前教育。

第三，幼儿园之间差别大。据中央教科所 1999 年对全国六省、市、自治区的调查显示，政府对幼儿园的财政拨款主要集中在县级幼儿园。

根据《2006 年全国教育事业发展统计公报》公布的数据，全国共有幼儿园 13. 05 万所，在园儿童（包括学前班）2263. 85 万名，而 2006 年全国 3~6 岁的适龄儿童有近 6000 万名，这就意味着全国约有六成学前儿童未能进入幼儿园。从现状来看，还有很大一部分儿童虽然接受了学前教育，但质量不高，与其他接受优质学前教育的儿童相比，仍处在不利的地位。

由于我国存在较大的区域、城乡、园际差距，农村人口在社会资本、文化资本等方面都处于绝对的弱势，农村的儿童（除去天赋因素）在一开始就处于不利的地位。通过文献研究发现，国内已有的相关研究尚较薄弱，且主要集中于对义务教育阶段教育补偿机制的探讨，缺少对农村学前教育的补偿机制的研究。而正如罗尔斯所说，早期教育阶段是更需要政府和社会的补偿支持的。在学前教育快速发展的现阶段，农村学前儿童的教育补偿问题亟须重视。

（二）教育补偿的意义

对弱势学前儿童群体实施补偿教育，无论是对儿童个体自身的发展，还是对于整个社会的发展都有重要的价值。从教育公平的视野来看，合理的教育资源配置应该体现三个基本原则：平等原则、差异原则和补偿原则。补偿原则关注的是受教育者社会经济地位的差异，并对社会经济地位处境不利的受教育者在教育资源配置上予以补偿，在分配教育资源时主动向弱势群体倾斜，减少他们在接受教育方面的不公平，从而提高他们进一步发展的可能性。

教育补偿是国家对学前教育投入不足的一种补充，是国家为了达到平等而做出的“不平等”的人为的外力干预。其最终目的是通过对弱势群体进行人力资本的高效投入，催生其内生性资源，使受补偿群体的人力资源得以发展，知识存量和个人能力得以提升，从而摆脱困境，改善其生存状态，保证社会和谐、稳定发展。①

教育补偿不仅能够促进儿童个体自身的发展，而且能够产生社会经济效益，缓和社会矛盾，消除社会贫困，切断代际贫困循环。另外，对教育改革的顺利推进、教育政策的有效落实也有突出的作用。一方面，教育补偿是对社会公平、均衡发展理想的追求，是对现实教育不平等的援助和补救，是达到事实上的教育平等、实现教育长远效益的基本途径；另一方面，只有选择满足和符合绝大多数社会成员的利益和要求时，教育政策才能获得较强的合

---

① 马娥．弱势补偿：教育公平视野下农村学前教育资源配置的现实选择［J］．教育导刊（下半月），2014（2）．

法性。如果弱势群体因现实的不平等受到了损害而不进行有效的补偿，就会削弱教育改革的合法性，危及教育政策的有效性。

然而，由于政府职能的缺位与失位，我国农村学前教育公共服务面临严峻的挑战：普遍发展不均衡，经费投入低，民办园管理失范和师资队伍建设滞后，等等。在农村学前教育缺乏保障机制现状下，种种问题正在破坏着我国教育改革发展的成果，包括造成农村办园点的“市场化”倾向。

因此，近年来，我国农村学前教育公共服务体系的建设问题备受研究者的关注，不少研究对学前教育公共服务体系的内涵、内容和途径进行了一定的探索。有研究以教育公平理论、教育成本分担理论、政府职能理论、公共服务理论和人力资本投资理论为依据，探讨了政府作为公共产品的提供者和社会公平的维护者，在发展学前教育过程中的责任与义务，提出了政府主导农村学前教育发展的基本框架。也有研究提出，政府要在财政政策上加大对农村学前教育的投入，充分考虑到东部、中部、西部的差异，帮助弱势儿童，为贫困儿童、流动儿童提供学前教育补贴。同时，优先保证中西部农村学前教育师资队伍，利用多种资源发展农村学前教育，逐步完善学前教育监管体系。

在教育公共服务体系的建设过程中，保障机制的重要性日益突显，近两年已有这方面的零星研究。但从整体上看，相关研究还很薄弱，对农村学前教育公共服务的保障机制尚没有整体把握和系统研究。农村学前教育公共服务的保障机制并非各种保障措施的简单累加，而是通过建模使各项保障措施系统和协调地运行，发挥整体作用。总的来说，已有研究零散分离，缺乏相互关联和相互促进，而且许多应用研究往往止步于“呼吁”，真正有深度、有针对性、可操作性强的解决方案十分缺乏。因此，对教育补偿方案与途径的探索，是解决这一问题的重要步骤之一。

（三）教育补偿的原则

我国目前亟须教育补偿，即对教育弱势群体进行某种补偿教育，以消除教育上的不平等。教育补偿的重要原则，即在分配教育资源时，应实行对弱势群体“优先扶持”，用对待强势群体和弱势群体的不平等的手段达到真正的教育平等的目的。“对弱势幼儿群体实施补偿教育，无论是对幼儿个体自身的发展，还是对整个社会的发展都有重要的价值。”①

具体来说，农村学前教育的教育补偿应关注补偿什么、怎么补偿及补偿效果等问题，即教育补偿是否契合并有效满足补偿对象的需求。根据斯蒂芬·德沃鲁和沙琳·库克提出的供需适配性理论，应提升农村学前教育教育补偿的相关性、可及性、质量性以及相适性，促进教育资源的高效配置，提高教育补偿的精准度和有效性，切实保障受教育者的教育权利，推进学前教育公平。②

从 2010 年开始，公共财政加大了对学前教育投入的重视。2016 年，北京大学中国教育财政科学研究所公布了相关课题组的一项成果，提出自 2010 年以来，中央及地方财政对学前教育投入累计达近 5000 亿元。然而据估算，全国目前仍有约 1600 万儿童没有幼儿园可上，这些儿童主要集中在农村。这是由于当前的学前教育财政投入以“三个为主”进行投入，即以公立幼儿园为主，以投入机构为主，以投入硬件为主。因此，好的公立幼儿园像海绵一般吸收了大量的资金，服务于数量较少的儿童，而广大的中西部地区儿童、贫困农村儿童、城市中的流动儿童等弱势群体，却享受不到国家的教育福利。

（四）教育补偿的现实路径

鉴于对弱势幼儿群体实施补偿教育所具有的重要价值，采取有效的措施，尽快实现弱势幼儿群体补偿教育的稳步、持续发展显得十分紧迫和必要。弱势幼儿群体及其家庭由于不具备改变自身劣势的能力，必须通过政府来保证他们的受教育权利。一个负责任的政府必须承担起其对弱势群体的应有责任，充分认识到对弱势幼儿群体实施补偿教育的重要价值，确保补偿教育的实施，在促进与实现学前教育公平方面发挥重要的作用。

1. 采取强有力的经济手段

有数据表明，我国是一个教育经费严重不足的国家，教育经费只占世界

---

① 朱家雄，张婕．教育公平——一个不容回避的学前教育问题［J］．教育导刊（下半月），2006（2）．

② 何锋．农村学前教育教育补偿路径优化：基于供需适配性理论的思考［J］．现代教育管理，2015（9）．

教育经费总量的1%，却被用来教育占世界20%的教育对象。在这些财政性教育经费中，只有1.3%左右的经费被用于学前教育。国家和政府应充分认识到学前教育的重要性，加大对学前教育的投入力度，并且遵循公共教育资源从富裕流向贫困的原则，使公共教育资源向处境不利的弱势儿童群体倾斜：少数一直被政府重点投入和高投入、办园条件极优的幼儿园的年度财政经费要适当削减；要建立和完善学前教育财政转移支付制度，尝试财政支援农村、"老少边远"和贫穷地区、城市贫困社区、办园条件差的幼儿园，为弱势儿童群体提供受教育的机会。

2. 健全法律法规，保证弱势儿童群体接受学前教育

学前教育是基础教育的重要组成部分，它不属于义务教育的范畴。我国的现行政策条文中关于弱势群体的补偿教育都集中于义务教育这一阶段，如《流动儿童少年就学暂行办法》《关于进一步做好进城务工就业农民子女义务教育工作的意见》。弱势儿童群体在很大程度上没有得到应有的重视，涉及弱势儿童群体的补偿教育只是散见在一些政策条文里，因此，需要通过强有力的法律来保证他们的受教育权利。政府需要通过立法来确立弱势儿童群体的学前教育补偿制度，并且要建立一个有效的法律执行机制，确保这种补偿制度的实施。

3. 充分利用社区资源对弱势儿童群体进行补偿教育

当前，利用社区资源已成为许多国家对弱势儿童群体进行补偿教育的有力措施。美国的开端计划、英国的游戏小组运动、日本的天使计划、泰国的社区学前教育、印度的菩提计划、加纳的"儿童不能等待"国家行动计划、秘鲁的娃娃之家工程等教育方案都以社区为依托，利用社区的各种教育、文化、娱乐设施，人文景观和自然环境，各种人力资源，对弱势学前儿童群体实施补偿教育，力图保障每一名学前儿童的受教育权。

我国自1997年提出要促进学前教育社会化、建立以社区为依托的学前教育服务网络规划以来，学前儿童社区教育服务也发展很快。当前，我国社区学前教育服务机构和活动主要有如下三类。第一类，学前儿童活动定点机构，如儿童玩具馆、儿童图书馆、儿童或母子俱乐部、婴幼儿室、儿童节假日活动室、儿童游戏室（场）。第二类，流动的学前教育服务。对边远地区的农村散居儿童，当地政府一般提供这种非正规的学前教育，如我国西部地区就

有流动的大篷车幼儿园，内蒙古草原地区有草原流动幼儿园。许多地方还设有巡回的学前教育辅导站。第三类，家庭教育辅导站。为提高家长的育儿水平，我国许多社区开展了主要面向学前儿童家长的家庭教育辅导站，如新婚班、准父母班、家长夜校等。我国可以在现有条件的基础上，借鉴其他国家利用社区资源实施补偿教育的经验，充分开发利用社区资源。这是一种因地制宜、因陋就简，成本低、效益高的有效措施。

综上所述，健全我国农村学前教育公共服务体系的重点应在于完善其社会支持系统以及充分、全面地进行教育补偿这两个方面。一方面，明确社会支持的要素，动员政府、社区、企业、社会组织和媒体等力量，构建一个完整的、和谐的、适度的、大致均衡的社会支持系统，并以社区为中介，直接作用于每一名农村学龄前儿童；另一方面，明确补偿主体，健全法律法规，加大对农村学前教育机构的经费投入，加大对农村学前教师的供给保障。

第三章 中国农村学前教育公共服务体系的创设阶段——“河北经验”

各种历史和社会原因所形成的我国城乡分割的二元经济社会结构，决定了我国农村学前教育体系与城市学前教育体系存在显著差异，而这种差异在不同的历史时期有不同的表现。认识、揭示这种差异是有效构建我国农村学前教育公共服务体系的前提。中华人民共和国成立以来，我国的学前教育事业发展历经了不同的历史阶段。需要指出的是，就中国农村学前教育公共服务体系的发生和发展而言，这些阶段划分并不能反映重要节点。鉴于此，本章第一节对农村学前教育公共服务进行了三个阶段的划分：1983—2002 年，中国农村学前教育公共服务体系的创设阶段；2003—2013 年，中国农村学前教育公共服务体系的突破阶段；自 2013 年开始，进入中国农村学前教育公共服务体系的创新阶段。本章其他各节对中国农村学前教育公共服务体系创设阶段（第一阶段）的基本特征进行了阐述，这些特征涉及了农村学前教育公共服务体系的若干维度，包括历史背景、管理模式、经费模式、师资供给模式、机构模式、课程模式以及家庭与社区工作模式。这些维度为解读中国农村学前教育公共服务体系的突破阶段与创新阶段提供了起始框架。

第一节　农村学前教育公共服务体系的阶段划分

经过对有关农村学前教育文献的系统分析，我们发现两个国家科研项目与农村学前教育公共服务体系有紧密、重大关联，并分别标志着两个重要时代：第一个项目是全国教育科学“八五”规划、国家教委重点课题“河北农村学前教育项目”；第二个项目是教育部哲学社会科学发展报告资助项目教育问题系列发展报告之《中国学前教育发展报告》。这两项科研及其成果不只反映农村学前教育公共服务体系的两个重要历史时期，更重要的是，它们分别见证和描述了我国农村学前教育公共服务体系的两个重要发展阶段——创设阶段和突破阶段。由于“农村学前教育公共服务体系的构建研究”课题所处时代背景的特殊性，也由于研究的目的取向，我们将该课题所总结发现的当前农村学前教育公共服务体系的理论和实践定义为“创新阶段”。

中国农村学前教育公共服务体系创设阶段为1983—2002年。在这一时期发生的一系列重大政策事件决定了这一阶段农村学前教育公共服务体系建设的开创性。1983年5月，中共中央、国务院《关于加强和改革农村学校教育若干问题的通知》明确提出积极发展幼儿教育。1983年9月，教育部《关于发展农村幼儿教育的几点意见》颁布，这是新中国第一次专门针对农村幼儿教育事业发展发布的政策文件。该文件强调必须有计划地发展农村幼儿教育，并对农村幼儿教育的发展原则与方针、领导与管理体制、事业发展的目标、办园主体与责任、教师队伍建设等方面都提出了细致的指导意见。为了更好地发挥学前班对我国农村学前教育事业发展的作用，1986年，国家教育委员会发布《关于进一步办好幼儿学前班的意见》，并从办班思路与原则、办班经费及条件、师资培训以及加强学前班的领导与管理等方面提出进一步改进的意见。1991年，国家教委《关于改进和加强学前班管理的意见》进一步强调了举办学前班对农村幼儿教育事业发展的重要性，以及农村学前班的举办理念与原则、领导、管理等。1992年2月发布的《九十年代中国儿童发展规划纲要》首次明确提出该阶段农村事业普及的具体目标是农村学前入园（班）率达60%。1993年发布的《中国教育改革和发展纲要》再次强调农村要积极发展学前一年教育。同年通过的《中国全民教育行动纲领》①，提出全民教育目标及措施，将“农村学前一年教育的幼儿入园率达60%”列为2000年的全民教育目标。

根据《中国学前教育发展报告——农村学前教育》，从中华人民共和国成立到1983年，农村学前教育事业发展经历了若干阶段，这些阶段的农村学前教育在性质上距公共服务体系较远。在我国，“教育公共服务”的概念兴起于20世纪90年代，但1983年后政府关于农村学前教育的一系列政策，带有明显的指标意义。《中国学前教育发展报告——农村学前教育》将1983—1996年定义为农村学前教育的稳步提高阶段。作为我国最早的国家级农村学前教育国家项目，“河北农村学前教育项目”覆盖1988—1996年，不仅对农村学前教育进行理论构建，更以省为单位在实践层面全方位解决了农村学前公共服务体系构建的一些基础性关键问题。该项目受1983年起的国家对农村学前教育的里程碑式政策影响，其影响波及21世纪初。因此，我们将农村学前教育公共服务体系的创设阶段界定为1983—2002年的20年。具体将在本书全面阐述。

中国农村学前教育公共服务体系突破阶段为2003—2013年。在这10年间，中国农村学前教育公共服务体系的构建较创设阶段有了广泛的、质的突破，突破的领域包括国家有关农村学前教育政策、农村学前教育的政府责任认定、农村学前教育的投入体制、农村办园体制、农村学前教育管理体制、农村幼儿园师资供给，等等。以投入体制的突破为例，2008—2012年，中国学前教育经费增长5倍。2012年国务院印发《国家基本公共服务体系“十二五”规划》，明确将普惠性学前教育纳入国家基本公共服务体系。《国家教育事业发展第十二个五年规划》提出“中央财政重点支持中西部地区和东部困难地区发展农村学前教育”。突破阶段的最大特点是对农村学前教育事业发展的“政府主导”，具体将在本书第四章全面阐述。

---

① 1993年3月1日，中国全民教育国家级大会在北京开幕。3月4日，会议在郑州闭幕。会议原则通过了《中国全民教育行动纲领》。

中国农村学前教育公共服务体系的创新阶段自 2014 年开始。中国农村学前教育公共服务建设所面临的诸多新问题迫切需要制度创新，与此同时，我国整体创新环境面临巨变。2014 年 9 月 10 日，世界经济论坛 2014 年新领军者年会在天津举行。出席开幕式的国务院总理李克强在致辞中提出要借改革创新的“东风”，推动中国经济科学发展，在 960 万平方公里土地上掀起“大众创业”“草根创业”的新浪潮，形成“万众创新”“人人创新”的新态势。[①] 2015 年全国“两会”上，李克强提出要把“大众创业、万众创新”打造成推动中国经济继续前行的“双引擎”之一。这是农村学前教育公共服务体系进入创新阶段的大背景。2014 年，《教育部 国家发展改革委 财政部关于实施第二期学前教育三年行动计划的意见》阐明了第二期学前教育三年行动计划的基本原则和主要目标：“坚持公益普惠，进一步优化学前教育资源配置，公办民办并举，努力提高学前教育公共服务水平，新增资源重点向贫困地区和困难群体倾斜。注重可持续发展，进一步深化改革，拓宽经费投入渠道，创新用人机制，建立健全标准，破解发展难题。强化政府职责，进一步加强学前教育治理体系和治理能力建设，落实地方政府发展学前教育的责任，发挥中央财政引导激励作用。”“到 2016 年，全国学前三年毛入园率达到 75%左右。城镇和经济发达地区的农村全面普及学前三年教育，其他农村地区特别是集中连片特困地区学前三年毛入园率有较大增长。初步建成以公办园和普惠性民办园为主体的学前教育服务网络。逐步建立起以公共财政投入为主的农村学前教育成本分担机制。幼儿园办园水平和保教质量显著提高。”2016 年 2 月，《教育部办公厅关于公布国家学前教育改革发展实验区名单的通知》中，确定 36 个地区为国家学前教育改革发展实验区。“实验区”概念的核心就是制度体系的创新。2016 年 12 月，经国务院同意，教育部、国家发展改革委、民政部、财政部、人力资源社会保障部、国务院扶贫办联合印发了《教育脱贫攻坚“十三五”规划》，这是国家首个教育脱贫五年规划，也是“十三五”时期教育脱贫工作的行动纲领。由于农村学前教育公共服务体系构建研究的背景与创新阶段更加契合，因此，对创新阶段农村学前教育

① 孙博洋．大众创业万众创新：你我都是中国经济增长新引擎［EB/OL］（2015-03-05）［2017-01-04］．http：//finance.people.com.cn/n/2015/0305/c100426643284.html.

公共服务的论述将重在政策、理论和实践特征，融入有关各章，而不同于对前面两个阶段的分章专论。

第二节　农村学前教育公共服务体系创设阶段的历史背景

中国农村学前教育公共服务体系的创设阶段为1983—2002年。中国是一个农业大国，自20世纪70年代末开始的规模宏大的农村经济体制改革，是这个时期的总背景。

一、农村幼儿占我国幼儿人数80%以上

拥有我国人口80%以上的农村进入了一个由传统农业向现代农业，由自然经济向商品经济、市场经济过渡的发展时期，农民的生活和观念发生了深刻的变化。教育部《关于发展农村幼儿教育的几点意见》指出，据1982年统计，全国县镇、农村入园幼儿便达到881万人，占全国入园幼儿总数的79.2%。作为教育事业中最基础又最贴近农村家庭生活的学前教育应该发生何种变化，农村学前教育事业如何适应这场深刻的经济和社会变革的需要，如何找出一条适合农村实际、迅速有效地发展和提高农村学前教育的道路，是学前教育工作者和政府决策部门必须面对的严肃课题。

二、农村幼儿人口的下降

这个时期，由于农村计划生育成效显著，农村出现幼儿人数下降较快的状况。同时，农村幼儿居住分散的状况日趋明显。这一变化，对我国农村学前机构办学效益、非正规教育形式的发展、小学附设学前班的深化改革等若

干问题，均提出了新的挑战。①

三、对农村学前教育重要性与迫切性的清醒认识

《农村幼儿教育体系研究——“河北农村学前教育项目”研究报告》对这一阶段农村学前教育的重要意义进行了系统表述。首先，农村学前教育对改善幼儿生存和发展环境有极其重要的作用。在文化、教育信息传播相对落后的农村，学前教育机构是学前儿童获得基本安全保护、享受受教育权利的重要场所。该项目组于 1985 年对江苏、河北和北京市大兴县农村经济、文化基本相同地区的幼儿园（班）的 6 岁儿童与同龄散居儿童的发展测查成绩做了比较，发现在认知能力上，幼儿园（班）儿童极显著地高于散居儿童。

其次，农村学前教育是发展农村经济和提高农业人口素质的需要。自 1980 年代始，我国农村经济改革取得显著成效，乡镇企业蓬勃发展，广大农民从单一的农耕生产转向使用现代科学技术的多元化生产。农村经济和生产形态的这一革新，不仅要求农民努力提高自身素质，更对农村后备劳动力的素质提出了要求。

再次，农村家长对孩子接受家庭外的学前教育产生了空前需要。由于农业生产现代化水平的提高以及农村生活与城市生活存在的现实差距，农村家长愈加认识到科学文化知识对生存发展的直接影响。

最后，发展农村学前教育是发展农村基础教育的需要。该阶段实施农村义务教育的难点和重点是提高适龄儿童入学率和合格率，以及大面积降低复读率和辍学率。发展学前教育，提高儿童入学起点，有助于大幅度减少小学复读率和辍学率，鼓励贫困地区、少数民族地区女童继续接受教育，完成义务教育，同时减少教育经费浪费现象。因此，对广大农村学前儿童进行早期启蒙教育，抓好入学准备环节，成了发展农村基础教育的需要。

---

① 潘仲茗，沈芝莲．农村幼儿教育体系研究——“河北农村学前教育项目”研究报告［M］．北京：教育科学出版社，1999：73.

四、立足于适应农业现代建设的人才观的确立

此阶段的学前教育注重树立培养立足于本土的适应现代化农业建设需要的人才观。《农村幼儿教育体系研究——“河北农村学前教育项目”研究报告》指出，21世纪的农村需要的是能适应现代农业生产、现代农村生活和现代文明的有自信、有能力、开拓进取、身心健康的人，能努力使自己和家庭、使本乡本土的人生活得更好的人。幼儿教育应以大多数孩子的生存状况和发展前景为立足点，为培养适应农村建设的人才打好素质基础。①

五、农村学前教育存在的问题

此阶段农村学前教育面临的诸多问题也是决定这一阶段特点的重要背景条件。根据《农村幼儿教育体系研究——“河北农村学前教育项目”研究报告》，这些问题均凸显中国农村学前教育的亟待发展与提高。其一，入园（班）率低。据该项目组1985年对河北省和江苏省的抽样调查，江苏省3~6岁儿童入园（班）率为67%，河北省为30%，而1985年全国3~6岁儿童入园率平均仅为12%。其二，学前教育机构形式单一。在河北、江苏调查的农村学前教育机构均为整日制，幼儿中午回家吃饭，一天在园时间5~6小时。办园形式主要是幼儿园和小学附设学前班，约占98%。机构单一化和正规化倾向较为严重，不能满足不同居住地区、不同经济条件家长的要求。其三，学前教育机构条件差，质量低，功能单一，具体集中表现为：学前教育经费短缺，设备严重不足，学前教育内容贫乏。中央没有学前教育专款，政府对学前教育投资较集中地使用在县镇的幼儿园，而人数最多的、最缺乏经费的乡村，政府经费投入最少。其四，农村幼儿教师缺乏培训，队伍不稳定。1979—1989年，幼儿教师平均每年增加近5万人，中等师范毕业生仅占15%左右，且大多数集中在城市和县镇的正规园所中。1988年，全国幼儿教师受

① 潘仲茗，沈芝莲．农村幼儿教育体系研究——“河北农村学前教育项目”研究报告［M］．北京：教育科学出版社，1999：69.

过一年以上专业训练者仅为 18%。农村幼儿教师工资低，待遇低。1985 年，江苏省幼儿教师平均工资仅相当于小学民办教师的 75%，同等劳动力的 80%，村办企业职工的 68%。加上农村幼儿教师工资拖欠问题严重，没有具备让其安心工作的基本保障条件，因此教师流失率高，出现“年年培训，年年是新人”的状况。其五，没有适合农村的幼儿教师培训教材和幼儿园教材。我国农村幼儿教师培训教材，长期以来都是采用全国统编的中等幼儿师范学校教材。农村幼儿园的教材也严重缺乏。根据 1985 年对河北省的调查结果，61%的幼儿园使用小学课本，6% 的幼儿园没有任何教材，而江苏省 66%的幼儿园使用省编幼儿园教材。两省都没有专为农村幼儿编写的课程和教材，这加剧了农村学前教育的“小学化”、城市化倾向。其六，农村家庭教育薄弱，家庭教育资源未被开发利用，家长教育观念陈旧，急需获得帮助。其七，农村学前教育管理薄弱。1987 年，《国务院办公厅转发国家教委等部门关于明确幼儿教育事业领导管理职责分工的请示的通知》明确了学前教育由教育部门主管，实行地方负责，分级管理，各有关部门分工负责的管理体制。1988 年，全国已有省、市建立了学前教育专管机构。但是，各级政府对学前教育管理的重要性仍然认识不足，所以在管理人员的配备、管理机构的建立、规章制度的健全等方面都处于困难和被动状态。

六、研究背景与河北经验

从 20 世纪 80 年代开始，全国各地开展了一些有关农村学前教育的改革研究。1987 年，南京师范大学进行了农村学前一年综合教育课程的试验研究。1991 年，内蒙古师范大学进行了中国边、穷、牧、岛地区学前教育发展途径研究。由中央教育科学研究所牵头的农村幼儿教育体系的研究是其中最综合、最长久、最具影响的。该研究以河北省为个案，编制并实施了我国首部《农村幼儿教育实验纲要》。这一创始性的文件，把我国“面向全体和全面发展”的教育方针具体落实到农村的学前教育领域，创建农村学前教育体系。这是中华人民共和国成立以来最早、最接近农村学前教育公共服务体系构建的一项尝试。《农村幼儿教育实验纲要》提出了农村学前教育的总目标：使幼儿身心得到健康、全面的发展，为他们顺利地进入小学乃至未来的发展打下良好的基础。根据这个总目标，《农村幼儿教育实验纲要》用幼儿发展四大领域（健康、认知、情感与社会行为、运动与操作）代替传统的读、写、算等知识领域设定分目标。围绕《农村幼儿教育实验纲要》的实施，该研究在农村学前教育的经费模式、管理体系、培养与培训模式以及机构模式等与公共服务至关重要的各方面均进行了拓荒性的探索和建设。① 在实验的后半期，贵州省也作为一个案例加入该项目。但由于贵州省的操作建立在河北经验的基础上，所以本阶段以“河北经验”命名。

第三节　农村学前教育公共服务体系创设阶段的管理模式

《农村幼儿教育体系研究——“河北农村学前教育项目”研究报告》所描述的实验区所秉持的农村学前教育理论和实践，代表着这个阶段农村学前教育所达到的高度。这里所概括的管理模式虽然是实验区总结的模式，但代表着这一阶段中国农村学前教育最先进的管理模式，以下从四个维度进行描述：一是建立农村学前教育管理网络；二是以县、乡中心幼儿园为依托；三是办学的职和权下行到乡、村政府；四是管理农村非公办在册幼儿教师。

一、建立农村学前教育管理网络

农村学前教育行政管理的最基层单位是县、乡。县、乡肩负着决策和执行的双重任务。这是由于我国教育实行地方负责、分级管理的管理体制，基础教育的管理权交给地方。除大政方针和宏观规划由中央、省决定外，具体的政策、制度、计划和实施，以及对幼儿园（班）的领导、管理、检查，都是由县、乡负责。落实农村学前教育管理体制，首先要解决好县、乡这两级

① 潘仲茗，沈芝莲．农村幼儿教育体系研究——“河北农村学前教育项目”研究报告［M］．北京：教育科学出版社，1999：237.

管理，尤其乡（镇）是最薄弱的环节。

解决好县、乡这两级管理，关键是配齐县、乡学前教育专（兼）职干部或业务辅导员，在这基础上，形成农村学前教育管理的视导网络。网络的构成是：省、地教育部门幼教处（科），县教育局幼教股，乡（镇）教育辅导站（或中心校），村幼教领导协调小组，幼儿园学前班示范点，普通班、非正规教育点。省、地（市）教委（代表政府）将指令输入管理网络后，经县教委决策，再输送给乡（镇）文教办（或中心校）部署实施，通过示范园（班）、普通班具体执行。

成立农村三级（县、乡镇、村）学前教育管理领导小组，形成社区多方力量共同参与管理的格局。

二、以县、乡中心幼儿园为依托

县、乡中心园作为实现农村学前教育管理的基本载体，承担双重任务，即在完成幼儿园保育教育日常工作任务、不断提高自身办园水平的基础上，同时要承担对下一级学前教育机构的业务指导和管理，培训教师，协助本级政府和有关部门贯彻执行学前教育方针政策的任务。农村学前教育管理的组织机构包括两个系统：一是政府和有关部门组成的学前教育领导小组和教育行政部门的工作机构，属学前教育的决策系统；二是由学前教育机构建立的执行决策的操作系统。县、乡中心幼儿园在整个管理的运行过程中起到轴心和枢纽作用，在政府和群众之间建立起联系的桥梁，管理一体化，即把行政管理、业务指导、师资培训紧密而有机地结合在一起，减少管理环节。依托县、乡中心园，也是挖掘农村学前教育管理资源的举措。让县、乡中心园同时承担起指导和管理农村学前教育的任务，发挥县、乡中心幼儿园指导和管理农村学前教育的作用，将其建设成为示范、培训、教研、家庭教育指导、信息交流的中心。县、乡中心园的园长和教师担任了学前教育视导员、辅导员后，在县、乡教育部门的领导下，管理工作便能有序有力地展开。该模式打破了我国农村学前教育管理工作主要依靠政府和教育部门有限的学前教育干部来完成的做法，改由政府主办的学前教育机构中的教师群体来承担和协助管理，有效地解决了管理人员缺乏的问题，又提高了行政和业务管理的指导性和服务效果。

三、办学的职和权落实到乡、村政府

在河北农村学前教育项目各实验县（包括实验县与项目县），村一级是学前教育办学的最基层单位。农村学前教育的管理权力下放到乡、村政府，强调村是学前教育管理的最重要的基础单位。乡对学前教育有决策权，村有主办权和主管权。当分级办学的职和权落实到乡、村政府后，无论是经济富裕地区还是贫困地区，都能走出一条自己办好学前教育的路子。

四、管理农村非公办在册幼儿教师

农村幼儿教师大多来自本乡本土的初、高中毕业生。实验县实行农村非公办在册幼儿教师聘任制，以建立一支有一定素质的、相对稳定的农村幼儿教师队伍。这包括若干配套措施。其一，建立教师资格考核聘任制度，优选上岗。项目实施之初，河北实验县采取公开招聘、考核选择、培训使用、资格认定、签订合同、注册建档等几个步骤，聘用农村民办幼儿教师。河北省教委在此基础上，制定了农村幼儿教师资格证书和农村非公办在册幼儿教师的管理制度。此政策把民办幼儿教师纳入县教育部门的统一管理，明确了合格教师的标准，确定了幼儿教师应有的地位和权利。其二，分散决策，统一管理，保障职责层层落实。农村幼儿教师的主管权在各级教育行政部门，实验县采取分级管理、落实职责，使各级部门都有一定决策权。管理职责分工是：县教委负责教师的考核、资格认定、注册建档、晋级、县内调动、辞退，制定教师待遇的政策和标准，统筹落实，检查评估；乡（镇）教办是聘任单位，负责教师的聘任、留用、乡内调动。聘任合同由县、乡两级教育部门与教师本人签订，合同期限一般为三年。乡（镇）教育办在乡（镇）学前教育领导小组的领导下，负责日常业务管理，工资的筹措和兑现；村委会和村学前教育协调小组，对教师的聘任有建议推荐权，协助乡（镇）做好日常管理和督促，并负责教师的安全和日常生活福利，帮助教师解决生活和工作中的困难等。其三，实行工资统筹和养老金制度，保障教师的合法权益。实行县、乡（镇）统筹工资制度，能保证包括村办村管、村办校管农村学前教育机构在内的教师工资按时足额发放。实行县乡筹措、补助，县给每位教师一定的标准补助，保证基本待遇，其余部分由乡或中心校筹资解决。按当地经济情况，制定农村民办幼儿教师的工资标准。凡取得农村幼儿教师资格证书的在任教师，实行以职务工资为主的结构工资制，分级别发放，享受当地民办教师的工资待遇。农村民办幼儿教师享受养老保险金，投保费由办园单位和个人共同负担。各实验县在科学研究的基础上，制定解决学前教育经费、人员编制、教师待遇、收费标准、配套建设和评价标准等重大政策，执行中重视决策权分散的策略。管理从宏观和微观上都有了明确的指导思想和可操作的办法，使国家的方针政策和地方的具体措施都能得到有效的执行，促进农村学前教育管理的科学化和规范化。

第四节　农村学前教育公共服务体系创设阶段的经费模式

根据《农村幼儿教育体系研究——“河北农村学前教育项目”研究报告》，各实验县均能妥善解决农村学前教育面临的经费问题，具体的举措包括：争取政府和社区投入，落实分级投入，合理使用农村教育费附加，以及幼儿园（班）合理收费。

一、争取政府和社区的增加投入

为实现普及九年义务教育，1986—1995 年国家财政性教育经费增长 4.35 倍。义务教育占国家财政性教育经费的 65%左右。[①] 义务教育投入取得的成果，让作为教育重要组成部分的学前教育看到了发展的前景，同时发展学前

① 潘仲茗，沈芝莲．农村幼儿教育体系研究——“河北农村学前教育项目”研究报告［M］．北京：教育科学出版社，1999：132.

教育对普及义务教育具有重要的基础作用。在此背景下，实验县各级政府自觉地将学前教育纳入普及九年制义务教育的总规划。采取的措施包括：把按普及九年义务教育规划需撤并的乡村小学或集体空房改造建成幼儿园；对需新建的园舍，采取县财政适当补贴，乡、村集体出资，群众集资，企业和个人捐助，银行贷款等办法，多渠道筹集资金。

二、落实分级办学、分级投入

各实验县形成了教育是政府行为、办园是社区行为的共识，按分级办学的原则，鼓励县、乡、村办园。县政府投入资金办好县示范园，乡（镇）政府承担乡镇中心园的建设，并资助建设村办园（班）。村委会负责筹集村办园资金。社区投入学前教育的经费主要用于新建、改建学前教育机构和配置基本设备等较大的一次性投入。经费由财政适当补助，同时动员社区集资，鼓励企业、个人捐资，鼓励家长在建设中投工投劳。社区投入经费也要用于补助学前教育机构的日常开支。

三、合理使用农村教育费附加

农村教育费附加是用于基础教育的。少数实验县根据本地学前教育机构的需求，划出一定比例的农村教育费附加用于村办学前教育机构的建设和日常经费开支。经过招聘的非公办在册教师的工资，主要由教育费附加中支出，保证了教师工资能按时足额发放。

四、合理收费

在各实验县，属非义务教育的学前教育实行合理收费制度。合理收费是指在省、地制定收费范围和基本标准的基础上，根据当地经济、交通、家庭承受能力、幼儿在园时间、所提供的教学设施及教育质量等条件制定的标准征收费用。在当时的条件下，各实验县预期：随着农村乡镇建设的快速发展和农民生活水平的提高，可逐步提高收费标准。各实验县将“增强服务意识、扩大机构的办学效益”“自我发展、自我完善”、迎接市场经济的挑战视作农村学前教育可持续发展的资源条件。各实验县强调：农村学前教育需要努力利用本乡、本村的资源，改善办园条件，提高教育质量；农村学前教育工作者要树立“在质量中求生存、在质量中求发展”“谁任教、谁完善”的自我发展意识。各实验县倡导走“社区投入，合理收费，提高效益，自我完善”的道路，形成“谁办园，谁投入”“谁受益，谁负担”“谁任教，谁完善”的多方负责、共同努力的投入机制。提倡立足于提高资金的回报率，从而保证学前教育经费有稳定来源。在“合理收费”方面，各实验县对农村学前教育实行按质论价，不以赢利为目的。实现按质论价需要教育、财政、物价等部门协调，在取得共识的基础上进行。河北省和贵州省在项目研究的基础上，分别由省教委为各类幼儿园建立了较完善的评估指标体系。实验县的经验表明，分类评估、按质论价是促进主办单位和教职工努力办好幼儿园（班）的重要激励机制，也是促进农村学前教育良性发展的必然措施。

值得一提的是，这一阶段的经费模式虽然有助于解决当时农村学前教育所面临的问题，但与二十多年后的今天所强调的学前教育的公共服务属性并不相符。例如，当时倡导和公认的“谁受益，谁负担”的原则，与我们今天倡导的学前教育（尤其是农村学前教育）的公益性、普惠性、补偿性明显相悖。这一阶段在经费模式上与后续两个阶段（突破阶段、创新阶段）的差别，从一个侧面体现了不同阶段的实质差异。限于篇幅，我们无法将此类差异进行一一罗列和论述，但我们进行阶段划分的立足点便是各阶段之间的差异性大于继承性。

表 3-1　河北农村学前教育项目多渠道筹措农村学前教育经费体系表①

	投入来源	投入方向
省、地政府及教育部门	省地财政学前教育专项补助奖励基金	补助新建园舍和消除危房；补助教学设施；奖励优秀园所、教师

① 潘仲茗，沈芝莲．农村幼儿教育体系研究——“河北农村学前教育项目”研究报告［M］．北京：教育科学出版社，1999：46.

续表

	投入来源	投入方向
县（市）政府及教育部门	县财政预算内用于学前教育部分拨款；城乡教育费附加划出比例用于学前教育；学前教育专项补助；社会捐、集资；县教师奖励基金	建设县级示范园；乡村办园建设补助；培训幼儿园教师经费；教师工资补助；玩教具费
乡政府及教育办	乡财政预算内用于学前教育部分拨款；城乡教育费附加一定比例用于学前教育；专款补助学前教育；社会捐、集资	部分教职工工资补助；乡中心园建设费；村办园建设补助费；培训师资经费补助；乡、村办园大型玩教具补助；教职工劳保及医疗保险补助
村委会	村办企业投入学前教育经费；群众投工投劳；社会捐、集资	村办园建设及修缮；教师福利补助；玩教具设备
幼儿园（班）	学杂费收入；社会服务收入；社会捐、集资	用于教职工工资及福利；日常经费
家长	缴纳学杂费；捐、集资；参与建园劳动；帮助教师日常工作	教职工工资；日常办公教学用经费；教材、图书费、材料费、玩教具费、培训费

第五节　农村学前教育公共服务体系创设阶段的师资供给模式

就全局而言，这一阶段的新教师由幼儿师范学校、普通师范学校附设的幼师班、职业高中附设的幼师班来培养，招收初中毕业生（以女生为主），学制3~4年。以江苏省为例，1996年共有独立幼儿师范学校4所，普通师范学校和职业高中附设的幼师班77个，每年可培养新教师约2000名。①

就农村学前教育师资而言，由于这一阶段农村学前教育机构迅速增长，

① 唐淑．中国多元化的幼教师资培养培训体系［J］．学前教育研究，1997（3）．

对幼儿教师的需求迅速增加，需求量远远超过市县幼儿师范学校和幼师班为农村培养的教师数量。以1986年为例，当年全国幼师毕业生为10454人，而仅河北省1983—1986年就增加了312000名幼儿教师，这个数字相当于河北省幼师20多年毕业生总数。幼师毕业生尚不能满足县镇一级幼儿园的需求，更难以兼顾到乡村幼儿园。① 在这一背景下，这一时期农村学前教育师资的主要供给形式为岗前培训和在职培训。

培训分职前培训和在职培训两类。职前培训（岗前培训）指对新招聘将要上岗的教师在派任前进行的培训，一般为一至两个月的集中脱产培训。在职培训分为非学历培训和学历培训两种。非学历培训包括普通幼儿教师培训、骨干幼儿教师培训、乡（镇）幼教干部培训、县幼教干部培训。学历培训指招收农村在职优秀非公办幼儿教师，经选拔后进行学历培训，成绩合格后颁发中专毕业文凭，转为公办教师。

河北农村学前教育项目各实验县的共识是：需要将培养满足农村实际需求、土生土长、有一定专业知识、热爱家乡、热爱学前教育事业、受农民欢迎的幼师队伍，作为建立农村学前教育体系的首要任务。培训的指导思想是：立足当地实际，充分依靠当地力量，利用一切可以利用的资源培训教师；使不同层次的幼儿教师通过多种培训和反复培训，达到合格学历，成为农村学前教育的积极倡导者、宣传者、组织者。下面从五个方面描述这一阶段农村学前教育师资供给模式的主要特征。

一、建立集培训与资源开发为一体的培训基地

河北农村学前教育项目在河北省建立了三个农村学前教育培训与资源中心，在贵州省建立了一个农村学前教育培训与资源中心，作为教师培训和资源开发利用的母体。这些中心采用单独设立和利用当地资源“就锅做饭”两种方式。河北省青县独立设置了农村研究和资源中心，由河北省教委、沧州市政府、青县政府共同投入，于1988年作为河北农村学前教育项目启动工程

① 潘仲茗，沈芝莲．农村幼儿教育体系研究——“河北农村学前教育项目”研究报告［M］．北京：教育科学出版社，1999：77.

之一兴建，当时能提供100名学员培训和吃住的条件，另外还有供小型研讨等用的研究室、会谈室等。至1994年，该中心创造了能同时容纳700名学员的教学条件，并建立了一支当地的教师队伍，成为中华人民共和国成立以来第一个直接面向农村幼儿教师、为农村学前教育服务的教师培训基地，也是我国第一个开发农村学前教育资源的研究中心。该中心以县职教中心、县进修学校和县中心幼儿园为基地，成功地实现了适合中国农村的学前教育师资培训的“低投入，高产出”。该中心既是培训基地，又是学前教育资源开发和服务基地。为节省人力、财力，充分利用当地教育资源，建立具有广泛适应性的学前教育培训中心，成为项目实验县的共同经验。

二、建立农村幼儿教师三级培训网

项目实验县建立了以县级培训为龙头、以乡级培训为核心的辐射式三级培训网。县级农村幼儿教师培训中心或幼儿师范学校负责脱产培训，重点放在培训县示范性幼儿园教师，此为一级培训。受过培训的县示范性幼儿园教师负责对乡级教师（乡中心园教师、示范班教师和乡幼教辅导员）的培训，此为二级培训。受到县级培训的乡中心园、示范班教师和乡幼教辅导员负责村级教师的培训，此为三级培训。在县、乡两级的幼儿教师受到了普遍的培训后，有条件的县幼教中心或幼师学校也可以直接培训村教师，县级幼儿园的教师也可以直接培训村教师，这是一条直接指向村教师的培训途径。

三、培训形式多样化

除了短期脱产集中培训，项目实验县的常用培训方式还包括巡回辅导、城乡挂钩、通讯联系等。

县乡级的巡回辅导。巡回辅导是送教上门的培训形式。这种培训范围广，针对性强，见效快。它主要用于培训后的再提高和解决教师在实际中遇到的问题，也可作为对那些因种种原因不能参加培训的教师们进行培训的一种形式。这种县乡级的巡回辅导又可分为分片集中辅导、小组交流辅导和个别指导。分片集中辅导以几个乡或一个乡中的几个村所组成的片为单位，对教师普遍的需要和问题进行集中辅导。在小组交流辅导中，指导人员召集邻近几个村的幼儿教师进行交流、座谈，鼓励教师间交流，并予以适当的指导。在个别指导中，指导人员根据个别教师的特殊需要和存在的具体问题，深入幼儿班进行具体的、有针对性的指导。

城乡挂钩。城乡幼儿园（班）挂钩，定点定人长期挂钩协作，进行实地现场培训辅导，从而实现城乡学前教育资源的优势互补。这是贵州项目培训农村幼儿教师的重要方式。

通讯联系。这是指培训方和受训方之间建立联系（主要靠通信和发放刊物材料），以达到培训的目的。由于跨越了空间的障碍，通讯联系成为培训的有力补充形式。

四、脱产培训与日常教研相结合

以县级培训中心、幼儿师范学校、示范性幼儿园为基地的集中脱产培训，是使乡村教师水平大幅度提高的重要保证。集中脱产培训分为三年制的正规培训、1~4 个月的短训、10 天左右的研讨以及讲座等形式。这种脱产培训往往与以乡级辅导站或中心幼儿园为基点的日常教研和培训活动相结合。

根据教师不同条件和需要，日常教研亦采取巡回辅导、专题讨论和通信等方式。专题研讨会由县级培训中心对学员进行科研知识培训，拟定一些课题，让学员实践探索，再组织研讨。通过通信，县级培训中心能够及时了解学员的情况和困难，解答问题，推广经验。这种以县、乡中心园为基地的日常教研活动也是培训的重要方式。日常教研活动采取“县、乡中心园的教研”“分片集中教研”“走下去，请上来”现场指导、跟班辅导等方式。在村分布比较集中的乡，定期把各村教师直接集中到乡辅导站或中心幼儿园进行教研活动。在村分布比较分散的乡，分成几个片，辅导员或中心幼儿园的骨干教师定期到各片组织教研活动和培训，各村幼儿教师都集中到本片的活动点接受培训和进行教研活动。

五、创编农村学前教育师资培训教材

河北农村学前教育项目各实验县十分重视创编具有农村学前教育特色的师资培训教材。创编农村学前教育师资培训教材的指导思想包括帮助农村幼儿教师树立正确的儿童观、教育观，提高利用身边自然、社会环境中的教育资源的实际工作能力。实验县在专业课、文化课、艺体课三个方面，对学前教育师资培训教材进行不同程度的改革，以期把农村幼儿教师实际需要的最基本、最实用、最先进的内容传递给教师。实验县的共识是不搬用城市的课程和教材。

第六节　农村学前教育公共服务体系创设阶段的机构模式

根据河北农村学前教育项目组于 1985 年对河北和江苏两省的调查统计，江苏有 33%、河北有 70%的 3～6 岁学前儿童不能进入学前教育机构接受教育。1991 年，贵州省的四个实验县学前一年的入园率仅为 34%，3～6 岁儿童入园率仅为 21.5%。由于当时经济条件所限，要在这一阶段提高农村学前儿童入园（班）率，扩大学前教育的受益面，发展多种形式的农村学前教育机构成了必由之路。

农村学前教育机构可分为正规学前教育机构和非正规学前教育机构，其中正规学前教育机构为主体，进入正规学前教育机构的幼儿约占入园（班）幼儿总数的 80%。

在农村常见的正规学前教育机构大体上有县、乡中心幼儿园（示范园），村幼儿园（班），小学附设的学前班等三种形式。村幼儿园（班）、小学附设的学前班是正规农村学前教育机构的最大群体。

非正规学前教育机构主要包括巡回辅导班、联合活动站、亲子活动中心、季节活动站和游戏小组。

巡回辅导班。在居住极为分散的几个自然村，村与村之间距离一两千米，交通不便，每个自然村一个年龄段的儿童只有一两名，两三个年龄段合起来只有五六名儿童。在这种情况下，建立巡回辅导班，采取就近集中、分散设点的办法建立教学点。两三个点为一个班，由一位幼儿教师巡回辅导。辅导班设在村委会或幼儿家庭内。

联合活动站。在山区，有些偏僻的自然村分为几个居民组，有的居民组人口比较集中，有的居民组人口很少。为了让各组的儿童都能接受学前教育，设立了联合活动站，分总站和分站。总站为全日制，分站为半日制，总站设教师，分站设辅导员。总站教师定期到分站去指导工作。

亲子活动中心。在不能满足3~4岁儿童入园（班）要求、散居儿童较多的地方，采取周日或平日晚上幼儿园（班）对外开放的办法，由教师组织活动，家长和儿童共同参加。亲子活动站采取两步辅导，即教师先同时辅导儿童和家长，家长回到家再辅导儿童。

季节活动站。一种临时性、季节性幼儿班，一般在农忙时期举办，可以解除家长的后顾之忧，多利用放假期间中小学的校舍或农户空房，对3~6岁和更小的儿童提供保育和教育的服务。这一方面帮助家长照看孩子，另一方面使一些没有学前教育机构的地区的孩子受到教育。

游戏小组。在该阶段，农村很多地方只解决了学前一年儿童受教育问题，有些3~4岁或4~5岁儿童在家无人照看，故专门成立游戏小组。这种类似家庭活动点的小组，由于家长没有条件参加活动，由村委会找一间住房做活动室。由教师和家长利用当地资源自制一些玩教具，有条件的儿童可自带一些玩具或图书与小朋友分享。辅导教师每周到小组，组织2~3次活动，以做做玩玩为主要的活动形式，寓教于游戏之中。

非正规学前教育机构还包括混合班、家长辅导站和家庭活动站等。

当时对非正规学前教育机构曾出现过这样的争议：学前教育不是义务教育，是否值得为少量孩子花这么大的力量?[①] 这一争议的产生反映了当时的中国社会对学前教育性质认识的时代局限性。诚然，学前教育，特别是农村

---

① 潘仲茗，沈芝莲．农村幼儿教育体系研究——“河北农村学前教育项目”研究报告［M］．北京：教育科学出版社，1999：144.

学前教育不是义务教育，但这并不影响其作为公共服务的组成部分受到应有的重视。这一点在本书阐述的中国农村学前教育公共服务的突破阶段和创新阶段均得到了十分鲜明的体现。

第七节　农村学前教育公共服务体系创设阶段的课程模式

在这个阶段，对农村学前教育课程建设贡献最大的两个科研项目分别是南京师范大学于1987年开始的农村学前一年综合教育课程的试验研究以及中央教育科学研究所和河北省教育委员会于1988年开始的农村幼儿教育体系研究。农村学前一年综合教育课程研究旨在将综合教育的理论和实践在农村学前一年阶段进行应用和推广。农村幼儿教育体系研究对这一阶段农村学前教育课程的最大贡献是制定和实施了《河北农村幼儿教育实验纲要》。①

《河北农村幼儿教育实验纲要》分四个部分，分别涉及指导思想、教育目标、教育内容和要求、实施途径和手段。这些对农村学前教育目标、内容、要求和手段的纲要性的界定，为农村学前教育课程的建构奠定了坚实的基础。值得一提的是，诞生于1988年的《河北农村幼儿教育实验纲要》与1989年国家教委颁布的《幼儿园工作规程（试行）》和《幼儿园管理条例》的精神基本上是一致的。②

因此，我们依据《农村幼儿教育体系研究——“河北农村学前教育项目”研究报告》，总结出了较能体现这一阶段农村学前教育课程先进性的基本特征。

① 潘仲茗，沈芝莲．农村幼儿教育体系研究——“河北农村学前教育项目”研究报告［M］．北京：教育科学出版社，1999：235.

② 同①，236.

一、利用农村自然环境，使教育内容生活化

农村的自然环境为幼儿提供了具体、生动的情感体验与教育环境，有利于培养幼儿热爱大自然的情感和态度。农村的自然环境还为幼儿提供了丰富的、开放性的活动材料和天然有趣的活动场所。

因此，农村学前教育课程的基本思路应该是：发现和利用环境资源，改善和创造良好的教育环境，引导教师从教材、课堂中走出来，到农村自然和社会的大环境中，实施幼儿素质教育。利用当地资源为幼儿制造大型运动器具、玩具教具，改善环境，走依靠自己创办学前教育的路子。因地制宜，开发利用自然场所，利用乡土资源，为幼儿提供丰富的玩教具和操作材料。挖掘农村的资源，使教育内容生活化，把生活与教育融为一体，发挥整体作用。充分利用农村的民间游戏、玩具、故事和手工艺术等文化资源，培养幼儿热爱家乡、热爱生活的积极生活态度。

二、建立农村学前一年教育的目标体系

根据《幼儿园工作规程》和《河北农村幼儿教育实验纲要》的总目标，将幼儿园（班）的教学目标分为五个层次：总目标，领域目标，季目标，周目标，活动目标。这一目标体系的建立，特别是幼儿发展领域目标的设立，打破了以教材为中心的传统做法，有助于变以教材和知识体系为中心的小学化、成人化教学，为以幼儿发展为中心的、与小学教育有本质区别的现代农村学前教育。

三、确立以季节为线索的活动模式

以季节为时间单元制订教育计划，分解教育目标，选择教育内容，以此形成适合农村学前教育机构的课程模式——季节活动模式。季节活动模式的创立，是农村学前教育课程的最鲜明的特征和优势。四季的变化给农村的自然和人文环境提供了独特的多样性和丰富性，给农村学前教育提供了优越的、

贴近自然的、鲜活的教育资源。将农村学前教育课程与四季的变化进行匹配，充分利用了农村学前教育资源的优势。

四、重视游戏的作用

正确认识上课与游戏活动对幼儿发展的作用，打破以课堂为中心，强调幼儿通过操作与游戏进行学习。学前班的半日活动安排为上一节课，做一个活动，玩一个游戏，改变原来上三节课的做法。农村的自然环境给幼儿的游戏活动提供了得天独厚的条件，针对农村幼儿的游戏教学是一个值得探索和开发的重要领域。

从全国幼儿园课程改革的大图景看，这个阶段的学前教育课程已经经历各种变革，传统的幼儿园分科教学模式开始被多种课程模式，如综合教学、活动教学、单元教学等取代。[①] 但单就农村学前教育课程而言，以上所呈现的四个特征更能代表这个阶段农村学前教育课程的面貌。

第八节　农村学前教育公共服务体系创设阶段的家庭与社区工作模式

学前教育与家庭和社区不可分割，这在很大程度上是由学前儿童的诸多特点决定的，如学前儿童在生存、学习与发展中对父母的不同于别的年龄段人群的依赖。这种依赖还在很大程度上导致了学前教育机构教育对家长以及家庭参与和支持的依赖。关于家庭和社区参与学前教育，不同的国家、族群和教育流派，有着不同的解释和界定，如美国联邦法律从维护父母对学前儿童机构教育知情权的角度，规定了学前教育机构必须向家长完全开放、让家长充分参与。而学前教育学术界则可能会因学者秉持的哲学或教学理念而有不同的主张，比如说，尽管大多数学者强调家长参与学前教育的重要性，也

① 张其龙．幼儿园单一的课程模式受到冲击［J］．幼儿教育，1989（5）．

有一些学者提出要求家长参与须适度，以保护家庭和社区自身的某些权利，如隐私权等。根据《农村幼儿教育体系研究——“河北农村学前教育项目”研究报告》，由于当时中国农村社会和农村教育面临的大背景，该阶段农村学前教育对家庭与社区的参与有着如下的期望与处理方式。

一、明确家庭教育在农村学前教育中的地位和作用

家庭教育具有以下功能：使边远地区和大多数不能接受学前教育的儿童，享有平等的受教育权利成为可能；与幼儿园（班）教育形成合力，提高农村学前教育的效果；使农民家长在改善幼儿的成长和发展环境的同时，提高自己的文化教育素养和教育子女的责任心和自信心，汲取科学育儿和科学生活知识，从而提高农民家庭的生活质量和文明程度。学前教育机构与家长和社区组织是伙伴关系。学前教育不只是幼儿园（班）的事，也是社区尤其是家长的事。教师要把家长动员起来，一方面引导家长在家庭中提供尽可能好的教育，另一方面也要把家长作为一种资源很好地发掘和利用起来。

二、开展家庭教育指导

在教师培训中，设置“家庭教育”课程，编写《农村幼儿家庭教育》教材，并提供《农村家长读物》，以帮助教师做好辅导家长的工作。幼儿园（班）引导家长参与多种形式的活动，如家长开放日活动、亲子活动日活动、家庭辅导站活动和家长会等。教师入户指导，在家庭和社区开展家教活动，对家长进行具体指导。建立家教示范户，以示范户实际事例吸引农民家长主动参与，并逐步扩展到整个社区。学前教育机构向家长开放，鼓励家长参与教育，使幼儿园（班）成为传播学前教育的基地。

三、成立家庭教育领导小组（协会）

由政府部门的代表（县长、乡长、村委员代表）、妇联主任、教育办公室工作人员、家长代表、小学校长、幼儿教师组成家庭教育领导小组（协

会)。该组织的职责是：开展家庭教育宣传；做好家庭教育工作规划，提供实现规划的条件；组织和依靠幼儿园（班）和教师开展家庭教育工作；组织社区和家长关心幼儿园（班）建设；关心本社区处境不利儿童的教育。家长骨干是开展家庭教育工作的积极分子和带头人，常常是家长小组的组长、家长辅导站的教师，还有的被聘请到家长学校给家长们讲课，承担着既要带好孩子又要带动家长的双重任务。

四、进行宣传教育

利用村里的有线广播、板报，宣传家庭教育的思想和经验；利用节假日集中宣传学前教育取得的新成绩，并吸引家长参与有关活动；编制适合农村家长需要的家庭教育读物或宣传材料；利用大众媒体，如报纸、杂志、电视等进行宣传；通过家长会、家访、接待咨询或通信等方式将幼儿园（班）作为宣传阵地。

第四章
中国农村学前教育公共服务体系的突破阶段——政府主导

根据《中国学前教育发展报告——农村学前教育》，中国农村学前教育普及与发展的历程，分别经历了奠定基础阶段（1949—1957 年）、大起大落发展阶段（1958—1976 年）、持续稳定发展阶段（1977—1996 年）、艰难曲折发展阶段（1997—2002 年）和改革振兴与政府主导重点发展阶段（2003—2013 年）。其中 2003—2013 年，尤其是自 2010 年开始的改革振兴与政府主导重点发展阶段，集中体现了农村学前教育公共服务体系建设的若干突破。我们将这个以政府主导为显著特征的阶段定义为中国农村学前教育公共服务体系的突破阶段。

第一节　农村学前教育公共服务体系突破阶段的历史背景

经过改革开放和发展，我国社会生产力、综合国力和人民生活水平都上了一个大台阶，经济体制和管理体制都发生了重大变化。2003 年 12 月，中共中央和国务院在实施科教兴国战略的基础上开始实施人才强国战略。作为基础教育重要组成部分的农村学前教育由于受到社会化和市场化改革、农村教育管理体制改革、中小学教育资源调整等政策的影响，尚未建立与社会转型相适应的发展与管理体制，面临前所未有的困难和挑战。为此，国家高度重视对农村学前教育的改革，我国农村学前教育事业由此进入了改革振兴、政府主导重点发展时期。① 特别是从 2010 年起，我国进入改革与发展的关键时期。学前教育作为我国建构社会公共服务体系和满足民生重大需求的重点领域，成为我国政府教育改革的重要着力点之一。长期以来我国农村学前教育发展缓慢，而且城乡差距不断加大，这有悖于教育均衡和社会公平的价值取向。尤其在我国贯彻落实科学发展观、构建和谐社会、促进城乡协调发展和教育与社会公平的社会背景下，农村学前教育普及已成为贯彻落实科学发展观、推动和谐社会构建、实现社会与教育公平均衡发展的重要战略举措。2010 年，我国明确提出政府主导，重点发展农村学前教育。

与前一阶段相比，这一时期具有若干特点，包括六成以上的学龄前儿童在农村，学前教育公共服务普及化与均等化，以及新农村发展战略实施这些大背景。根据《中国学前教育发展报告——农村学前教育》，作为 2010 年后政府主导、重点发展农村学前教育的前奏，2003—2009 年农村学前教育的深入改革与快速发展具有三大特点。首先，农村学前教育发展受重视程度提高。2003 年 9 月，《国务院关于进一步加强农村教育工作的决定》发布，明确提出地方各级政府“重视并扶持农村幼儿教育的发展，充分利用农村中小学布局调整后富余的教育资源发展幼儿教育”。2008 年 10 月，中国共产党第十七届中央委员会第三次全体会议通过了《中共中央关于推进农村改革发展若干重大问题的决定》，强调发展农村学前教育。由此，农村学前教育事业发展被置放到农村改革与农村教育改革的大背景中，提上政府日程。其次，深入改革农村学前教育管理体制。为了从根本上保障并促进农村学前教育的发展，2003 年，国务院办公厅转发了教育部、中央编办、国家计委、民政部、财政部等《关于幼儿教育改革与发展的指导意见》，首次明确了各级政府在农村学前教育事业发展中的具体职责，其中县级人民政府负责本行政区域幼儿教育的规划、布局调整、公办幼儿园的建设和各类幼儿园的管理；乡（镇）人民政府承担发展农村幼儿教育的责任，负责举办乡（镇）中心幼儿园，筹措

① 庞丽娟，洪秀敏．中国学前教育发展报告——农村学前教育［M］．北京：北京师范大学出版社，2013：14.

经费，改善办园条件；要发挥村民自治组织在发展幼儿教育中的作用，开展多种形式的早期教育和对家庭幼儿教育的指导。同时该文件明确要求“县级以上教育部门要加强幼儿教育管理，要办好乡（镇）中心幼儿园，发挥其对乡（镇）幼儿教育的指导作用，乡（镇）幼儿保育、教育的业务指导由乡（镇）中心幼儿园园长负责”。由此形成了我国农村三级办学、二级管理（县、乡政府）的学前教育管理体制。最后，文件还对农村学前教育经费、教师队伍建设等方面做出了明确规定：“乡（镇）人民政府的财政预算也要安排发展幼儿教育的经费。”“地方各级人民政府要积极采取措施，加大对幼儿教育的投入，做到逐年增长。县级以上人民政府安排的财政性幼儿教育经费要……，扶持和发展农村及老少边穷地区的幼儿教育事业。”“劳动保障部门在研究探索农村养老保险制度时，要统筹研究农村幼儿教师的养老保险问题。”中央政府对农村学前教育的重视、各级地方政府职责的明确以及农村学前教育管理体制的完善，有效促进了农村学前教育的发展。这一点可以从农村幼儿园园所数、在园幼儿数的变化看出。从 2002 年至 2009 年，我国农村幼儿园数和在园幼儿人数均连年增长。其中，幼儿园数从 4.9 万所增加到 6.6 万所，在园幼儿数从 1004.9 万人增加到 1126 万人，分别增长 35% 和 12%。①

第二节　农村学前教育公共服务体系突破阶段政府责任定位的突破

《国家中长期教育改革和发展规划纲要（2010—2020 年）》和《国务院关于当前发展学前教育的若干意见》明确规定了政府在发展农村学前教育公共服务中的职责。

① 中国学前教育发展战略研究课题组．中国学前教育发展战略研究［M］．北京：教育科学出版社，2010：2.

一、政府责任的性质规定

发展学前教育是政府的责任，明确和落实政府责任是促进农村学前教育事业健康、可持续发展的关键保障。学前教育的公益性本质和不断趋强的纯粹公共产品属性①，决定了学前教育应由政府承担主导责任，优先纳入公共服务范畴。对弱势群体的学前教育可通过保障教育的起点公平而打破贫困的代际循环，促进社会公平，促进社会、政治、经济和教育的可持续发展。强化政府主导责任以切实推进农村学前教育普及，也是世界主要国家和地区的成功经验。因此，应将农村学前教育优先纳入公共服务体系，充分体现政府对农村学前教育的支持与主导作用。②

《国家中长期教育改革和发展规划纲要（2010—2020年）》强调要明确政府职责，“把发展学前教育纳入城镇、社会主义新农村建设规划”，“加大政府投入”，组织实施推进农村学前教育重大项目，“支持办好现有的乡镇和村幼儿园；重点支持中西部贫困地区充分利用中小学富余校舍和社会资源，改扩建或新建乡镇和村幼儿园；对农村幼儿园园长和骨干教师进行培训”。《国务院关于当前发展学前教育的若干意见》明确指出，“必须坚持政府主导，社会参与，公办民办并举，落实各级政府责任，充分调动各方面积极性”，“大力发展公办幼儿园，提供‘广覆盖、保基本’的学前教育公共服务。加大政府投入，新建、改建、扩建一批安全、适用的幼儿园。不得用政府投入建设超标准、高收费的幼儿园”。可见，我国不断强化政府在发展农村学前教育中的主导责任，并强化落实各级政府的主导职责。

二、政府责任的内容规定

根据《国家中长期教育改革和发展规划纲要（2010—2020年）》和

① 贺静超．学前教育成本分担理论研究［J］．幼儿教育（教育科学），2015（1、2）．

② 庞丽娟，洪秀敏．中国学前教育发展报告——农村学前教育［M］．北京：北京师范大学出版社，2013：59．

《国务院关于当前发展学前教育的若干意见》，政府责任有六个方面：规划与政策制定责任、领导与管理体制建设责任、财政投入责任、办园体制建设责任、教师队伍建设责任、督导评估责任。

规划与政策制定责任。《国家中长期教育改革和发展规划纲要（2010—2020年）》将学前教育列为专章，提出基本普及学前教育、明确政府职责、重点发展农村学前教育三大发展任务，从促进社会公平和实现人力资源强国的战略高度出发，将农村学前教育的发展作为国家学前教育发展的重点，把发展学前教育纳入城镇、社会主义新农村建设规划。在10个重大项目中，特别设立"推进农村学前教育"项目。《国务院关于当前发展学前教育的若干意见》第一条指出"把发展学前教育摆在更加重要的位置"，明确指出了学前教育的性质和定位——"学前教育是终身学习的开端，是国民教育体系的重要组成部分，是重要的社会公益事业"，强调"坚持公益性和普惠性，努力构建覆盖城乡、布局合理的学前教育公共服务体系"。第十条还指出"统筹规划，实施学前教育三年行动计划"。

领导与管理体制建设责任。管理体制是政府责任的重要载体。我国学前教育的管理始终贯彻地方负责、分级管理和各有关部门分工负责的原则。《国家中长期教育改革和发展规划纲要（2010—2020年）》在此基础上，进一步强调"教育行政部门加强对学前教育的宏观指导和管理，相关部门履行各自职责，充分调动各方面力量发展学前教育"。农村学前教育作为工作重点，更要加强管理。《国务院关于当前发展学前教育的若干意见》再次强调了地方政府是发展学前教育、解决"入园难"问题的责任主体，同时要"健全教育部门主管、有关部门分工负责的工作机制"，并对相关部门责任做出具体规定。与以往政策规定相比，《国家中长期教育改革和发展规划纲要（2010—2020年）》和《国务院关于当前发展学前教育的若干意见》在领导、管理体制上的建设主要体现为突出强调了教育行政部门的主管责任，并细化了在教育行政部门的主管下，各有关部门详细的责任分工。因此，各级政府与政府部门之间的责任分工较之以往更为细致、明确。

财政投入责任。财政投入是政府职责得到落实的重要保障。本阶段主要突出表现在除明确要加大政府投入外，还要设立专项经费与资助制度，同时规范学前教育经费的使用和管理。《国家中长期教育改革和发展规划纲要

（2010—2020 年）》明确提出发展学前教育要“加大政府投入，完善成本合理分担机制”。《国务院关于当前发展学前教育的若干意见》指出“各级政府要将学前教育经费列入财政预算”，并鼓励社会力量参与和家庭分担成本。要建立学前教育资助制度，资助家庭经济困难儿童、孤儿和残疾儿童接受普惠性学前教育。“中央财政设立专项经费”，支持中西部农村地区等发展学前教育。

办园体制建设责任。关于办园体制，此前提法为建立以公办园为骨干和示范、以社会力量办园为主体、公办民办结合发展的办园格局。《国家中长期教育改革和发展规划纲要（2010—2020 年）》将之调整为“建立政府主导、社会参与、公办民办并举的办园体制”。针对农村学前教育，《国家中长期教育改革和发展规划纲要（2010—2020 年）》与《国务院关于当前发展学前教育的若干意见》都提出政府要大力发展公办园，通过新建扩建托幼机构、小学附设学前班等多种形式扩大农村学前教育资源，充分利用中小学布局调整富余的校舍和教师举办幼儿园（班）。《国务院关于当前发展学前教育的若干意见》进一步提出政府要提供“广覆盖、保基本”的学前教育公共服务，同时制定优惠政策，支持街道、农村集体举办幼儿园。因此，较之以往，政府在农村学前教育发展的过程中，承担了更大的办园职责。

教师队伍建设责任。《国家中长期教育改革和发展规划纲要（2010—2020 年）》明确提出政府要“严格执行幼儿教师资格标准，切实加强幼儿教师培养培训，提高幼儿教师队伍整体素质，依法落实幼儿教师地位和待遇”。《国务院关于当前发展学前教育的若干意见》进一步提出政府应依法落实幼儿教师地位和待遇，“对长期在农村基层和艰苦边远地区工作的公办幼儿教师，按国家规定实施工资倾斜政策”。同时“加大面向农村的幼儿教师培养力度，扩大免费师范生学前教育专业招生规模”。“健全幼儿教师资格准入制度”，“建立幼儿园园长和教师培训体系，满足幼儿教师多样化的学习和发展需求”。

督导评估责任。以往的政策与实践重在督学而非督政。《国务院关于当前发展学前教育的若干意见》明确了督导评估的内容，提出“各级教育督导部门要把学前教育作为督导重点，加强对政府责任落实、教师队伍建设、经费投入、安全管理等方面的督导检查，并将结果向社会公示”。“各省（区、市）要建立督促检查、考核奖惩和问责机制。”

前述政府在农村学前教育公共服务体系中责任定位的突破在政策与实践层面均得到充分体现。在政策层面，中央政府反复强调把加快发展农村学前教育作为重点，强调将发展农村学前教育作为新农村建设的紧迫任务并纳入公共服务体系。正是在这一阶段，中央政府将发展农村学前教育尤其是中西部贫困地区的学前教育作为《国家中长期教育改革和发展规划纲要（2010—2020 年）》的工作重点。① 在实践层面，在构建农村学前教育公共服务体系中，县级政府主要承担系统设计与统筹发展责任，乡镇政府主要承担日常管理与做好基础设施建设的责任，村级组织主要承担举办幼儿园与协助管理的责任，各级政府通力合作并有明确分工。②

第三节　农村学前教育公共服务体系突破阶段投入体制的突破

财政投入是发展农村学前教育公共服务事业的前提和保障。和农村学前教育公共服务体系创设阶段相比，在突破阶段，政府对农村学前教育的经费投入在质和量两方面均取得了巨大突破。中央政府已经将农村学前教育投入放到重点保障的战略位置，明确以地方为主，中央政府财政投入重点扶弱，确立了以纳入预算为基础，以项目为依托，以农村弱势地区为重点的学前教育财政投入体制。2010 年 11 月 3 日，时任国务院总理温家宝主持召开国务院常务会议，研究部署发展学前教育的政策措施，决定扩大中央国有资本经营预算实施范围，提高中央企业国有资本收益收取比例。会议确定了扩大农村学前教育资源，完善县、乡、村三级学前教育网络以及由国家实施推进农村学前教育项目等政策。2010 年 12 月 1 日，时任中共中央政治局委员、国

① 刘占兰．农村学前教育是未来十年发展的重点——《规划纲要》确定普及学前教育的重点与难点［J］．学前教育研究，2010（12）．

② 王海英．农村学前教育公共服务体系构建中的政府责任——从河北平山两河村幼儿园园长投毒事件说起［J］．幼儿教育：（教育科学）2013（9）．

务委员刘延东在全国学前教育工作电视电话会议上，提出公共财政投入要向农村地区、边远地区、民族地区倾斜；要建立学前教育资助体系，对家庭经济困难儿童、孤儿和残疾儿童给予重点资助；要形成政府投入、社会举办者投入、家庭合理负担的投入机制，积极动员社会力量投资办园和捐资助园，拓宽学前教育经费来源渠道。

一、将农村学前教育投入放到重点保障的战略位置

《国家中长期教育改革和发展规划纲要（2010—2020年）》首次提出："重点发展农村学前教育。努力提高农村学前教育普及程度。着力保证留守儿童入园。采取多种形式扩大农村学前教育资源，改扩建、新建幼儿园，充分利用中小学布局调整富余的校舍和教师举办幼儿园（班）。发挥乡镇中心幼儿园对村幼儿园的示范指导作用。支持贫困地区发展学前教育。"自此以后，我国学前教育事业从城乡二元发展格局下城市优先、城乡有别的发展格局，转变为以农村为重点、城乡均衡发展的战略。农村学前教育投入成为国家改革和发展的重要内容，农村学前教育财政投入呈现出国家重点保障的特征。《国务院关于当前发展学前教育的若干意见》中明确指出："各地要把发展学前教育作为社会主义新农村建设的重要内容……。各级政府要加大对农村学前教育的投入，从今年开始，国家实施推进农村学前教育项目，重点支持中西部地区；地方各级政府要安排专门资金，重点建设农村幼儿园。"财政部、教育部等《关于加大财政投入支持学前教育发展的通知》进一步明确"把加快发展农村学前教育作为工作重点"。在中央财政重点支持的"4大类7个重点项目"中，"支持中西部农村扩大学前教育资源"（简称"校舍改建类"项目）是以农村地区为对象的大类；第三类即"幼师培训类"明确要求将中西部地区农村幼儿教师培训纳入"中小学教师国家级培训计划"，由中央财政安排专项资金予以支持；第四类即"幼儿资助类"包含对农村地区弱势儿童的资助。从四大类的对象来看，农村地区特别是中西部农村地区学前教育投入是国家学前教育投入的重点。七个重点项目中，利用农村闲置校舍和其他富余公共资源改建成幼儿园、农村小学增设附属幼儿园、开展学前教育巡回支教试点等三个项目均为农村地区幼儿园项目。"幼师培训类"和

“幼儿资助类”这两个项目均包含农村地区幼儿教师和农村幼儿园。在具体项目实施方案中，优先考虑学前教育空白点，并对贫困地区、革命老区、民族地区和边疆地区适当倾斜成为学前教育财政投入的重要制度。2010 年，发改委率先安排资金 5 亿元，在 10 个省启动农村学前教育推进工程试点，规划建设幼儿园 416 所。2011 年，试点资金增加至 15 亿元，试点范围扩大到中西部 25 个省，规划建设幼儿园 891 所。①

二、明确地方为主、中央政府财政投入重点扶弱的责任配置体系

调整各级政府农村学前教育财政投入责任。调整以乡镇为主的政府间责任配置格局，逐步上移农村学前教育发展主体，基本明确了地方政府为主、中央政府财政投入重点扶持中西部农村地区的财政投入责任配置格局。

首先，明确了“地方为主、中央奖补”的学前教育财政投入责任配置体系。财政部、教育部等《关于加大财政投入支持学前教育发展的通知》明确指出“地方为主，中央奖补”的责任定位。“地方政府是发展学前教育的责任主体。地方各级财政部门要加大投入力度，研究制定支持学前教育发展的政策措施。中央财政根据地方工作开展情况，主要采取奖补方式，支持地方学前教育发展。”

其次，确立了中央政府财政投入重点支持弱势地区、弱势人群的扶弱职能。《关于加大财政投入支持学前教育发展的通知》指出：“中央财政重点支持各地特别是中西部地区农村学前教育发展，以及家庭经济困难儿童、进城务工人员随迁子女和留守儿童接受学前教育。”由此可见，中央政府学前教育财政投入责任以弱势地区（中西部农村地区、弱势人群）家庭经济困难儿童、进城务工人员随迁子女和留守儿童为主体，具有典型的扶弱职能。在《关于加大财政投入支持学前教育发展的通知》提出重点支持的“4 大类 7 个重点项目”中，“支持中西部农村扩大学前教育资源”是以农村地区为对象的地区性扶弱的一个大类，且下设三个项目；“建立学前教育资助制度”是

① 教育部、发改委、财政部有关负责人就学前教育三年行动计划和国家学前教育重大项目答记者问［EB/OL］.（2011－09－29）［2017－01－06］. http：//www.moe.edu.cn/publicfiles/business/htmlfiles/moe/s5910/201109/125058.html.

以弱势儿童为对象的人群资助项目。农村地区、弱势群体在七个项目中达到四个项目，超过总体的1/2。

最后，在“地方为主”的农村学前教育发展责任定位中，省、市、县3级政府成为农村学前教育发展的主体。《支持中西部地区利用农村闲置校舍改建幼儿园实施方案》指出：“明确责任，地方为主。中西部改建农村幼儿园工作由省统一组织，市县承担主体责任，以县为单位认真做好规划、资金筹措和组织实施等具体工作；中央财政给予一定比例补助。”《支持中西部地区农村小学增设附属幼儿园实施方案》指出：“明确责任，地方为主。中西部地区农村小学增设附属幼儿园工作由省级统筹规划，市县承担主体责任，以县为主组织实施。中央财政给予一定专项补助。”① 从以上实施方案可看出，省级政府在农村学前教育发展中承担着统筹、规划、组织的职责，市县两级政府承担着发展的主要责任，县级政府承担着执行职责。这一职责定位，改变了原有农村学前教育财政投入责任层层下放、乡镇为主的投入格局，呈现出财政投入责任主体层级上移、各级政府共同承担的特点。

三、以纳入预算为基础，建立以项目为依托的农村学前教育财政投入制度

在将学前教育纳入预算的学前教育财政投入制度基础上，设专项经费，以国家行动计划等项目为依托，初步形成具有农村特点的学前教育财政投入制度。首先，将学前教育纳入预算，增量倾斜，明确比例。《国务院关于当前发展学前教育的若干意见》指出：“各级政府要将学前教育经费列入财政预算。新增教育经费要向学前教育倾斜。财政性学前教育经费在同级财政性教育经费中要占合理比例，未来三年要有明显提高。各地根据实际研究制定公办幼儿园生均经费标准和生均财政拨款标准。”其次，以项目为依托，设专项经费重点支持农村，确立了以中西部农村地区为重点的国家专项行动计划。《国家中长期教育改革和发展规划纲要（2010—2020年）》指出，2010—2012

① 2015年7月，财政部、教育部制定《中央财政支持学前教育发展资金管理办法》，明确《支持中西部地区利用农村闲置校舍改建幼儿园实施方案》《支持中西部地区农村小学增设附属幼儿园实施方案》同时废止。

年国家组织实施一批重大项目，其中包括“推进农村学前教育”，即支持办好现有的乡镇和村幼儿园；重点支持中西部贫困地区充分利用中小学富余校舍和社会资源，改扩建或新建乡镇和村幼儿园；对农村幼儿园园长和骨干教师进行培训。财政部、教育部《关于加大财政投入支持学前教育发展的通知》对这一专项行动计划进行了细化和分解，提出了 4 大类 7 个项目的财政投入专项计划。《支持中西部地区利用农村闲置校舍改建幼儿园实施方案》《支持中西部地区农村小学增设附属幼儿园实施方案》等均为以国家财政投入为主、专项经费为保障、项目为依托的农村学前教育发展项目。

四、以财政投入为主，建立农村弱势群体扶助制度

首先，建立包括农村弱势群体在内的学前教育资助制度。《国务院关于当前发展学前教育的若干意见》要求：“建立学前教育资助制度，资助家庭经济困难儿童、孤儿和残疾儿童接受普惠性学前教育。”财政部、教育部《关于加大财政投入支持学前教育发展的通知》列出的 4 大类 7 个项目的财政投入专项计划中，单列“幼儿资助类”项目，提出由地方结合实际先行建立学前教育资助制度：“按照‘地方先行、中央补助’的原则，从 2011 年秋季学期起，由地方结合实际先行建立学前教育资助制度，对家庭经济困难儿童、孤儿和残疾儿童入园给予资助。中央财政视地方工作情况给予奖补。”

其次，进一步明确了学前教育资助制度的经费来源，多种资助制度并行。《财政部 教育部关于建立学前教育资助制度的意见》要求：“幼儿园要从事业收入中提取 3%－5% 比例的资金，用于减免收费、提供特殊困难补助等。”地方政府对经县级以上教育行政部门审批设立的普惠性幼儿园在园家庭经济困难儿童、孤儿和残疾儿童予以资助。

最后，确立了禁止性规定、督导检查制度。《财政部 教育部关于建立学前教育资助制度的意见》提出：“公办幼儿园不得因免除保教费而提高其他收费标准，或擅自设立收费项目乱收费。要加强民办幼儿园收费管理，完善备案程序，加强分类指导。”该文件还指出：“各级财政、教育部门要与审计、监察等有关部门密切合作，齐抓共管，加强学前教育资助政策落实情况的监督检查。对虚报在园儿童人数等骗取财政补助资金的违规行为，按照《财政

违法行为处罚处分条例》(国务院令第427号)等有关规定严肃处理，并追究相关责任人的责任。”

第四节　农村学前教育公共服务体系突破阶段办园体制的突破

这个阶段的农村办园体制较前一阶段有若干突破，集中表现在：政府主导、社会参与、公办民办并举，明确普惠性发展方向和实现方式。

一、政府主导、社会参与、公办民办并举

《国家中长期教育改革和发展规划纲要（2010—2020年）》和《国务院关于当前发展学前教育的若干意见》都指出，要把学前教育发展作为社会主义新农村建设的重要内容，将其纳入社会主义新农村建设规划，要将幼儿园作为新农村公共服务设施统一规划，优先建设，加快发展。我国长期以来形成的城乡二元社会经济结构导致农村公共服务供给不足，而且分税制和税费改革等财税制度的变革导致基层政府尤其是乡级政府财力下降，同时，农村社会公民个人积累的财富有限，社会团体力量微弱。因此，《国家中长期教育改革和发展规划纲要（2010—2020年）》指出要“建立政府主导、社会参与、公办民办并举的办园体制”。2010年，国家开始组织实施农村学前教育项目，其中包括先期在中西部10个省区进行乡村幼儿园建设试点，各省积极跟进。例如，湖南省农村学前教育在政策层面尝试由“以社会力量办园为主体”向“以公办幼儿园为主体”回归。①

① 李红婷，罗先华．由“民办”向“公办”回归——对湖南农村学前教育政策转向的分析与建议［J］．学前教育研究，2008（12）．

二、明确普惠性发展方向和实现方式

学前教育发展方向：大力发展公办幼儿园，提供广覆盖、保基本的学前教育公共服务。公办幼儿园运用公共财政并主要依托公共财政运营，此前其发展定位为发挥“示范引领”作用，并以主要满足单位职工子女的入园需求为发展目标。由于各种复杂原因，全国范围内曾出现公办幼儿园减少、公共财政对幼儿园支持力度下降的现象。以北京市为例，自 1996 年至 2009 年，经过正规注册的幼儿园数量减少了一半还多。① 基于这一现实，《国务院关于当前发展学前教育的若干意见》对幼儿园发展做出了若干规定。第一，明确公办园的发展定位与发展方向，即要“大力发展公办幼儿园，提供‘广覆盖、保基本’的学前教育公共服务”。这是多种形式扩大学前教育资源的首要手段。第二，明确公办幼儿园的组成部分，不仅包括教育部门办园，也包括街道、农村集体、行政事业单位和企业办幼儿园，将《中国教育统计年鉴》中的集体办园和其他部门办园纳入公办园范畴。第三，明确公办园的发展方式。通过新建、改扩建等形式大力发展公办幼儿园，其中，鼓励优质公办幼儿园举办分园或合作办园是重要途径。此外，规定公办园建设标准，要安全、适用，不得超标准、高收费，公办幼儿园要广覆盖、保基本，符合普惠性的要义与基本特点。②

学前教育实现方式：积极扶持民办幼儿园发展，引导其提供普惠性学前教育服务。国务院提出要通过多种形式鼓励并积极支持民办园发展：一是明确民办园在审批登记、分类定级、评估指导、教师培训、职称评定、资格认定、表彰奖励等方面与公办幼儿园具有同等地位；二是通过保证合理用地、减免税费等方式，支持社会力量办园；三是积极引导民办园向普惠性方向发展。③

保证民办园的教育质量和规范运营。相关的政策规定包括：要严格执行

---

① CCTV《新闻 1+1》. 公办和企办幼儿园数量大幅度减少［EB/OL］.（2010-07-08）［2018-08-07］. http：//news. sina. com. cn/c/sd/2010-07-08/165420638747_ 2. shtml.

② 庞丽娟，洪秀敏. 中国学前教育发展报告——农村学前教育［M］. 北京：北京师范大学出版社，2013：103.

③ 同②，104.

幼儿园准入制度；要实施动态监管，完善和落实幼儿园年检制度；要建立民办幼儿园财务、会计和资产管理制度、风险防范机制和信息公开制度；要分类治理，妥善解决无证办园问题。①

第五节　农村学前教育公共服务体系突破阶段管理体制的突破

2010 年 7 月，中共中央、国务院颁发《国家中长期教育改革和发展规划纲要（2010—2020 年）》，学前教育作为八大任务之首单列一章，明确提出要坚持政府主导，重点发展农村学前教育。2010 年 11 月，《国务院关于当前发展学前教育的若干意见》出台，提出当前发展学前教育的十条纲领性意见，要求实施学前教育三年行动计划。2011 年 9 月，《教育部 财政部关于实施幼儿教师国家级培训计划的通知》和《关于加大财政投入支持学前教育发展的通知》出台，并进一步印发了《财政部 教育部关于印发支持中西部地区农村小学增设附属幼儿园实施方案的通知》《财政部 教育部关于印发支持中西部地区利用农村闲置校舍改建幼儿园实施方案的通知》《财政部 教育部关于建立学前教育资助制度的意见》和《财政部 教育部关于印发支持中央财政扶持民办幼儿园发展奖补资金管理暂行办法的通知》等系列文件。2012 年 2 月，教育部出台《学前教育督导评估暂行办法》。这些政策性文件对农村学前教育管理体制做出了规定，为完善农村学前教育管理制度提供了政策保障。由于这些政策保障，与前一阶段相比，这个阶段的农村学前教育管理体制有较大突破，具体表现为能够落实“地方负责，分级管理，以县为主”“教育部门主管，有关部门分工负责”以及“三级办学、二级管理”的学前教育管理体制。②

① 庞丽娟，洪秀敏．中国学前教育发展报告——农村学前教育［M］．北京：北京师范大学出版社，2013：104-105.

② 同①，75.

一、“地方负责，分级管理”和“以县为主”

从中央与地方各级政府之间的权责配置来看，基本延续了已有的“地方负责，分级管理”的宏观管理体制思路，突破之处是明确了各级政府对农村学前教育事业的管理责任。

在中央和地方的权责配置方面，《国务院关于当前发展学前教育的若干意见》明确提出地方政府是发展学前教育、解决“入园难”问题的责任主体。全国学前教育工作电视电话会议要求切实把发展学前教育摆上政府工作的重要位置，并指出地方各级政府是发展学前教育的责任主体，要把解决入园难作为当前改善民生和推动教育改革发展的重要任务，列入工作计划，摆上重要日程。

在明确地方政府是农村学前教育管理责任主体的基础上，我国进一步规范了地方各级政府之间的权责配置，为建立健全统筹有力、分级管理、权责明确的学前教育管理体制奠定了制度基础。要求省市政府充分发挥统筹领导作用，县级政府承担农村学前教育事业的管理主体责任。在省市级政府的权责配置方面，《国务院关于当前发展学前教育的若干意见》要求各省（区、市）政府深入调查，准确掌握当地学前教育基本状况和存在的突出问题，结合本区域经济社会发展状况和适龄人口分布、变化趋势，科学测算入园需求和供需缺口，确定发展目标，分解年度任务，落实经费。可见，省市级政府主要承担统筹、规划农村学前教育事业发展和重点支持欠发达地区学前教育事业发展的责任。县级政府的定位是农村学前教育事业发展的责任主体和管理重心。《国务院关于当前发展学前教育的若干意见》明确要求以县为单位编制学前教育三年行动计划。全国农村学前教育工作会议专门提到要精心组织实施农村学前教育项目。各省区编制的计划要以县为单位，主要措施要落实到县，建设规划要落实到点。

各省、市、自治区结合地区实际就其农村学前教育管理体制进行了规定，其中最为普遍的规定是“以县为主”或“以县为主，县乡共管”。

二、“教育部门主管，有关部门分工负责”

《国务院关于当前发展学前教育的若干意见》要求进一步完善各有关部门分工负责的农村学前教育管理体制。

突破了以往就教育论教育、把农村学前教育的主要管理责任放在教育部门的做法，明确提出要落实各级政府在农村学前教育事业发展中的重要责任。《国务院关于当前发展学前教育的若干意见》要求各级政府充分认识发展学前教育的重要性和紧迫性，将大力发展学前教育作为贯彻落实教育规划纲要的突破口，作为推动教育事业科学发展的重要任务，作为建设社会主义和谐社会的重大民生工程，纳入政府工作重要议事日程，切实抓紧抓好。这就要求地方各级政府在农村学前教育事业管理中充分发挥地方政府的统领性作用，沟通、协调和监督各行政部门切实履职，完善联席会议制度，建立科学高效的部门协作机制。

在要求政府牵头的基础上，进一步明确了政府各行政部门在农村学前教育事业发展中的主要职责分工。《国务院关于当前发展学前教育的若干意见》第九条专门提出“完善工作机制，加强组织领导”。该条对政府各部门的职责进行了具体规定。教育部门要完善政策，制定标准，充实管理、教研力量，加强学前教育的监督管理和科学指导。机构编制部门要结合实际合理确定公办幼儿园教职工编制。发展改革部门要把学前教育纳入当地经济社会发展规划，支持幼儿园建设发展。财政部门要加大投入，制定支持学前教育的优惠政策。城乡建设和国土资源部门要落实城镇小区和新农村配套幼儿园的规划、用地。人力资源和社会保障部门要制定幼儿园教职工的人事（劳动）、工资待遇、社会保障和技术职称（职务）评聘政策。价格、财政、教育部门要根据职责分工，加强幼儿园收费管理。综治、公安部门要加强对幼儿园安全保卫工作的监督指导，整治、净化周边环境。卫生部门要监督指导幼儿园卫生保健工作。民政、工商、质检、安全生产监管、食品药品监管等部门要根据职能分工，加强对幼儿园的指导和管理。妇联、残联等单位要积极开展家庭教育和残疾儿童早期教育的宣传指导。

三、加强督政，完善督导问责制度

督导制度包括督政和督学两个方面。督政制度是保障各级政府和政府各部门切实履行职责，保障学前教育事业有序、健康发展的关键，也是促进政府转变职能、加强教育宏观调控管理的有效手段。关于农村学前教育事业发展督导问责制度的规定主要从完善学前教育督政体系入手，保障行政部门切实履职。《国家中长期教育改革和发展规划纲要（2010—2020年）》第六十五条提出要开展学前教育督导检查。《国务院关于当前发展学前教育的若干意见》要求各省（区、市）建立督促检查、考核奖惩和问责机制，确保大力发展学前教育的各项举措落到实处，取得实效。教育部于2012年2月颁发的《学前教育督导评估暂行办法》规定督导评估工作由国家教育督导团组织实施，督导评估对象为地方人民政府，并对督导评估的原则、内容与形式、表彰与问责进行了具体的规定。

各地政府也积极探索适合本地特点的农村学前教育管理体制，以浙江省为例。浙江省在确立学前教育公益性与基础性的基础上，将农村学前教育普及作为全省学前教育事业发展的重点和关键，建立省、市/县、乡镇共同负责的农村学前教育管理体制，实施乡镇中心幼儿园独立建制，创新乡镇中心园辐射管理村园模式，推进学前教育单项列支制度并重点倾斜农村，完善学前教育督导评估体系。①

第六节　农村学前教育公共服务体系突破阶段师资供给机制的突破

在这一阶段，农村学前教育师资的培养和培训得到了中央政府的高度重

① 张霞，夏婧，杨冬梅．强化政府职责，加大财政投入，推进农村学前教育普及——来自浙江省的经验及其启示［J］．学前教育研究，2010（8）．

视，被作为发展和完善农村学前教育公共服务体系的一个重要方面提升到国家战略层面。2011年9月，颁发的《关于加大财政投入支持学前教育发展的通知》公布了中央财政重点支持的“4大类7个重点项目”，其中有两大类两个重点项目涉及农村幼儿教师队伍建设中的补充和培训问题。教育部、财政部就落实农村幼儿教师国家级培训计划出台了《教育部 财政部关于实施幼儿教师国家级培训计划的通知》。由于中央和各级政府的空前重视，农村学前教育师资的供给机制取得了全方位的突破，主要表现在：建立完善的三级培养体系，扩大农村学前教育师资的培养规模，扩大农村幼儿教师的培养途径，明确提出农村幼儿教师培训规划，将培训经费纳入政府预算，对培训实施严格的监管和评估等。

一、农村幼儿教师培养的突破

根据《中国学前教育发展报告——农村学前教育》，这一阶段农村学前教育师资培养的突破包括培养体系、培养模式和培养途径等三个方面的突破。①

建立完善的三级培养体系，扩大培养规模。首先，提出了逐步完善幼儿教师培养培训体系的政策目标。2011年，《国务院关于当前发展学前教育的若干意见》明确指出要完善学前教育师资培养、培训体系。大部分省市提出应加强幼儿教师培养培训，建立和完善幼儿教师培养培训体系（如辽宁、浙江、福建、天津、海南、青海等），实施学前教育师资培养、培训工程（如河北、陕西、重庆等）。其次，提出了较完善的中师、师专、高师的三级培养体系。《国务院关于当前发展学前教育的若干意见》明确提出，要办好中等幼儿师范学校，建设一批幼儿师范专科学校，办好高等师范学校学前教育专业。

突破农村幼儿教师的培养模式。提出五年制学前教育大专学历教师培养模式。《国务院关于当前发展学前教育的若干意见》中指出积极探索初中毕

① 庞丽娟，洪秀敏．中国学前教育发展报告——农村学前教育［M］．北京：北京师范大学出版社，2013：116-118.

业起点五年制学前教育专科学历教师培养模式。学前教育电视电话会议强调这一模式是考虑我国幼儿师范专业特点和学前教育师资现状提出来的，要积极探索，不断完善。广西规定，凡持有广西户口的应届初中毕业生，中考成绩不低于当年当地示范性普通高中计划内招生录取控制分数线的，即可报名参加定向培养计划，音乐、美术、体育等方面的特长生，可在同等条件下优先录取。江西提出，2011 年定向培养一批初中毕业三年制中师和五年一贯制大专学前教育专业毕业的农村幼儿教师，纳入全省培养农村中小学教师计划。

扩大农村幼儿教师的培养途径。通过积极鼓励、向农村倾斜等举措，扩大农村幼儿教师的培养途径。《国务院关于当前发展学前教育的若干意见》提出加大面向农村的幼儿教师培养力度，扩大免费师范生学前教育专业招生规模。通过公开招聘、提供培训等措施积极鼓励非师范专业毕业生从事学前教育工作。部分省市采取将幼儿教师纳入“特岗教师”计划、增加免费师范生的试点等途径来扩大农村学前教育队伍。甘肃省参照农村义务教育学校“特岗教师”政策，提出要组织实施幼儿教师“特岗”计划，招录 1 万名教师。江苏省在 2010 年下发了《关于开展师范生免费教育试点工作的通知》，提出要增加学前教育专业免费师范生招生人数。

二、农村幼儿教师培训的突破

根据《中国学前教育发展报告——农村学前教育》，本阶段农村学前教育师资培训规划、培训经费、培训机构、培训内容和方法等多方面较前一阶段取得了突破。[①] 在前一阶段，我国幼儿教师培训方面的相关政策不够完善，除了少数区域（如河北农村学前教育项目实验区域），农村幼儿教师培训政策大多处于缺失状态。进入第二阶段后，特别是 2010 年以后，这种状况得到了根本改观。2011 年出台的《关于加大财政投入支持学前教育发展的通知》和《教育部 财政部关于实施幼儿教师国家级培训计划的通知》，集中体现了农村幼儿教师培训领域的突破。

---

① 庞丽娟，洪秀敏．中国学前教育发展报告——农村学前教育［M］．北京：北京师范大学出版社，2013：118-122.

明确提出农村幼儿教师的培训规划。将农村幼儿教师纳入国家级培训计划。将幼儿教师培训纳入中小学培训规划，实施五年一周期的幼儿教师（含农村幼儿教师）全员培训计划。学前教育电视电话会议提出幼儿园园长和教师的培训要纳入继续教育计划。《国务院关于当前发展学前教育的若干意见》（提出三年内对1万名幼儿园园长和骨干教师进行国家级培训，各地五年内对幼儿园园长和教师进行一轮全园专业培训，明确将农村幼儿教师培训纳入国家级培训计划。财政部、教育部《关于加大财政投入支持学前教育发展的通知》指出，从2011年起将中西部地区农村幼儿教师培训纳入“中小学教师国家级培训计划”，实施幼儿教师国家级培训计划。

培训经费纳入政府预算，设立专项培训经费。将农村幼儿教师培训经费纳入政府财政预算，中央设立农村幼儿教师培训专项经费给予支持。《国家中长期教育改革和发展规划纲要（2010—2020年）》指出要完善教师培训制度，将教师培训经费列入政府预算。中央还通过“国培计划”为农村幼儿教师培训建立起有效的专项经费投入机制。《教育部 财政部关于实施幼儿教师国家级培训计划的通知》决定，从2011年起实施“幼儿教师国家级培训计划”，所需经费由中央财政安排专项资金予以支持。为保证专项培训经费的有效使用，各省陆续出台相关政策加强对培训经费的管理。

完善由多层次培训机构参与的农村幼儿教师培训体系。《国务院关于当前发展学前教育的若干意见》提出要完善学前教育师资培养培训体系，建立幼儿园园长和教师培训体系，满足幼儿教师多样化的学习和发展需求。创新培训模式，为有志于从事学前教育的非师范专业毕业生提供培训。农村幼儿教师培训机构呈现了多层次的特点。《教育部 财政部关于实施幼儿教师国家级培训计划的通知》确定对于农村骨干教师的培训机构包括省域内外高水平师范院校、综合大学、幼儿师范专科学校和教师培训机构，而对于转岗教师的培训机构则增加了幼儿师范学校。

关注“种子教师”的带动、辐射作用。从《教育部 财政部关于实施幼儿教师国家级培训计划的通知》可看出，“国培计划”的对象除了转岗教师项目外，其余两个项目都是针对园长和骨干教师的。它明确指出全面提高骨干教师教育水平、专业能力和培训能力，为中西部农村培养一批在促进学前教育发展、开展幼儿教师培训中发挥辐射带头作用的“种子”，促进幼儿教师教育改革。

按照不同专业发展需求设计培训内容。国家级幼儿教师培训计划包括三个子项目：农村幼儿教师短期集中培训、农村幼儿园转岗教师培训、骨干教师置换脱产研修，针对的人群分别为新办和民办幼儿园的骨干教师、农村幼儿园新入职的未从事过学前教育工作的转岗教师和非学前教育专业的高校毕业生、具有良好发展潜力的骨干教师。对不同人群实施不同的培训。

以提升实践能力为核心，实施多样化的培训形式。"国培计划"中设计的 3 个子项目，都采用了以实践能力提升为主的培训模式。农村幼儿教师短期集中培训项目强调着力解决幼儿教师在教育中面临的实际问题……针对幼儿教育实践性、可操作性强的特点，以参与式培训为主，以问题为中心。骨干教师置换脱产研修采用研修与优质幼儿园"种子教师"相结合的方式。培训形式呈现多样化。针对潜力骨干教师，采用小班化教学，注重采用专家引领、课题研究、跟岗实践、参与体验、返岗实践等培训方式，倡导双导师制（为学员配备高校专家和一线优秀教师进行指导）。针对骨干教师，采取集中培训、送培到县、送教上门、远程培训等多种方式。

建立农村幼儿教师培训的监管和评估制度。《教育部 财政部关于实施幼儿教师国家级培训计划的通知》在组织实施部分，明确了教育部、财政部负责幼儿教师国家培训计划的总体规划和统筹管理，组织审核各省（区、市）培训计划，组织检查和评估各省项目工作。教育部、财政部根据中西部省份农村幼儿教师人数、"国培计划"实施绩效、财力状况等因素下达专项资金预算数。同时规定各省要按照《教育部 财政部关于实施"中小学教师国家级培训计划"的通知》总体要求和相关规定，加强项目实施的组织领导，认真做好项目规划、方案研制、招投标、培训资源整合、经费管理和项目监管等各项工作，确保项目实施的高质量和高水平。

如本章所述，政府主导是中国农村学前教育公共服务体系建设第二阶段——突破阶段（2003—2013 年）的主要特征。由于中央及各级政府开始主导农村学前教育公共服务体系的建设，该阶段的农村学前教育较第一阶段有了全方位的突破，其一，是中央政府对于农村学前教育政策的突破。这些突破性的政策包括：明确提出重点发展农村学前教育及政府的主导责任；建立健全以农村弱势地区为重点的学前教育财政投入体制；明确以普惠性公办幼儿园为主体促进农村学前教育发展；着力建设农村幼儿教师队伍以确保农村学前教育有质量普及；首次提出以县为单位专门编制学前教育三年行动计划。其二，是政府对发展农村学前教育的责任界定的突破，规定了发展学前教育是政府的责任，明确了学前教育的公益性本质和不断趋强的公共产品属性，将农村学前教育优先纳入公共服务范畴，特别保障对弱势群体的学前教育。此外，还规定了政府责任的具体内容，这些具体责任包括：规划与政策制定责任、领导与管理体制建设责任、财政投入责任、办园体制建设责任、教师队伍建设责任、督导评估责任。其三，是对学前教育经费投入体制的突破，首次从财政投入角度将农村学前教育置放到重点保障的战略位置，明确地方为主、中央政府财政投入重点扶弱的责任配置体系，以纳入预算为基础，建立以项目为依托的农村学前教育财政投入制度，以及以财政投入为主建立农村弱势群体扶助制度。其四，是办园体制的突破，建立了以政府主导、社会参与、公办民办并举的办园体制，并明确公办民办不同性质园所的普惠性发展方向和实现方式。其五，是农村学前教育管理体制的突破，形成了“地方负责，分级管理”和“以县为主”的各级政府间权责配置以及“教育部门主管，有关部门分工负责”的各部门间权责配置，同时加强完善了督导问责制度。其六，是农村学前教育师资供给的突破，建立了完善的三级培养体系，扩大培养规模，明确提出了农村幼儿教师的培训规划，将培训经费纳入了政府预算，设立了专项培训经费，并建立了农村幼儿教师培训的监管和评估制度。

2011 年上半年，幼儿园教师资格考试标准在两个省市试点；2011 年 12 月 12 日，教育部又公布了《幼儿园教师专业标准（试行）》征求意见稿。这两个文件促进了幼儿教师队伍的专业化，从入口关和在职基本规范两个方面保证幼儿教师的基本专业素养的不断发展，为幼儿园保教质量的提高提供了重要保障。①

值得一提的是，除了以上各个方面的突破，这一阶段另一个鲜明特征就是对农村学前教育公共服务性质的明确认定和反复强化。如《国家中长期教育改革和发展规划纲要（2010—2020 年）》明确要求各地把发展学前教育作

① 刘占兰．覆盖城乡的学前教育公共服务体系初见端倪［N］．经济日报，2011-12-22（3）．

为社会主义新农村建设的重要内容，将幼儿园作为新农村公共服务设施统一规划。再如，2012 年《国务院关于印发国家基本公共服务体系“十二五”规划的通知》中明确指出将普惠性学前教育纳入国家基本公共服务体系。以上诸方面的突破，为在新形势下农村学前教育公共服务体系的创新，进入中国农村学前教育公共服务创新阶段，打下了坚实的基础。

第七节　农村学前教育公共服务体系突破阶段面临的问题

进入中国农村学前教育公共服务创新阶段的现实原因，是突破阶段尚面临若干问题，亟待以制度创新去解决。北京大学中国教育财政科学研究所的一项研究集中揭示了体系取得重大突破后仍存在的问题。① 该研究发现，与城市幼儿园相比，农村县镇幼儿园在保教质量上仍存在较大差距。虽然中央政府和地方政府学前教育财政投入中相当大比例都投入到了中西部农村，但由于大量经费投入硬件建设，与儿童身心发展密切相关的保教质量并没有得到显著改善。与城市幼儿园相比，农村和县镇幼儿园在结构性质量指标上还有明显差距。在该研究中，城市幼儿园专任教师大专学历比县镇幼儿园教师高出近 5 个百分点，比农村幼儿园教师高出近 15 个百分点；城市幼儿园专任教师中本科比例比县镇幼儿园教师高出近 6 个百分点，比农村幼儿园教师高出近 12 个百分点。大多数进城务工人员随迁子女在城市还不能享受有质量保证的学前教育。虽然中央财政学前教育专项“4 大类 7 个重点项目”之“综合奖补类”资金专门用以鼓励多渠道多形式办园和妥善解决进城务工人员随迁子女入园，然而该研究显示进城务工人员子女在城市的学前教育质量堪忧。他们中的绝大多数只能在城市就读非注册民办幼儿园。这些非注册幼儿园往往收费不高，规模不大，质量不高，数量却惊人。2013 年，沈阳市有未审批

① 学前教育公共财政投入、事业发展趋势及挑战［EB/OL］.（2014-04-28）［2018-07-06］. http：//ciefr. pku. edu. cn/cbw/kyjb/2016.

的不规范幼儿园1459所，在园儿童58535名，这些幼儿园主要为不规范的家庭托儿所。在沈阳市大约有29%的儿童在非注册幼儿园入园。

另有不少研究集中揭示这一阶段农村学前教育“不容乐观”的发展情况。有研究者对辽宁省14个市及44个农村县、市（区）进行调查，发现这些地区农村幼儿园数量仍严重不足，以民办和学校办为主，乡镇中心幼儿园的办园条件近半数未达到标准，农村学前教育经费严重匮乏，大多数农村幼儿教师没有编制，待遇没保障，流动性大，学历较低，专业素质与能力普遍不足，难以满足当前农村幼儿家长的期望与需求。① 还有研究者调查了3省6个县贫困农村学前教育服务需求和供给的基本情况，调查结果表明：贫困农村学前教育服务提供机构在选址、园舍结构、室内活动设施、教玩具、儿童休息和卫生保健设施等方面存在不足或困难。② 根据一项以中部地区农村学前教育为对象的研究，中部地区农村学前教育事业在发展过程中存在的问题包括：民办园和学校办园占较大比例；标准化的农村幼儿园数量不能满足幼儿就近入园需求，农村幼儿入园率低；农村幼儿园选址布局不合理，办园条件差；教育管理体制不完善，教育投入不足；幼儿教师素质不高，工资待遇差，缺乏在职培训机会；农村幼儿园教学内容和方法“小学化”，不利于儿童身心和谐发展。③ 根据一项以陕西省农村学前教育发展为对象的研究，该省农村学前教育面临的主要问题包括发展不均衡、缺乏统筹管理、经费投入低、民办园管理失范和师资队伍建设滞后等。④

有研究者指出，在本阶段我国城乡学前教育发展差异日益显著，不公平状况日益严峻，集中表现在城乡学前教育发展起点不公平、过程不公平和结果不公平；城乡经济发展不均衡、教育资源分配不均、农村学前教育质量缺乏监管是造成城乡学前教育不公平的主要原因。⑤ 还有研究者指出，我国农村学前教育处于发展的边缘地带，缺乏政府部门应有的关注和政策支持；农

---

① 罗英智，李卓．当前农村学前教育发展问题及其应对策略［J］．学前教育研究，2010（10）．

② 罗仁福，赵君然，何敏，等．贫困农村学前教育现状调查［J］．学前教育研究，2009（1）．

③ 杨莉君，曹莉．中部地区农村学前教育事业发展存在的问题及解决对策［J］．学前教育研究，2011（6）．

④ 李少梅．政府主导下的我国农村学前教育发展研究［M］．西安：陕西师范大学出版总社有限公司，2014．

⑤ 洪秀敏，罗丽．公平视域下我国城乡学前教育发展差异分析［J］．教育学报，2012（5）．

村学前教育机构教学设施简陋、课程设置随意、师资队伍素质不高、安全隐患大等现象普遍存在；农村幼儿园之间恶性竞争激烈，“小学化”倾向严重，政府管理缺位，种种难题严重制约了农村学前教育的发展。[①]

值得注意的是，以上这些问题均发生和存在于中国农村学前教育公共服务体系突破阶段。这表明，作为突破阶段特征的“政府主导”虽然至关重要，但不能解决构建农村学前教育公共服务体系中遇到的所有问题。事实上，由于这些问题具有深刻的历史和社会根源，在政府主导的制度突破的基础上，还必须进行创新。这便是中国农村学前教育公共服务体系突破阶段进入到创新阶段的逻辑必然。

① 刘晓红．我国农村学前教育发展中的问题、困难及其发展路向［J］．学前教育研究，2012（3）．

第五章
中国农村学前教育公共服务体系的创新阶段

第一节　农村学前教育发展方式的创新：政府责任视角下各级政府责任分担的思考

农村学前教育发展的重要保障是各级政府，特别是县、乡镇两级政府责任分担的明确化。只有厘清各级政府应履行的责任，才能使农村学前教育公共服务的供给制度化、常态化，从而真正推动农村学前教育的健康持续发展。

哈耶克曾指出，欲使责任有效，责任必须是明确且有限度的；欲使责任有效，责任还必须是个人的责任。① 哈耶克这段话说的是个人责任以及个人能力与责任限度的问题，这对于特定组织形态的政府同样适用。政府责任是一个抽象的责任约定，要使政府责任有效，政府责任必须明确，必须与某一具体的责任主体紧密联系，否则政府责任就会落空。各级政府由于没有明确的、限定的责任，就会在源头上产生责任推卸、责任推诿等现象。在中国现行的五级政府结构中，各级教育责任不明确，资金下不去，下去了效果也不

① 弗里德利希·冯·哈耶克：自由秩序原理（上卷）[M]. 邓正来，译. 北京：生活·读书·新知三联书店，1997：9.

会好。教育投入的问题是一个机制建设问题，而目前中国并没有一个完善可行的机制。这里所谓机制就是政府间资金分配及分担的关系，这涉及政府之间的关系。政府与政府之间的关系，可以简称为“府际关系”，主要包括中央政府与地方政府之间的关系、地方各级政府之间的纵向关系、地方各级政府之间的横向关系。

学前教育政府责任的有效履行必须关注上述三种府际关系。我们在关注学前教育现实的基础上，结合已有的政策文件，从政府之间纵向关系的角度提出中央政府、省级政府、县级政府以及乡镇政府这四级政府各自所应承担的责任。我国执行的是五级政府，中央政府、省（直辖市、自治区）、市、县区、乡镇（街道）。不少地方开始“省管县”体制试点，对县的管理由现在的“省管市—市管县”模式变为由省替代市，实行“省管县”模式，其内容包括人事、财政、计划、项目审批等原由市管理的所有方面，由省直接把转移支付、财政结算、资金调度、债务管理等权限“下放”到县。乡镇政府是广大农村地区学前教育责任的直接承担者，乡镇一级政府对于农村学前教育关系重大。

一、中央政府责任

《关于幼儿教育改革与发展的指导意见》规定坚持实行地方负责、分级管理和有关部门分工负责的幼儿教育管理体制。中央政府的主要责任是“制定有关幼儿教育的法规、方针、政策及发展规划”。但中央财政没有学前教育预算内教育经费，学前教育经费的财政拨款由各省负责。各省学前教育财政性教育经费投入并不相同且差距较大，造成了学前教育发展不平衡。从国际学前教育发展的趋势来看，国家层面对学前教育的干预不断加强。如美国联邦政府推进的提前开端项目，就是由联邦政府直接拨款，旨在保障贫困家庭儿童的入学机会和接受教育的质量，体现联邦政府切实推进教育公平的责任。

我们认为，中央政府在承担政策法规制定责任和发展规划制定责任的同时，还应关注学前教育公平责任和财政投入责任。对于公平责任，中央财政要对经济薄弱地区进行学前教育财政转移支付，支持这些地区发展学前教育。[①]此外，中央政府可以设立相关项目或计划，以系统性项目或计划为依托进行财政投入，这些项目可以向部分农村和薄弱地区倾斜，以项目带动财政扶持，带动专业支持，促进区域农村学前教育的发展。

二、省级政府责任

《关于幼儿教育改革与发展的指导意见》指出，省级和地（市）级人民政府“负责本行政区域幼儿教育工作，统筹制定幼儿教育的发展规划，因地制宜地制定相关政策并组织实施，积极扶持农村及老少边穷地区的幼儿教育工作，促进幼儿教育事业均衡发展”。2010年11月21日，《国务院关于当前发展学前教育的若干意见》指出：“各省（区、市）政府要深入调查，准确掌握当地学前教育基本状况和存在的突出问题，结合本区域经济社会发展状况和适龄人口分布、变化趋势，科学测算入园需求和供需缺口，确定发展目标，分解年度任务，落实经费。”

省级政府的主要责任可以归纳为宏观规划、政策制定及执行、协调管理和督促检查。我们认为，省级政府在承担上述责任的同时，要特别关注监督责任。同时，还应承担一定的财政投入责任，比如可以筹措学前教育专项经费，实施有针对性的专项工程。

三、县级政府责任

《关于幼儿教育改革与发展的指导意见》指出，县级政府“负责本行政区域幼儿教育的规划、布局调整、公办幼儿园的建设和各类幼儿园的管理，负责管理幼儿园园长、教师，指导教育教学工作”。各地大多实行县级统筹、县乡（镇、街道）共建的学前教育管理机制。县级人民政府负责本行政区域

① 可喜的是，国务院在“十二五”期间，中央财政投放500亿元，重点支持中西部地区和东部困难地区发展学前教育。这是中华人民共和国成立以来，首次在国家层面实施学前教育系列重大项目。

学前教育的规划、布局调整，落实学前教育经费，统筹管理城乡各类学前教育机构包括幼儿园准入管理。随着“省管县”体制改革的推进，县级政府在地方行政中的位置越来越重要。对于学前教育而言，县级政府是执行中央和省级政府政策最直接的对应责任主体。县级政府承担了部分学前教育财政投入责任，但与乡镇政府实际拥有的财权相比，县级政府承担的财政投入责任稍显偏低，还需承担更多的财政投入的责任。此外，县级政府应突出承担布局规划、准入管理及师资建设这三项责任。

四、乡镇政府责任

《关于幼儿教育改革与发展的指导意见》规定：“城市街道办事处配合有关部门制定本辖区幼儿教育的发展计划，负责宣传科学育儿知识、指导家庭幼儿教育、提供活动场所和设备、设施，筹措经费，组织志愿者开展义务服务；乡（镇）人民政府承担发展农村幼儿教育的责任，负责举办乡（镇）中心幼儿园，筹措经费，改善办园条件；要发挥村民自治组织在发展幼儿教育中的作用，开展多种形式的早期教育和对家庭幼儿教育的指导。”

按照上述规定，乡镇政府承担着发展农村学前教育的责任。目前农村学前教育由于投入不足、编制缺乏等因素困难重重。农村学前教育面广量大、基础弱、任务重，乡镇政府所承担的事权与拥有的财权不匹配，在体制上导致部分乡镇政府责任缺位。我国政府组织结构有不合理之处，上下级政府之间存在着权力与责任不统一、财权与事权不匹配等问题。德国著名宪法学者彼得斯提出了辅助性原则，指出愈是在政府结构的下层，愈具有对事务处理的优先权。政府层级越高，越具有辅助性。也就是说，层级越低的政府处理事务的责任越繁重，在事权制度设计上就应使其获得与其繁重事务相匹配的财权。

因此，从政府的角度而言，省、县、乡镇三级政府应该明确规定各自承担财政经费投入的比例，调整县乡两级政府的责任分担比例，并适当减轻乡镇政府财政责任，突出乡镇政府规范管理的责任。

表 5-1　四级政府的具体责任

	政策规定责任	建议调整责任
中央政府责任	制定有关学前教育的法规、方针、政策及发展规划	教育公平责任，项目性财政投入，充分发挥辅助性功能
省级政府责任	统筹制定学前教育的发展规划，制定相关政策并组织实施，积极扶持农村及老少边穷地区的学前教育工作，促进学前教育事业均衡发展	监督责任、专项财政投入；县（市）政府学前教育财政转移支付制度，保障地域均衡发展
县级政府责任	负责学前教育的规划、布局调整、公办幼儿园的建设和各类幼儿园的管理，负责管理幼儿园园长、教师，指导教育教学工作	突出布局规划责任，合理确定县乡两级政府财政投入责任分担比例
乡镇政府责任	城市街道办事处配合有关部门制订本辖区学前教育的发展计划，负责宣传科学育儿知识，指导家庭学前教育，提供活动场所和设备、设施，筹措经费，组织志愿者开展义务服务；乡（镇）政府承担发展农村学前教育的责任，负责举办乡（镇）中心幼儿园，筹措经费，改善办园条件	强化管理责任，合理确定县乡两级政府财政投入责任分担比例

第二节　农村学前教育资源配置模式的创新：供需适配性视角下农村学前教育教育补偿路径的优化

公平正义是人类追求美好生活的永恒主题，是衡量社会文明进步的重要标准。教育是实现社会公平的“最伟大的工具”。当前，“我国教育公平问题的最突出矛盾就是城乡教育差距的问题。农村教育资源、教育效果长期落后于城市已是不争的事实”①。大力推进教育公平，促进社会公平已经成为一个

① 龙安邦，范蔚．我国教育公平研究的现状及特点［J］．现代教育管理，2013（1）．

公共的议题。党的十八大报告提出，要大力促进教育公平，合理配置教育资源，特别是重点向农村、边远、贫困、民族地区倾斜。2015 年 4 月 1 日召开的中央全面深化改革领导小组第十一次会议明确指出，到 2020 年基本实现教育现代化，薄弱环节和短板在农村，在中西部老少边穷等地区。发展农村教育，让每个农村孩子都能接受公平、有质量的教育，阻止贫困现象代际传递。

教育补偿是促进教育公平的重要途径，主要是政府为保障弱势群体（处境不利群体）的基本教育权利而设计的教育补救制度和采取的各种教育补偿和救助行为。“虽然绝对的教育公平难以实现，但积极对弱势群体采取补救措施能够消减经济和社会等外部性因素对学前教育公平的影响。”① 近年来，农村学前教育受到了政府及社会的高度关注，各地采取多种措施，以各种形式进行教育补偿，大力发展农村学前教育。然而，对于教育补偿效果如何，是否契合并满足补偿对象的需求，是否有效提升了农村学前教育的质量等问题，仍需要深入剖析和探讨。

英国学者斯蒂芬·德沃鲁和沙琳·库克在分析社会政策是否满足社会需求时认为，社会政策与向公众提供满足需求的产品和服务密切相关。值得注意的是，很多需求的确定和干预的设计常常是自上而下的。不少国家在经济改革的过程中，开始实行从传统的全民、全面的社会政策逐渐转向对特定目标人群的补偿措施，旨在用有限的社会资源更加有效地“生产”和“递送”公共服务。在这一过程中也出现了一些突出的问题，比如，“这些改革主要关注筹资和递送机制的效率，却很少关心目标人群，也不评价实际结果，结果导致社会产品及服务的‘供需’脱节”②。在现实中，公众特别是特定目标人群的需求和政府制定的社会政策往往会存在着一定的差距，在政策实际运行中表现出多种不同的形式。比如，目标人群有可能无法获得或者难以享有产品和服务，所提供的产品和服务不适宜或者质量低，抑或与目标人群既有的谋生体系存在冲突，等等。基于这些供需不相称的问题，为评价社会政策能否满足社会需求，斯蒂芬·德沃鲁和沙琳·库克提出了供需适配性理论，并研制

① 杨海瑶．学前教育的公平理念及其实现路径——基于学前教育法的思考［J］．现代教育管理，2012（3）．

② 沙琳．需要和权利资格：转型期中国社会政策研究的新视角［M］．北京：中国劳动社会保障出版社，2007：6．

出了评价供需适配性的四个标准：相关性、可及性、质量性以及相适性。

法国著名作家阿尔贝·加缪曾说，荒谬产生于人的需要与世界无理的沉默之间的冲突。在公共服务领域，荒谬同样也会产生于公共服务供给与目标人群需求之间的错位。不可否认，在农村学前教育教育补偿过程中，存在着一些低效甚至无效的现象，其中一个重要原因就是补偿主体盲目供给与补偿对象实际需求之间的冲突。因此，有必要充分了解补偿对象的需求，反思既有的教育补偿供给内容和方式，弥合供需之间的鸿沟，提高教育补偿的精准度和有效性。

一、增强农村学前教育教育补偿的相关性

相关性关注的是提供给补偿对象的产品和服务是否顾及并符合他们的实际和迫切需求，是否针对亟待解决的相关问题提出了切实可行的解决方案。特别应注意避免补偿主体提供的公共服务与补偿对象表达或未表达（潜在的、可能的、发展性）的需求之间缺乏一定的联系，即出现服务供给与需求不对称的问题。“相关性”这一标准最为核心的要素是需求，即聚焦最需要补偿服务的目标人群的需求。因此，关注目标人群的需求至关重要，一方面，“政府要提供和传递高质量的公共服务，了解公众的需求及期望是第一步，也是最关键的一步”①。比如，在政策制定中，首先要做的就是进行需求评估，缺少必要的需求评估，可能会导致政策价值弱化甚至虚无。另一方面，公众的需求和期望也是评估政府公共服务绩效的标准和参照坐标。

就经济学意义而论，需求蕴含两层含义：一是消费主体有需要，二是消费主体有支付能力。这两层含义暗含了供需适配性理论中的“相关性”和“可及性”两个标准。如果消费主体有很强的支付能力，但是主体自身没有需要，那么这种“需求”就会蜕变为“虚求”。如果需要超出了消费主体的支付能力，那么这种“需求”也只能沦为“奢求”。

（一）正视三种类型的群体需求状态

我们在调研中发现，大致存在以下三种类型的群体需求状态。

① 孙选中．服务型政府及其服务行政机制研究［M］．北京：中国政法大学出版社，2009：110.

其一，“无意识型”需求虚无。补偿对象自己不知道有何种需求，难以表达抑或不愿意表达合理的教育需求。“觉得都挺好的，没有什么要求”，这看似是对教育现状的“满足”，实际上这种“需求虚无”或“需求隐匿”是非常令人痛心的。正如英国约克大学社会行政学教授布拉德肖所担心的，“问题是人们是否会说出感觉到的需求或者去追求这种需求的满足”。这种“需求无意识”“需求隐匿”在一定程度上表明补偿对象无力或无心关注儿童是否接受学前教育以及接受何种质量的学前教育。

其二，“低层次型”需求满足。补偿对象的需求停留在较低层次上，甚至有悖于学前教育的基本规律，集中表现为“有的玩、有人看、教认字、会计算、能讲故事就行了”等“成人化”“小学化”的观念和行为。

这两种类型的需求反映了一部分群体的学前教育意识和观念。“城乡二元经济结构及二元教育结构已内化成城乡人口不同的教育意识与教育观念，这种意识与观念的不同又会反作用于城乡教育差别的存在。”① 特定的历史因素在一定程度上影响了补偿对象的教育意识和观念，这种意识和观念又会对其教育行为产生深刻的影响。可见，观念的启蒙与变革是非常重要的。“无心”意味着教育补偿不仅要提供“有形的”公共产品和服务，还要注重解决“无形的”观念羁绊。故而，正视观念的懵懂，散去观念迷雾，启蒙思想，了解学前教育的基本规律以及对于儿童发展的价值，是针对这两类目标人群不可忽视的重点补偿内容。比如，当前围绕学习和宣传《3—6 岁儿童学习与发展指南》而开展的学前教育宣传月活动就是旨在通过社会宣传，让科学育儿观念真正走进千家万户，深入人心。

其三，“高质量型”需求期待。补偿对象有以质量为核心的需求期待与强烈诉求。有些地方“高标准”新建了不少村办园，但却出现了“楼美人缺”“人去楼空”的现象，导致这类现象出现的原因是什么？调查发现，对于是否应开设村办园（班、点）有两种观点。一是认为没有必要开设村办园。“家长不愿意在村办班就读，除非村办班办得比中心园还要好，家长才会考虑。而且现在的村和社区相对分散，即使办了村办班，也不能照顾到更

① 张乐天．城乡教育差别的制度归因与缩小差别的政策建议［J］．南京师大学报（社会科学版），2004（3）．

多的幼儿，只能辐射到周边的一两个村，家长情愿多走一段路到中心园就读。”二是认为有必要开设村办园。“因为孩子年龄比较小，村和村之间的路程比较远，应该就近入园。长途接送带来了一些安全隐患，路途的安全问题伤不起，特别是村办班的办班质量应该得到保障，这样家长就不会舍近求远了。”两种观点表达上虽有差异，但焦点均指向质量。显而易见，上述现象背后的主要原因是家长由于担心保教质量，宁愿花费更多的时间和费用舍近求远去中心幼儿园就学，导致新建村办园利用率不高甚至空置，中心幼儿园却超负荷运行。此类教育补偿就没有充分地了解并尊重目标人群追求质量的教育需求，导致政策偏离了目标人群的实际需求，相关性弱化，有效性不强。

因而，忽视补偿对象的实际需求、可能需求以及发展性需求的教育补偿往往会低效甚至无效，极易造成有限教育资源的显性和隐性浪费，最终会制约补偿对象享有平等学前教育的机会与权利，难以真正促进教育公平。基于此，在教育补偿过程中需要在教育补偿对象的实际需求、政府公共服务供给能力及当地经济文化发展水平和特点这三者之间寻求臻于合理的平衡点，进而有针对性地逐步发展。比如说，针对不同地区学前教育发展情况与不同人群需求存在较大差异等现实情况，在推进农村学前教育教育补偿时，就应采取有重点、分区域、分人群逐渐实施的策略。

（二）完善需求表达与利益诉求机制

无论是个体需求还是群体需求，都存在层次性、差异性及多样性。因此，应充分了解补偿对象的需求，构建并完善教育补偿对象的需求表达和利益诉求机制，这也有助于提升教育补偿的合法性与合理性。

英国学者布拉德肖基于社会福利服务这一视角，认为人的需求可以相对分为四种类型。①感觉出来的需求，即直接反映了一个社会成员当前所需要的东西，常常在社会调查报告以及媒体中出现。②表达出来的需求，社会成员把自身感觉出来的需求用实际行动来表现，它实际上是感觉性需求在行动中的进一步演变与发展。当某一类社会群体的感觉性需求得到了政府和学者的重视、认可，那么该社会群体就极有可能成为政策的主要关注对象和最大受益者，他们的需求就成为一种表达性需求。③规范性需求，由行政管理者、学者以及提供公共服务的专业人员根据特定的实际情景，对需求进行严格定义，对需求内容进行具体规定。④比较性需求，倘若某种公共服务得以标准化，则接受服务的对象就必然有一定的社会性特征，根据公共服务的标准或者服务对象所体现出来的社会性特征，公共服务供给方就可以在一定的区域中较为清晰地分辨出潜在的具有这种需要的服务对象。

如何帮助教育弱势群体进行需求表达？一方面，要以社会志愿者服务团队为依托，建立合理、顺畅的教育弱势群体的利益组织与表达渠道。在此基础上，构建教育弱势群体的利益表达机制，借助一定的组织形式（政府的或社会性的），拓宽教育弱势群体的利益联合通道。如此，各级政府就可以更及时了解教育弱势群体的教育需求并做出反应和回馈。当然，也特别需要提高教育弱势群体利益表达的理性化程度。另一方面，由于我国利益表达和利益均衡机制尚在完善过程中，大众传媒在弱势群体的利益表达中发挥着举足轻重的作用，很多弱势群体的利益诉求就是通过大众传媒表达的。因此，在现阶段要特别注重以大众传媒为中介，建立教育弱势群体的公共舆论表达渠道。

这两个方面的努力将帮助补偿对象更方便地呈现感觉性需求，便于政府、社会和学者了解和认可并重视这种需求，使之进而成为一种表达性需求，进一步得到研究，进入政策决策视野，上升为规范性需求，并在实践中借助比较性需求，更合理地鉴别和认定最需要补偿的目标人群及其需求。

二、加强农村学前教育教育补偿的可及性

可及性是指补偿对象获得公共产品和公共服务的能力，具体而言，是指旨在帮助补偿对象的公共产品和公共服务是否具有物理性的和经济性的可获得性。也就是说，教育补偿这一公共服务常常会受地理位置（幼儿园与家庭距离）和经济（入园费用）等限制，导致公共服务可获得性降低。

就农村学前教育教育补偿而言，在提供公共服务时，要关注补偿对象消费补偿服务的能力及所需付出的消费成本。比如，在农村办园布局方面，应尽力避免出现“入园远”“入园贵”等现象，以使目标人群具备消费有质量的乃至优质的学前教育公共服务的能力。特里·L. 库珀就明确提出了“消费

公共服务的成本”这一问题：“在现代工业社会，全面实现公民权利应当包括具有消费公共服务的能力。如果服务是以一种高成本的方式提供，使得公民无法消费得起的话，那么完整的公民权就被剥夺了。”①

农村学前教育教育补偿的目的在于使补偿对象能有效地“消费”和受益。补偿对象为此付出合理的消费成本是合乎情理的，但是倘若补偿对象所付出的消费成本偏高甚至高于其受益，就会丧失消费能力，结果可能就是“政策失真”，甚至是政策失败。其主要原因恰如沃尔多的精准概括，“行政管理方法太多从‘生产者的立场’出发，而太少从‘消费者的立场’考虑”。

因此，农村学前教育教育补偿要规避单向度的思维，不能过于精打细算生产成本，而疏于关注补偿对象的消费能力及可能付出的消费成本。否则，一个初衷很好的政策，在运行过程中可能会起到副作用，与政策目标不兼容，甚至产生冲突，增加补偿对象的消费成本，比如家长、幼儿园乃至相关职能部门巨大的经济成本、时间成本和精神成本等。当前农村普遍存在的“入园远”问题，就在很大程度上增加了儿童和家长的时间、精力、安全等成本。

三、提升农村学前教育教育补偿的质量性

质量性标准是四个标准的关键所在。质量性强调提供给补偿对象的公共产品和公共服务要达到一定的标准，而不可使补偿对象只能得到劣质的公共产品和公共服务。

（一）质量是教育补偿的核心要义

1. 教育补偿：从机会公平转向质量公平

当前，质量比任何时候都显得重要，特别是对处于弱势地位的农村学前教育而言，更显紧迫和宝贵。质量是教育补偿的核心要义，失去质量的教育补偿是“得不偿失”。

当前，众多的研究有力地表明学前教育与保育对于个体及社会确实具有

---

① 特里·L. 库珀. 行政伦理学：实现行政责任的途径［M］. 张秀琴，译. 北京：中国人民大学出版社，2001：52-53.

一系列的重要价值。然而，正如《强势开端Ⅲ：早期教育与保育质量工具箱》开篇所提出的，这些价值的实现都来自质量，若仅仅是扩大早期教育与保育的服务范围和资源总量而不关注质量，就极有可能不会对儿童或社会产生良好的益处。

只有建立在有质量保障基础上的教育补偿，才可能实现约翰·罗尔斯所提出的“不仅合乎最少受惠者的最大利益，而且保障并实现最少受惠者的最大利益”。教育补偿不仅要给予农村儿童接受学前教育的机会，更重要的是要能够提供有质量的学习机会，实现机会公平向质量公平转向。

2. 教师是关键：从重技术装备转向关注师资建设

没有质量或低质量的教育，是愧对儿童、家长和政府的。农村学前教育教育补偿重在提高质量，而教育质量的提升是一项复杂而艰巨的工作，其最为关键的支撑因素是教师。一定要正确看待并处理好形式与内容、效率与质量的关系，农村学前教育教育补偿不能仅停留在盖房添设备之类的显性工作之上，而要转向正视并改善以师资建设为核心的隐性内容上。我们看到，有不少的提优工程、扶持计划等止步于技术装备，而师资问题却始终没有得到有效的解决。诚然，农村学前教育的发展是一个循序渐进的过程，需要从物质环境改变开始一步一步慢慢来，但我们需要清醒地意识到保障农村学前教育质量“扎扎实实提升，真真切切发展”的重中之重是师资。“相对于数量而言，教育效率的本质是教育质量。只有高质量的教育，才有对个人发展、国家发展的高贡献率。”①

美国哥伦比亚大学的霍夫斯和赫尔本（C. Howes and S. L. Helburn）提出了学前教育质量的三个组成要素：过程质量、条件质量和劳动环境质量。过程质量包括师幼之间相互作用、活动的组织实施等，条件质量包括师幼比、师资学历、培训与研修等，劳动环境质量则包括教师的工资福利待遇和职业满意度等。可见，师资及其素质是这三个组成要素的“交集”。

整体来看，当前我国农村学前教育师资较薄弱。从幼儿和教师的比来看，2010年农村幼儿园高达36.42∶1，约为城市的3倍。再就教师学历来看，专

① 褚宏启．关于教育公平的几个基本理论问题．［J］中国教育学刊，2006（12）．

科及以上学历，城市为 71.50%，县镇为 60.13%，农村仅为 41.76%。[①] 因此，教育补偿要从技术装备取向转向师资建设取向，一方面要增加师资数量，另一方面则需提高师资整体素质。令人欣喜的是，中央全面深化改革领导小组第十一次会议审议通过了《乡村教师支持计划（2015—2020 年）》，明确提出要把乡村教师队伍建设摆在优先发展的战略位置，通过全面提高乡村教师思想政治素质和师德水平拓展乡村教师补充渠道，提高乡村教师生活待遇，统一城乡教职工编制标准，职称（职务）评聘向乡村学校倾斜，推动城市优秀教师向乡村学校流动，全面提升乡村教师能力素质，建立乡村教师荣誉制度等。这表明党和国家最高决策层已经着手进行顶层设计，制订并推动实施国家层面的专项计划，农村学前教育师资建设势必将迎来重大的发展机遇期。

（二）厘清教育补偿中的两对关系

充分认识和理解教育补偿的质量要义，必须厘清“额外补偿”与“优先发展”及“坚守底线”与“维持低标准”这两对关系。

1. “额外补偿”与“优先发展”：“补偿性”和“发展性”兼具

我国农村学前教育发展滞后，主要是由于制度供给不足，教育资源配置失衡。在教育资源配置上，存在平等取向、强势倾斜取向、弱势倾斜取向和弱势补偿取向四种取向。在弱势补偿取向下，教育资源配置以反思历史为前提，对社会改革和发展进程中的利益受损群体进行补偿，优先保障弱势地区和弱势群体教育发展的实际需求。它是一种差异补偿，不仅需要额外补偿，更需优先发展。

众所周知，多年来我国学前教育资源配置更多的是强势倾斜取向，以社会中的优势地区、优势群体为重点对象，在教育资源配置上优先满足条件和基础好的地区和幼儿园。如果再采取平等原则，城乡一视同仁，或仅是弱势倾斜，那么资源配置失衡将进一步恶化，教育公平离我们将愈加遥远。

有鉴于此，农村学前教育教育补偿需要从弱势倾斜走向弱势补偿，不仅要体现“同等待遇”，更要提供“优先待遇”，以实现农村学前教育的“积极

---

① 刘占兰，等．中国学前教育发展报告 2012［M］．北京：教育科学出版社，2013：103.

发展”。这是缩小教育资源配置差距、实现学前教育均衡发展的必由之路。

2. “坚守底线”与“维持低标准”：坚持有质量的底线要求

底线标准必须建立在质量保障基础之上。若在观念上将底线理解为低水平或者低质量，在实践中仅仅是维持低质量、低标准的底线，则必然与教育补偿的要义背道而驰。此外，需要强调的是，教育补偿必须正视农村学前教育薄弱与落后的历史与现实。“没有照顾到农村教育发展的‘畸形’历程与缺损现状的‘保障底线’的思维和做法并不能从根本上起到缩小城乡教育差距的作用。”① 公平、普及与高质量是当前国际学前教育发展的基本战略，在理念上它们并不是简单的递进关系，而必须同时予以关注。只有高质量的普及才能实现公平，正如《2009 年全民教育全球监测报告》所指出的，公平与质量永远是一个紧密的结合体。

底线是用质量绘就的。农村学前教育教育补偿需要坚守有质量的底线，而不能仅维持低水平、低标准的底线。

事实上，在学前教育体系供应面扩大的过程中，如何避免质量下降是每一个快速扩张学前教育服务体系的国家都面临的问题，这既涉及资源的可获得性，又关乎质量监控体系的完善性。基于此，为确保农村学前教育教育补偿的质量，有两项当务之急。

第一，建立并完善农村学前教育质量标准。不可否认，我们还处在一个质量标准相对匮乏的阶段，农村学前教育质量标准建设尤为重要，特别是，有质量绝不等同于有现代化的技术装备。“物质条件在我国各地学前教育质量标准中所占权重高，学前教育机构的质量评价主要是评价学前教育机构的场地园舍、设施配置、教玩具设备等的数量和种类。”② 现有的质量标准大多偏向于设施设备配备标准、技术装备标准等，尚缺少有针对性的师资配备、教育过程评估等标准。因此，亟须改变当前重设备配备标准、轻人力资源建设标准的现象。需要在尊重农村学前教育实际的基础上，制定一个与经济、师资水平等相适应，适合不同地区、不同发展水平的农村学前教育质量体系。

---

① 许丽英．论教育补偿机制的构建——义务教育资源均衡配置的实现路径探讨［J］．教育发展研究，2010（19）．

② 刘霞，戴双翔．我国幼儿园教育质量标准研究［M］//袁振国．中国教育政策评论 2010：144-158．

第二，探索建立问责型质量监管评估机制。农村学前教育教育补偿在实际运行中体现为若干政策和具体项目，这些政策和项目实际效果如何？这既需要过程性监管，也需要效果评估。通过评估有助于推广有效项目并对其增加投入，调整或撤销低效或无效项目，减少对项目质量进行稀释而浪费公共资源的现象。

国际上不少国家非常重视对项目实施过程及其质量、效果进行严格的管理与评估。比如，美国历史上就有由于缺少及时而有效的项目评估，造成了经费大量浪费的惨重教训。针对美国联邦政府于1965年立法颁布启动的第一条款项目，有评估报告指出，“数十年过去了，在我们花费了大约2000亿美元后，专家们为我们描绘了一幅颇为惨淡的图景——项目收效甚微，不堪一击，效果不佳，甚至在他们自己看来，这些项目就是彻底失败的项目”①。有鉴于此，美国联邦政府随后启动了一项名为项目等级评定工具的审查制度，通过评估促进项目提高有效性。自2004年该工具使用以来，共有56个学前保教项目接受了这项等级评定，其中仅有2个项目被评定为“有效”，14个“一般有效”，5个“无效”，35个则为“不能判断结果”。苏珊·纽曼总结了有效的教育项目（政策）必须具备的7个基本原则，其中一个重要原则就是坚持对项目的成效以及项目对儿童学业成就的贡献进行问责。

因此，探索建立农村学前教育教育补偿质量监管和问责制度非常必要，极其紧迫。此举有助于政府更科学地设立合理的项目，并对其进程进行科学监测，有效评估项目效果，使有限经费发挥应有的作用。

四、关怀农村学前教育教育补偿的相适性

相适性主要是指提供和递送公共产品和服务的干预和机制应考虑服务对象的活动和在时间或劳动使用等方面的约束。斯蒂芬·德沃鲁和沙琳·库克举了一个例子。在博茨瓦纳和纳米比亚，男孩子很小就要放牧，于是这两个国家建立了牧童学校，在傍晚向这些男孩免费授课。这就考虑到了公共服务

① 苏珊·纽曼．学前教育改革与国家反贫困战略——美国的经验［M］．李敏谊，霍力岩，译．北京：教育科学出版社，2011：34.

的相适性问题。农村学前教育教育补偿应关注当地经济、文化、生活等特点，提供与补偿对象的生活环境、生活方式与生活能力相契合的公共服务。

随着城镇一体化进程的加快，我国农村有两个鲜明的变化。一是传统意义上的小型村落逐渐消失，取而代之的是更大规模的村落群，“村”的物理空间和社会空间都扩大了。特别是由于21世纪初大面积的“撤点并校”，农村幼儿园和学前班急剧减少，不少地方只保留一所乡镇中心幼儿园，农村学前教育“入园难”“入园远”问题突显。二是农村人口流动加速，大量剩余劳动力向城市转移，人口年龄结构日趋老龄化，留守老人和留守儿童数量不断增加。据调查，“学龄前儿童在农村留守儿童中所占比例为27.05%，其规模达到1585.2万人”①。繁重的农耕事务和儿童养育重任大多由祖辈承担，隔代教育引发的问题也渐趋增多。为提高农村学前教育教育补偿的相适性，我们从幼儿园布局规划、幼儿园课程与教学两个方面进行了考量。

（一）布局规划：因地制宜，形式多样

当前农村学前教育布局规划主要存在两个制约因素：一是不少农村地区经济状况不佳，没有充足的财政投入建设足量的幼儿园，导致资源严重不足；二是在有些地方，政府担心随着城镇化进程加快，农村人口大量减少，农村地区的新建幼儿园将来会出现空置现象，频现超大规模幼儿园。因此，布局规划不能仅以当下形势为依据，而要根据人口、经济发展趋势以及当地农村发展趋向进行长远规划与超前布局，既要考虑目前农村学前儿童入园的紧迫需要，缓解资源紧缺，又要考虑农村未来人口的变化因素，避免资源浪费。值得一提的是，在主要关注儿童接受学前教育的机会、人口因素影响的同时，还应考虑到补偿对象对于学前教育公共服务的消费能力，从实际情况出发，把“方便”“就近”等“群众需求”作为幼儿园布局的基本要求。根据当地实际，办园（班、点）形式可以多样化、多层次化。比如，在偏远农村地区可多办学前班、村办点等（当然，公共财政特别是县级财政应着力保障学前班、村办班点的正常运行）。此外，在部分比较偏远、贫困、适龄儿童较少

---

① 段成荣，杨舸．我国农村留守儿童状况研究［J］．人口研究，2008，32（3）．

的乡村，应结合新农村建设，在村公共场所设立儿童及其家长的活动室，由乡（镇）中心幼儿园组织教师或志愿者有目的、有计划地巡回开展灵活多样的教育活动，同时对家长进行家庭教育指导。①

（二）课程与教学：立足本土，超越本土

一方面，课程与教学应立足于本土。所谓好的学前教育绝对不是以城市幼儿园为基准的。虽然城乡一体化，但由于城乡物质和文化环境存在差异，所以并不意味着城乡教育要同一化，在课程建设上应充分利用符合当地实际情境的自然资源和文化资源。需要特别说明的是，对于农村新建园而言，应避免机械地以城市幼儿园为标准进行环境创设和课程建设，避免盲目地追求环境的奢华，环境创设要低成本且有质量。比如，普遍盛行的大面积的塑胶场地可能并不一定适合农村幼儿园。

与此同时，由于历史和现实的原因，当前农村学前教育师资匮乏，教师专业能力亟待提高，尤其是课程开发能力相对较低，如果简单地模仿城市幼儿园的课程内容和实施形式，农村幼儿教师往往会难以驾驭，导致保教质量低下。因此，在课程实施过程中要注重考虑农村学前教育的师资状况，将高结构化课程与低结构化课程有机结合，既发挥农村学前教育的地域和文化优势，又能使农村儿童获得相应的发展。

另一方面，课程与教学又要“超越本土”。所谓“超越本土”，就是在课程设计与教育教学中要减少“单一维度”经验的过度重复。我们给予儿童的经验应该是多元的、整体的、全面的，而不是单一的。譬如，有的地方充分运用当地资源进行民间传统工艺游戏，为儿童提供了体验传统文化的机会，但是要避免活动类型、活动材料的长期重复。因为，从儿童长远发展来看，长期进行低水平或者高水平经验的重复活动都不利于幼儿获得变化的、多元的丰富经验。

① 罗英智，李卓．当前农村学前教育发展问题及其应对策略［J］．学前教育研究，2010（10）．

第三节　农村学前教育干预行动的创新："麦穗行动"模式和"彩虹伞"模式

对于农村学前教育以及农村学前儿童的发展，我们探索和实践了两种干预行动的模式，分别为麦穗行动模式与彩虹伞模式。其中，麦穗行动模式是从专业引领和社会支持的角度进行的创新尝试，彩虹伞模式是从专业关爱和教育补偿的角度进行的创新尝试。

一、麦穗行动模式

近年来,围绕农村学前教育建设和发展命题，国内许多地区展开了积极有效的政策制定与实施的相关工作，积累了大量的地区经验和研究成果。其中，作为一个市级政府与高校合力推进的、针对农村办园点的建设工程，麦穗行动是从专业引领和社会支持的角度对健全农村学前教育公共服务体系的一种有益探索。

（一）背景：南京农村办园点标准化提升工程

2014 年，南京市教育局启动了旨在促进学前优质普惠发展的"三项工程"，以应对新一轮入园高峰，推进学前教育优质普惠发展，提升南京市民"学前教育幸福指数"。南京农村办园点标准化提升工程在此背景下于 2014 年初启动的。该工程以加大扶持薄弱的农村办园点力度，进一步扩大全市学前教育优质资源总量，缩小城乡、园际间的差距，彻底改变农村办园点条件差、保教质量低等问题为主要目标，在全市六合、江宁、浦口、高淳、溧水等 5 个区县的涉农街道推进。

南京农村办园点标准化提升工程是农村幼儿园建设工程中具有典型意义的代表性工程，首次把政府工程、民生工程与专业工程并轨建设，并且优先配置教育资源，在规范硬件建设的基础上，配套设计教育内涵提升的质量工程。同时，期待形成积极的“底端波及”效应，带动和影响区域内农村学前教育发展水平的整体提升。为农村底端层面的儿童提供在家门口的、有质量的受教育机会，保障儿童身心健康、促进儿童快乐成长是该项目的根本目标。

农村办园点特指班额不足3个班的涉农街道主办的幼儿园，具有儿童数量少、教师数量少、保教质量低、办园条件差、乡土特点浓厚等特点。在中国期刊网上以“农村办园点”为主题词进行搜索，得到的结果为0，可见针对农村办园点的专门研究目前是空缺的。

国内现有的关于农村学前教育的研究普遍是以农村幼儿园为研究对象，研究内容涉及全国各地区农村幼儿园教育环境质量、课程设置与课程资源开发、教师专业素养等方面的实证研究与理论研究。已有研究成果是开展本项目的重要基础，但现有研究没有关注到“办园点”这一种特殊类型的幼儿园的独特问题，如办园点的发展出路、办园点与中心园的帮扶关系、办园点的办学条件（部分办园点设在中心小学的校舍中）和办园点的师资问题，等等。因此，需要针对农村办园点的独特困境和问题进行研究。

研究团队定期进入办园点，并尽可能“贴近”其行动主体——教师、儿童及其家长，在全市六合、江宁、浦口、高淳、溧水等5个老区县的涉农街道，分别选择具有代表性的1~2个办园点作为田野调查个案，全方位开展跟踪研究。采取的研究方法包括：史料及文献（地方志、村庄档案和研究资料）的收集、整理和分析；跟踪式深度访谈（定性研究），每个办园点选择10个左右访谈对象（包括教师、管理者、家长3类），了解农村办园点过去的状况、当前的变化和仍然面临的问题。

（二）南京市农村办园点质量建设路径及成效

南京具有大城市大农村的特点。农村户籍人口379万人（2016年）。现有农村办园点188个，班级294个，在点内的适龄儿童7322名。农村办园点是南京农村学前教育事业发展中十分重要却长期被忽视的部分。

南京农村办园点标准化提升工程的第一阶段主要以全面提升农村办园点园舍建设改造、园容环境优化和设施设备增添为重点。在南京市教育局初等教育处的带领下，经过科学研究和多方协商，南京市拟定了《南京市农村办园点办园条件基本标准》，推动全市符合规划要求的公办性质农村办园点全部达到该标准，为全面提高农村办园点的保教质量创造良好的基础。该工程具体的实施步骤为计划申报、计划审核、组织实施和评估验收。组织原则是“区级统筹，以街镇为主”。为此，各区教育局都成立了农村办园点标准化建设项目领导小组，负责统筹规划，明确分工，相互协调，并将该项目的建设成效纳入对相关街镇的考核体系。各相关街镇作为实施主体，街镇中心园承担具体落实的责任。

农村办园点标准化建设的经费，实行区和街道为主，市级支持。南京市设立专项补助经费，对达到《南京市农村办园点办园条件基本标准》、评估认定在合格以上且正式招生的办园点，从 3 个方面予以支持。①建设经费补助。新建办园点每班奖补 20 万元，扩建办园点每新增一个班奖补 15 万元，改建办园点每班奖补 10 万元。②设施设备补助。按园配一般不少于 10 万元，按班配一般不少于 2 万元标准，给予设施设备补助。办园点按照《南京市农村办园点技术装备配备目录》进行设施设备的装备与增补，采购的器材清单要对外公示，接受社会监督。③运行经费补助。按每班每年 6000 元标准，给予运行经费补助。

以下仅以六合区 H 街道为例，详细介绍其农村办园点建设实施过程与成效。

2014 年初，六合区拥有幼儿园 42 所，在园幼儿 13308 名；农村办园点 23 个，就读办园点的幼儿 1208 名。2014 年 6—7 月，南京市教育局初等教育处、建设处，六合区教育局领导、各分管科长与处长，各村办园点所属中心园的负责人及街道负责人，以及江苏第二师范学院学前教育学院的专业人员、园舍环境专业设计人员，多次召开会议，集中讨论六合区农村办园点标准化提升实施方案。在 2014 年 11 月 7 日举办的南京市农村办园点标准化建设工程现场会上，六合区的 F 办园点建设作为全市的样板工程推出。

为全面推动农村办园点标准化建设工程，六合区教育局成立了由一把手局长、书记任组长，分管学前教育、校舍建设两位副局长任副组长，相关科室科长和各中心学校校长为成员的六合区农村办园点标准化提升工作领导小组，定期召开会议，统筹协调全区农村办园点标准化提升的建设工作，集中解决建设过程中出现的困难和问题。2014 年 7 月 19 日，六合区教育局召开全区中心校校长、幼教辅导员、中心园园长会议，专题布置落实办园点提升工作，规范工作流程。2014 年 10 月 8 日，六合区政府专门召集国土、规划、财政、建工、人防、消防等部门，专题召开学前教育“三项工程”建设协调会，统一协调解决幼儿园建设涉及的土地划拨、规划许可等困难和问题，为办园点标准化提升顺利推进创造了便利条件。

六合区教育局通过调研论证和与各街镇磋商，确定将原有的 4 个办园点升级为单轨幼儿园，撤并 3 个办园点，至 2015 年全区保留办园点 16 个。六合区教育局按照《南京市农村办园点办园条件基本标准》中园舍建设的要求，按照统一中求多样、多样中求统一的指导思想，与专业的设计公司合作，提供了一套办园点建设范样图纸，各办园点以此图纸为蓝本进行建设改造，充分利用自身现有条件和优势，突出自然、田园、乡土、童趣等风格特点，在色彩搭配、线条处理、图案设计、场地布置、绿化设计和围墙院落规划等方面凸显乡村幼儿园保教特色和六合本地风格。

F 办园点是六合区农村办园点提升建设中的亮点之一。F 办园点覆盖多个村庄，村常住人口近 2 万人，每年的适龄儿童达到 80 人左右。原有的两个办园点条件简陋，在 2008 年教育局对学校房屋抗震检测时被定为 C 级房，而且所有的儿童都是在一个班级内进行复式教学。村民们都想方设法把孩子送到街道中心园，导致这里的儿童数量更少。2014 年街道中心校决定撤并这两个办园点，改建为 F 办园点。

F 办园点提升改造过程中共投资了近 110 万元。新建成的园舍利用小学的前两排教室，改造后占地面积达到 2200 平方米，建筑面积达到 700 平方米。办园点的房舍建筑、环境设计、设施配备从乡土文化背景中汲取灵感，外墙统一以绿色为主色调，整体设计风格也以绿色为主，辅以木元素。外部环境利用柔和的线条分出活动板块、绿化场地和种植园地，绿化场地中再点缀玩具，把绿化与儿童活动有机整合，并在园舍周围种植了藤蔓植物。在教室走廊的设计方面，连廊与围栏使用防腐木制作，玩具亦采用木质的。在户外活动场地增加了沙坑、山丘、水池和体现六合区特色的雨花石，更加适应农村儿童天然的生活方式和形态。

F 办园点的条件改善后，家长普遍反映现在办园点变漂亮了，教室宽敞了，有空调了，玩具多了，与中心园一样了，都放心把小孩留在办园点，不用再想方设法往中心园送了。

（三）麦穗行动项目的实践逻辑

针对办园点硬件提升之后所面临的软实力欠缺问题，南京市教育局联合江苏第二师范学院等专业力量，启动了农村办园点标准化提升工程的第二期项目，即麦穗行动。麦穗行动主要针对目前农村幼儿园存在的软实力问题，致力于探索办园资格的法人化、办园体制的一体化、管理与教学的规范化、课程的本土化、师资的结构优化等问题，是集规划、建设、使用、管理、研究、师资队伍的提升为一体的整体发展和整体推进。

1. 麦穗行动的行动目标

农村办园点标准化提升工程为南京市最为薄弱的农村学前教育带来了巨大改善，得到农村学前教育管理者、教师、家长和农村居民的高度评价。然而，这些办园点仍然存在未能解决的问题。根据对南京市 5 个涉农区县的农村学前教育管理者、教师和家长的访谈，将办园点遇到的主要难题归结为师资问题、课程与教材问题和家园关系问题。

第一，农村办园点当前面临的最大困境是师资问题，主要包括教师数量严重不足，不合格教师大量存在，专业发展政策措施不到位，教师工资待遇缺少基本保障。

教师数量严重不足。幼师比是最能反映出教师数量是否足够的指标。据调查，农村办园点的幼师比普遍偏高，有些区域的幼师比甚至超过 30：1，超出了国家标准。比如浦口区某办园点有 37 名 3~5 岁儿童，却仅有一位参加工作半年的年轻教师和一位即将退休的保育员。这位教师说，每天自己一个人同时负责 37 名儿童的保育工作。而且，在接受访谈时，这位年轻的教师已经怀孕 5 个多月，她表示她休产假时的接任教师至今还没有着落，这是让她非常担心的问题。

不合格教师大量存在。当前普遍存在教师基本素质较低、缺少合格资质的现象。学历合格是教师应该具备的基本条件，是教师队伍质量提升的基础，在一定程度上也能够反映出幼儿教师的质量。但调查显示，在现有专任教师中，30%无教师资格证；在有证者中，仅有60%持有幼儿教师资格证书，其他则持有小学或其他教师资格证书，专业对口性差。幼儿教师的保教能力不强，幼儿园保教质量参差不齐。一些幼儿园办园行为不规范，“小学化”现象仍然比较严重。另外，在为数不多的合格教师中，教育教学能力突出者寥寥，很多幼儿园存在教师队伍青黄不接、结构不合理的状况，尤其缺少优秀教师、青年教师和专业教师。

专业发展政策措施不到位。办园点的教师在专业发展方面也困难重重。教师队伍结构异质程度低，专业知识结构失调，学历含金量缩水，再教育机会缺失，“非编制”身份普遍，经济地位低，在这样的职业环境之中，期待幼儿教师自主追求专业成长是不现实的，农村幼儿教师的专业发展必须以外部的支持体系为推动力。然而，现有的教师培训制度在落实中面临重重阻碍，难以为农村幼儿教师提供专业发展的基本保障。

教师工资待遇缺少基本保障。农村办园点教师的待遇较差，而且大多没有编制，缺少基本保障。教师职称评审关系着教师的切身利益，也关系着学前教育的稳定发展。然而调查发现教师职称制度难让人满意。如溧水区某镇共有61名幼儿园教职工，有编制的教师仅3名。

优质师资短缺的原因有如下几点。①这些经济欠发达地区的地方财政紧张，教师编制及待遇受到影响，专任教师流失现象严重。②由于江苏省一批原有的中师、幼师学校被撤销，专科层次的幼师毕业生数量大幅减少，而师范院校毕业的本科学前教育专业毕业生普遍倾向于选择待遇优厚的发达地区，造成欠发达的农村偏远地区，特别是农村办园点难以招收到学前教育专业毕业的教师。

第二，除了师资的问题，办园点教师普遍反映的问题集中在课程与教材的适用性问题上。目前市场上流行的教材都是针对幼儿园大、中、小班的建制来设计的，但办园点通常只有1或2个班，必然存在混龄教育的问题，因而导致普通幼儿园课程与教材的不适用。如在江宁区某办园点，教师采取的解决办法是分组式教学，当一位教师带领小班幼儿进行教学活动时，另一位教师则带领中、大班幼儿进行游戏活动，以此类推。但教师反映，这样一天带三次教学活动大大增加工作量，教师身心俱疲。而在教师不足的办园点，像浦口区庆丰办园点只有一位教师，无法分组教学，该园教师采取的解决办法是，无论幼儿的年龄，统一使用中班的课程与教材进行教学，让小班幼儿“跳一跳”，大班幼儿“弯弯腰”，都向中班水平靠近。但这种折中的办法导致有的幼儿在园三年都在学习同样的内容。因此，亟须为农村办园点量身定制课程、教材和活动手册。

第三，办园点的家园关系问题。通过对办园点幼儿家长的访谈发现，多数幼儿家长务农或做小生意，文化水平偏低，没有时间照管孩子。据教师反映，在家园关系方面主要存在以下三个问题。

一是家长教育观念落后。有些家长认为孩子在幼儿园只要玩得开心就好，对学习品质、文明礼貌等方面的培养不重视、不配合；有些家长则觉得交了钱就要让孩子在幼儿园多学习算数、识字等小学低年级学科知识，因此强烈要求教师进行“小学化”的教学。浦口区某办园点的幼儿家长以外地来宁务工人员为主，在访谈中发现，其中不乏文盲，而且家里不止一个孩子。该办园点教师反映：“最生气的事情就是辛苦一天做 37 个孩子的保姆，放学的时候还有找事的家长。”

二是家园合作不密切。农村办园点的家园信息交流平台极不完善，很多教师将信息以纸质的方式贴在家长园地，极个别村办点的信息都是通过幼儿告知家长，也没有召开过家长会，导致很多信息传达不到位，家园关系松散或紧张。

三是隔代教育值得关注。在办园点接送时间以及亲子课堂时间，研究者发现幼儿的身边几乎清一色都是爷爷奶奶等祖辈，只有一两个爸爸或妈妈。因此隔代教养问题在办园点幼儿身上表现得更为明显。

2. 麦穗行动的行动路径

为进一步推动南京市农村办园点的全面质量提升建设，亟须在制度创新、财政投入、师资配置、专业引领和社会支持等方面提供支持。

第一，制度创新，多方协同。办园点质量的提升建设，需要政府在政策制定、财政投入、组织协调、统一部署、管理评价等方面提供支持，尤其是市教育局初等教育处、建设处、设备处和教研室四个部门，是农村办园点标准化提升工程的主要权责相关部门，需要明确职权，打通部门边界，各司其职，相互协调。然而，当改革和建设进入到“深水区”，并非依靠政府的行政力量就可以解答或解决所有问题，而需要通过制度创新，探索政府部门和高等院校，以及社会各种力量与资源的协同创新模式。农村学前教育的改善需要协同创新模式下的社会合力发挥作用，需要多个部门支持和政府资源的有效配置，需要有强有力的政策规定、专业研究和社会监督的共同作用。

第二，财政投入，政策倾斜。整体来看，学前教育的经费支出总量在连年增加，但是，在各个阶段教育经费支出中依然处于绝对的弱势。在学前教育发展经费中，大部分投入放在了幼儿园日常支出以及园舍改造等硬件方面，而对师资队伍建设、课程与教材建设等软实力的建设投入尤为不足。在农村办园点，这一软实力建设投入不足的问题所带来的弊病正日渐凸显。财政投入应适当向师资队伍建设、课程与教材建设方面倾斜。建立农村学前教育发展经费保障机制，由政府、幼儿园举办者和家庭合理分担教育成本，加大公共财政投入，在每年的教育预算中单独设立学前教育项目，对所占的财政性教育比例做适当的规定。

第三，师资配置，基本保障。改善农村办园点办学质量的当务之急，是从教师数量、教师结构、教师素质和教师队伍的稳定性等方面改善办园点的师资配置状况。政府部门应在招聘、编制、待遇、教师后续专业发展等方面给予支持和保障。通过一定的激励机制，引导和鼓励城镇的骨干教师轮流到农村办园点支教服务，一方面缓解农村学前教育师资不足的矛盾，另一方面对该区域的农村教师进行培训并提升其专业能力。同时，分期分批开展农村办园点教师全员的岗前和岗位培训，建立多层次、多形式、多元化、开放式的培训体系。

第四，专业引领，因地制宜。在园舍改建、装备配置标准和环境场地配套方案的设计阶段，专业人士起到了不可忽视的引导作用。专家提出的贴近自然本土、设置多种质地的场地（沙石地、草坪地等）、创设亲子阅读活动室、家长活动等候区等专业意见，在建设过程中均被采纳。教育和建筑设计两方面专业力量的有机结合，为项目的规划与实施提供了理念引领、专业设计，使本项目超越园舍和设施设备表面的焕然一新，而提升为整合农村办园点建筑、环境、装备、师资、教育活动等各个方面的专业化建设。在教师场地使用和设备运用的培训、中心园引领下的办园点长效支持机制建设、课程与教材建设等方面，更加不可缺少专业支持。比如组织或委托专业人员编写适合农村办园点混龄教学的课程与教材，是解决办园点课程适用性问题的必然选择。

第五，社会支持，通力合作。倡导和呼吁全社会更新教育观念，争取家庭、社区和各种相关民间群体的支持，是改善农村办园点教育教学质量所必需的社会基础。城镇化发展带来农村儿童家庭教养方式的转型，需要整合社会各部门对儿童所生活的社区环境进行整体改善和干预，全面改善处境不利儿童及其家庭的状况。首先，政府和幼儿园应努力帮助家长改变教育观念，通过家长会、家长学校等途径，实现家园配合，促进儿童的健康发展。其次，作为社会的基层组织，社区为幼儿园提供各种资源，是农村办园点建设的重要依托，农村办园点标准化提升工程需要各区县、街道、中心园与办园点“四位一体”，通力协作。最后，争取本土企业商界对办园点的物质支持，在对政府财政投入进行有益补充的同时，更加彰显教育与社区的互动合作关系。

二、彩虹伞模式

在新型城镇化建设中出现的农村“三留守”人群，是在社会性资源分配上具有经济利益的贫困性、生活质量的低层次性和社会心理承受能力的脆弱性的特殊群体。其中，农村留守儿童的发展问题已引起政府和学界的高度关注，然而，已有的救助政策和学术研究主要集中于义务教育阶段的农村留守儿童，缺乏针对6周岁以下未入小学的农村留守儿童的特殊关照。简单来说，彩虹伞项目是针对农村3~6岁留守儿童展开的志愿服务活动，倡导大学生与社会爱心人士志愿活动，对于促进农村儿童的发展具有特别的意义。

（一）项目开展的背景

1. 加强对留守儿童的精准支持：从义务教育到学前教育

农村留守儿童是一个呈高度分化状态的群体，因其身心发展阶段、性别、地域、监护类型、经济条件等的不同而存在差异。从儿童满3岁到小学阶段，家庭的积累还未完成，花费却增多，但儿童逐渐可以离开成人的照顾，而祖辈体力尚可，因此，这是父母外出务工最集中的时期。① 但在义务教育普及

① 谭深．中国农村留守儿童研究述评［J］．中国社会科学，2011（1）．

的今天，3~6 岁留守儿童却多数散居在家，未接受任何规范的学前教育，在家庭教育上的不足得不到正规学前教育的补偿。有研究者调查，重庆市 3~6 岁农村学前留守儿童的入园率仅为 41%。[①] 2015 年底修改的《中华人民共和国教育法》中新增“构建覆盖城乡，特别是农村的学前教育公共服务体系”的条款，表明了国家对农村学龄前儿童教育和发展问题的深切关注，而留守儿童更是其中的难点。

2. 应对学前留守儿童数量快速增长：从计划生育到全面二孩

3~6 岁农村留守儿童的数量快速增长，亟须社会支持。据全国妇联在 2013 年的调查，我国农村留守儿童超过 6000 万人，其中，学龄前农村留守儿童达 2342 万人，占农村留守儿童总数的 38.38%。虽然随着城镇化进程的加快，新市民的逐渐增长有可能减少农村儿童的留守状态，然而在全面开放二孩的政策背景下，数据必然产生波动。可以预测的是，农村学龄前留守儿童在相当长的时间内仍将大量存在。近年来，农村留守儿童的年龄结构发生巨大变化，义务教育阶段和大龄留守儿童减少，学龄前留守儿童的规模则快速扩大，如何给予这些儿童适当的社会支持，是一个急迫需要研究的课题。

3. 完善社会支持系统：从物质关爱到综合支持

农村学前留守儿童不仅需要精准的支持，还需要长期而有效的综合支持。目前，面向农村留守儿童推出的关爱服务手段多样，然而，其实际效果则存疑。相关工作多倾向于物质关爱，流于形式，缺乏长效机制和法律保障等问题逐渐显露，零散的关爱行动难以解决这些问题，亟须动员政府、社区、企业、社会组织和媒体等力量，构建完整的、和谐的、适度的、大致均衡的社会支持系统，以长期而有效地促进农村学前留守儿童的发展。

（二）项目开展的形式与内容

彩虹伞乡村儿童致远志愿服务团队成立于 2014 年。52 名学生成员均有着学前教育师范专业的背景，其中 22 名成员来自 2014 级教育部幼儿园卓越教师培养项目，6 名成员来自 2015 级教育部幼儿园卓越教师培养项目，12 名成员来自 2016 级乡村定向教师培养计划，其余成员来自学前教育学院致远志

① 任运昌．农村留守儿童政策研究［M］．北京：中国社会科学出版社，2013：46.

愿大学生志愿者服务社团。团队成员中有学生党员，也有学生承担着大学生创新创业训练计划项目课题，形成了老生带新生协同共发展、学院幼儿园合作同培养的融通机制。学院专业教师对志愿团队全体成员定期进行专业指导，并跟点参与活动。近5年的时间里，志愿服务遍及江苏省30多家农村幼儿园和办园点，为3~6岁儿童提供教育支持和情感陪护，累计服务儿童1300余名。为此，彩虹伞乡村儿童致远志愿服务团队荣获2015年江苏省大学生志愿服务优秀团队、2017年全国大中专学生志愿者暑期“三下乡”社会实践活动优秀团队、2017青年创益大赛项目银奖、2017年江苏省大中专学生志愿者暑期“三下乡”社会实践十佳优秀团队等荣誉称号。

彩虹伞，顾名思义，是用彩虹一样多彩的圆形伞这一比喻，来形容幼儿园亲子游戏活动的一种载体，承载着学前教育专业大学生志愿服务团队对农村留守儿童能够真正拥有不一样的七彩假期生活、七彩童年的强烈愿景。该项目着眼本土，服务乡村，关爱留守儿童，为农村留守儿童和家长提供帮助，在当地幼儿园给儿童提供丰富多彩的假期活动，增进亲子之间的互动和交流。

学前教育专业大学生志愿者利用周末、暑假等假期时间，对江苏省3~6岁的农村留守儿童开展绘本阅读、亲子游戏、艺术活动以及弱势家庭儿童的入户陪伴等形式多样的活动，丰富当地农村留守儿童的假期生活，为当地农村留守儿童提供切实的教育支持、适宜的情感陪护和专业化的心理健康指导服务。

2014年，志愿团队为金湖实验幼儿园、靖江新港城幼儿园、靖江生祠幼儿园的农村学前留守儿童带去“不一样的暑假”。2015年暑期“三下乡”志愿活动中，志愿者团队以桦墅村社区党总支和西岗中心幼儿园、江心洲幼儿园为依托，开展彩虹伞——关爱农村儿童、倾心文化传递志愿服务活动，并在江心洲幼儿园开展彩虹伞七彩乡村周末志愿服务活动。2016年，彩虹伞乡村儿童致远志愿服务团队继续深入农村，为南京市江心洲洲岛家园幼儿园、南京市浦口永宁中心幼儿园、车站小学（办园点）、南京市溧水区洪蓝中心幼儿园、傅家边村办园点的留守学前儿童及其家长提供专业的支持和帮助，丰富留守学前儿童周末生活，关爱他们的精神世界，让他们享有一个快乐、幸福的童年。

通过在远郊乡村幼儿园里与留守儿童共度周末和暑假，志愿者们关注农村儿童，倾心文化传递，促进儿童情感、智力等的发展，帮助农村儿童家长转变传统落后的儿童观，建立科学的儿童观。与此同时，以点带面辐射周围办园点、周边幼儿园以及社区，让儿童、家长参与活动并促进发展社区文化。2017 年年底，晶桥中心幼儿园创立了南京市第一家乡村留守儿童图书馆，与溧水区图书馆联动投放 2 万余册图画书，供家长和儿童阅读，彩虹伞志愿团队参与指导读书，产生了较大社会影响。

（三）彩虹伞志愿服务的意义

对农村留守儿童的支持行动，大致包括四种，即关爱模式、社会支持模式、自强模式和赋权模式。① 每一种模式有其优势，也存在一定的弊端。彩虹伞志愿服务是在吸收各模式有效经验基础上的一种创新模式。

关爱模式，有较大影响的如“手拉手”“大手拉小手”“蓝信封”等活动，主要是提供心理援助和学习帮助；通过捐赠、建立基金，援建各种支持留守儿童的活动中心；创设留守儿童与父母见面、联络的机会等。这种模式的好处是及时地满足了留守儿童的即时需求，但它是一种自上而下的活动，容易忽略留守儿童真正的需求；仅仅将留守儿童看作被动的受惠者、感恩者，有时会增加留守儿童的脆弱性和对他们的歧视。这种模式容易接受现有不平等的体制和政策，将留守儿童的权利议题看作社会道德的议题。

社会支持模式旨在进行政府动员、企业动员、社区动员和媒体动员，以争取政策改善和相对固定的投入，主要行动包括：建立寄宿制学校；与劳动部门合作增加农民工就近务工机会，“挣钱教子”两不误；对农村学校辅导员、留守单亲母亲等进行培训和能力建设等。

自强模式则鼓励留守儿童勇敢地面对各种挑战，做一个社会认同的、出色的儿童，主要的行动是：表彰自强少年；在学校开展向优秀留守儿童学习的活动；组织留守子女“我能行”俱乐部等。

赋权是国际参与式发展思潮的重要概念。赋权模式认为，发展的核心动力应该来自发展的主体而不是外界的干预，“赋权”就是“使（主体）拥有权利以及拥有使用权利的力量和能力”。具体到留守儿童的项目，就是儿童

① 卜卫．关于农村留守儿童的研究和支持行动模式的分析报告［J］．中国青年研究，2008（6）．

也是积极的行动者，他们应当有自信、有能力参与有关自己的问题的决策。当然，赋权模式不是儿童自己就能完成的模式，它需要广泛的社会认同和有力的支持。

通过以上分析可见，彩虹伞志愿服务在形式上比较类似于关爱模式，然而，其出发点却有所不同。关爱模式行动假设“留守儿童最缺的是亲情”，而彩虹伞志愿服务的一个行动假设是留守儿童缺失的不仅是亲情。他们与非留守儿童、与流动儿童一样，缺乏公平的受教育机会，缺乏良好的社区环境。

基于这种假设，彩虹伞志愿服务主要从教育补偿的角度为留守儿童提供专业支持。彩虹伞志愿服务者主要由学前教育专业的大学生组成。志愿者们的周末陪护、暑期陪护将幼儿园的专业教养进行合理的延续，主要是以彩虹伞游戏作为亲子活动的媒介，组织以下 4 种活动。

一是通过“与幼儿交朋友”，开展特色的艺体、游戏、手工等活动，让幼儿在玩中学，做中学，促进幼儿身体、情感、智力和社会性等多方面的发展。

二是通过“与图书交朋友”等活动，引发幼儿的读书热情，培养幼儿良好的读书习惯。

三是通过“与家长交朋友”，以问卷调查以及访谈形式，了解家长与孩子的互动情况，帮助家长转变传统落后的儿童观，建立科学的儿童观。与弱势特殊家庭进行情感交流，提供帮助与支持，合理疏导家长的负面情绪，为家长与孩子提供一个亲密接触、共同合作的机会，让孩子在展示自己的同时拉近与父母的距离，共同分享快乐。为家长带去科学的育儿知识，引导他们关心孩子的精神状态，有针对性地解决他们的问题。组织家长与孩子进行亲子游戏和亲子阅读活动，让家长能和孩子一起游戏、读书，同时，教给家长与孩子共同活动的技能，促进亲子情感交流。通过假期的专项活动让家长在以后的生活中能够自主组织孩子游戏、读书。

四是通过“与社区、幼儿园交朋友”，以点带面辐射周围办园点、周边幼儿园以及周边社区，吸引幼儿、家长参与活动并促进发展社区文化。

农村留守儿童处境不利，这种不利不仅是家庭结构不完整所带来的亲情缺失，从而导致一定的心理、教育、健康、安全的问题，更在于各种不利结构的交织和可利用资源的匮乏。因此，就需要更多类似彩虹伞志愿服务的探索，为留守儿童提供更多的可供选择和利用的教育资源。

20 世纪 90 年代，以加入联合国《儿童权利公约》为标志，中国开始接受国际社会有关儿童权利的基本原则，并在法律政策、机构设置方面对于保护儿童权利做出了种种有利的制度安排。针对留守儿童问题，2006 年还成立了由国务院农民工工作联席会议办公室、全国妇联等 12 个部门共同组成的农村留守儿童专题工作组等。至于如何实现权利，则是一个既紧迫又持久的问题，且与更广泛、更深层的社会问题关联在一起，任重而道远。

第四节　农村学前教育发展模式的案例分析：贵州铜仁山村幼儿园建设补足“短板”

贵州省铜仁市位于武陵山国家连片扶贫开发地区，所辖 10 个区县中有 7 个贫困县。经调研，截至 2013 年 12 月，铜仁市共有幼儿园 542 所（公办 149 所，民办 393 所），大部分分布在乡镇、社区一级。全市乡镇以下的 2302 个行政村中，19 个村有公立幼儿园（占 0.8%）。972 个小学附设学前班，构成了铜仁市大部分乡村学前教育的主体。而在乡镇一级，在全市 169 个乡镇、街道办事处中，还有 33 个未建公办幼儿园。2014 年年初，针对农村学前教育“短板”，铜仁市委、市政府做出重大决策，在全省率先启动山村幼儿园建设工程，研究出台铜仁市山村幼儿园建设两年行动计划，按照“一村一园、分散设点、就近入园”的原则，用两年时间建设 2005 所山村幼儿园，实现学前教育资源全覆盖，基本普及学前教育，让农村儿童也能接受学前教育，为基本普及 15 年教育奠定坚实基础。

一、规划布局先行

铜仁市处在山区，居民分散，村与村之间距离较远，不适合建设大规模幼儿园，因此按照“一村一园”的原则建设山村幼儿园，制定“五有”办园标准，规定每所幼儿园必须有一间安全教室，有安全卫生厕所，有幼儿室外活动场所，有教学设施设备，有必需生活用品，并经安全验收合格后才能开园办学。在办园场地上，充分利用村级小学闲置校舍、村委会办公楼、民房等作为山村幼儿园园舍，按标准进行维修改造，节约了大量资金。

二、多元方式补充师资队伍

为了解决山村幼儿园的师资难题，铜仁市通过教育部门与团委招募符合幼儿教师条件的志愿者担任幼儿教师，全市共招募志愿者1416人；同时，充分盘活教师资源，对小学优化布局后出现的富余教师进行转岗培训，经考核合格后转岗小学富余教师1254名；向社会招聘保育员1535名，实现了每班“一教一保”的配置。

三、加大政府投入，完善创新投入机制

以政府投入为主，社会捐赠为辅，多渠道保障山村幼儿园经费。除连续3年缩减行政经费5%~6%用于加大财政教育经费投入外，铜仁市整合扶贫项目、社会募集等方面资金，确保了山村幼儿园建设的整体推进。2014年、2015年两年，全市山村幼儿园建设投入财政资金3亿元，平均每园投入资金近15万元（含志愿者每人每月2000元的补助），做到了“建小园，惠大众”。

为吸引家长送孩子入园，山村幼儿园不收保教费，但为保障山村幼儿园正常运转，政府按照每生每年300元的生均公用经费标准给山村幼儿园划拨经费。2016年年初，铜仁市启动国家级学前教育改革与发展实验区工作，拟定了构建政府主导的农村学前教育投入机制实验任务，明确学前教育财政投入比例占教育投入比例不低于5%，保证学前教育发展经费和专项经费，如公办幼儿园建设经费、教师培训经费、普惠性民办园扶持经费、政府购买服务经费等。生均公用经费实施范围从山村幼儿园扩大到乡镇幼儿园，政府购买服务范围从山村幼教志愿者到保育员、食堂工勤人员，再到乡镇公办幼儿园非在编教师。铜仁市一步步提高和扩大农村幼儿园生均经费标准和实施范围，加强幼儿园财务及资产的精细化管理，实现从关注山村幼儿园这个点向

关注整个学前教育事业发展的转变。

四、建立健全管理机制

铜仁在县市增设学前教育管理部门，配备专门的管理人员，建立完善的管理网络。公办幼儿园安装了电子管理系统，全市统一使用了幼儿园学籍管理系统，采集了全市 2640 所幼儿园 13.6 万名儿童的信息，为学前教育决策和发展评估提供了重要的数据支撑。铜仁市出台了山村幼儿园验收方案、常态化督查工作机制和建设管理意见，还完善了幼儿园常规管理制度，如《铜仁市幼儿园一日活动常规》《铜仁市示范幼儿园评估方案》《铜仁市关于去小学化现象专项督查的通知》《铜仁市幼儿园收费管理暂行办法》《铜仁市关于统筹调配区县学校事业编制有关事项的通知》《铜仁市乡村教师队伍建设“三个一”工程实施方案》等一系列文件，在经费保障、师资建设、规范办园、提高质量、安全管理、督导评估等方面做出明确规定，规范各级各类幼儿园的管理。2014 年起，以县为单位建立学前教育共同体，以区县优质幼儿园为龙头，乡镇中心幼儿园为中坚力量，山村幼儿园为基础，组建学前教育集团。集团内做到“一统筹、二交流、三共享、四统一”，即集团内部“统筹协调，园长、教师二交流，办园理念、保教资源、科研成果三共享，保育教育、管理制度、教育科研、质量考核四统一”。目前铜仁市共组建 36 个学前教育集团，覆盖所有乡镇中心园和山村幼儿园，实现“园园有人带，园园有人管”。

五、定向补偿，托底保障

出台资助政策。铜仁市出台了《铜仁市建档立卡贫困户学生兜底资助实施办法》，按照每生每年 600 元的标准对贫困家庭在园儿童入园实行兜底资助，确保家庭经济困难儿童顺利入园。2016—2017 学年，兜底资助学前教育家庭贫困儿童 11373 名，投入资助资金 682.38 万元。

增强膳食营养。神经科学研究显示，营养不良将阻碍儿童大脑发育。为保障入园儿童成长的营养需求，铜仁市从建园初就实施了统一的营养干预，对具备就餐条件的山村幼儿园，统一提供营养餐，对不具备就餐条件的半日制山村幼儿园，每天为每名幼儿免费发放1元钱的营养包（含1个煮鸡蛋）。2016年，按照“政府主导、整体推进、因地制宜”的原则，面向除区（县）的县城所在地街道办事处幼儿园外的所有农村公办幼儿园（含山村幼儿园）就读儿童和经教育行政主管部门批准取得办学许可的农村普惠性民办幼儿园就读儿童，全面实施农村学前教育营养改善计划，做到“园园有食堂，人人吃午餐”（一餐一点）。学前儿童营养餐按照每生每天4元的标准供餐，加上家庭承担部分，达到《托儿所幼儿园卫生保健工作规范》标准，全面提升农村儿童膳食营养水平。目前，铜仁市实施农村学前教育儿童营养餐幼儿园数2189所，受益儿童87508名。

六、“硬软并举”，提高保教质量

提高建园标准。2016年铜仁市启动了山村幼儿园提质升级三年行动计划（2016—2018年），制定《山村幼儿园提质升级办园标准》，逐步推动山村幼儿园向全日制标准化村级幼儿园转型。2017年，投入建设资金4878万元，完成了518所山村幼儿园提质升级工作，每所平均再投入10万元用于改善办园条件，增设了睡房、沙池、水池以及中大型玩教具、区域材料、幼儿图书等，山村幼儿园硬件设施得到较大改善。同时，启动了山村幼儿园教师招考和特岗教师招聘计划，共增加511名幼儿教师，其中幼儿园特岗教师269名，实现“提质园”每园至少增设一名在编在岗专业教师的目标，同时，把保育员、食堂工作人员的工资也纳入财政预算，由政府购买服务。

加强课程建设。树立幼儿园一日活动皆课程的大课程观。遵循儿童成长规律和学习特点，结合实际，制定幼儿园课程实施方案。创设适宜儿童发展的环境，如每班设5~8个游戏区角，每园设作品展示栏、家园联系栏、班级主题墙、户外活动场所等。利用高校资源，结合山村幼儿园混龄编班特点，组织铜仁幼儿师范专科学校专家团队，编制《山村幼儿园混龄班主题活动课程教师指导用书》，引入联合国儿童基金会的爱生课程等，探索和完善山村幼儿园混龄课程。帮助各区（县）对本土资源进行开发，将本地本民族文化、乡土元素、农村地区常见的自然物融入课程，帮助各山村幼儿园形成本土特色和民族内涵，提高山村幼儿园保教质量。

铜仁市建设山村幼儿园的成功实践，对全市学前教育布局调整、全市留守儿童关爱工作的开展和落实，对保障农村儿童教育起点公平问题有着重要的现实意义，对提升贫困地区整体教育水平产生了深远影响。通过几年的努力，铜仁市探索出了一条武陵山贫困地区举办公益普惠学前教育的新路子，形成了“政府主导，社会参与，整合资源，招转并举，集团管理”的山村幼儿园办园经验，达到了“花小钱办大事，建小园惠大众”的预期效果，实现了农村学前教育覆盖率、普及率和儿童发展水平大幅提高，得到了家长和社会的高度认可。

目前，铜仁市农村学前教育资源覆盖率从10%上升到100%，农村学前三年毛入园率从45%升至86%，全市学前三年毛入园率达到93.3%。山村幼儿园建设两年行动计划成功入选“2014年中国全面小康十大民生决策”，继2014年中央电视台《新闻调查》《中国新闻》栏目报道后，2016年，中央电视台《发现中国》《经济半小时》《新闻联播》等栏目也先后进行了报道。2017年，中国发展研究基金会、中国国际发展知识中心、贵州省教育厅共同举办的贫困地区农村学前教育专题研讨会在贵州省召开，铜仁市山村幼儿园作为现场观摩点供国内外参会代表参观，获得好评。

第五节　农村学前教育发展模式的案例分析：江苏经验

一、正视与破解：江苏省农村学前教育发展现状、问题及政策建议

没有中国农村学前教育的发展，就没有中国学前教育真正意义上的发展。当前，办园规模、在园幼儿数、幼儿教师数等基本指标均表明农村学前教育愈来愈成为我国学前教育的重要组成部分。近年来，农村学前教育承载更多的社会职能，尤其是在农村文化相对匮乏的背景下，乡镇中心幼儿园已经成为农村社区重要的文化教育与新农村精神文明宣传的活动中心和资源中心。农村学前教育的发展日渐成为城乡家庭与社会公众的关注焦点。

直面现实，农村学前教育困难重重。目前我国农村学前教育的基本现状是基础薄弱，发展滞后，与城市差距显著。财政投入不足，经费少，大多数农村乡镇中心幼儿园经费自收自支，办园举步维艰。有一项研究对两个贫困县（整村抽样）1536个农村家庭进行调查，发现5.61%的家庭报告当地没有幼儿园或学前托儿机构，农村学前教育管理混乱。[①] 调研发现，某县有民办园143所（个别乡镇民办园多达10多所），取得办园资格的仅有34所；农村幼儿教师待遇差，保障弱，专业结构、年龄结构不合理。近年来城镇化进程加快，农村留守儿童接受学前教育的问题日益凸显。

可喜的是，近年来国家高度关注农村学前教育的发展，农村学前教育面临良好的发展机遇。十七大报告首次在党的最高纲领中明确指出重视学前教育，十七届三中全会进一步强调发展农村学前教育。《国家中长期教育改革和发展规划纲要（2010—2020年）》专章专条指明农村学前教育的战略地位与发展机制，并设立了专门的“推进农村学前教育”国家项目。教育部也召开全国学前教育电视电话会议，提出要把加快发展农村学前教育作为重点。各级政府要把发展农村学前教育作为新农村建设的紧迫任务，纳入公共服务体系，加快乡村幼儿园建设，建立和完善县、乡、村三级学前教育服务网络，使农村适龄儿童能够享有公平的学前教育机会。本部分内容立足于江苏学前教育事业发展的现实需要，呈现现状，分析问题，并提出相关政策建议。以下从概念与方法、结果与分析、讨论与建议三个方面进行阐述。

（一）研究方法和研究对象

1. 研究方法

本研究主要采用问卷调查法和访谈法。在江苏省苏南、苏中以及苏北地区，选择南京、镇江、扬州、泰州、徐州、淮安6个市，每个市随机抽取两个县（区）进行问卷调查，调查对象为各县（区）农村幼儿园园长，内容主要涉及幼儿园基本情况、办园条件、运行机制、教师编制、办园经费、职工待遇等，共发放《江苏省农村学前教育事业发展现状调查问卷》220份，收

① 屈智勇，何欢，张秀兰，等．从企业/社区服务到国家公共服务体系：学前教育的政府责任[J]．北京师范大学学报（社会科学版），2011（6）．

回有效问卷211份，有效率95.9%。此外，我们还对12个县（区）进行了实地调研，召集县乡两级教育行政人员、在编教师和非在编教师、农村幼儿园园长进行了座谈，并有选择地进行了个体深度访谈。

2. 研究对象

（1）农村幼儿园园长（问卷调查）

本研究对江苏省6个市12个县（区）211所农村幼儿园园长进行了问卷调查。从幼儿园类别看，211所农村幼儿园中，乡镇中心幼儿园134所、村办园（班、点）77所（个）。从区域来看，苏南地区52所，占24.6%；苏中地区85所，占40.3%；苏北地区74所，占35.1%。

（2）教育行政人员（座谈和访谈）

本研究对12个县（区）的幼教专干和24个乡镇分管教育的副镇长，针对影响学前教育发展的因素、所在地区学前教育发展面临的问题、教育行政部门应履行哪些责任等问题进行了座谈和访谈。

（3）教师（访谈）

本研究对211所农村幼儿园中的50位教师（包括在编及非在编教师）就职业选择、职业困惑、专业培训等问题进行了深度访谈。

（二）研究结果与分析

1. 非本地户籍在园幼儿情况

当前，在江苏省不少地方，非本地户籍幼儿数量增长迅速，有个别地方非本地户籍幼儿占在园幼儿总数超过半数。3~6岁非本地户籍在园幼儿苏南地区平均为86人，苏中地区为28人，苏北地区为7人。非本地户籍在园幼儿占在园幼儿总数的比例最高的达到54%。因此，地方政府对学前教育财政投入的积极性受到一定程度的影响。他们认为本地的地方财政主要解决当地幼儿的入园需求，不愿或者难以满足非本地户籍幼儿的入园需求。

2. 乡镇中心幼儿园下辖村办园（班、点）情况

（1）村办园稳定性情况

近年来，城镇化进程加快，大量的行政村进行了撤并，传统意义上的村的规模和意蕴有了新的变化。21世纪初，全国范围内不少地方撤并了大量的

小学及其附属的村办园、学前班（点）。此举一方面整合了学前教育资源，但其弊端也逐渐显现，农村幼儿不能就近入园，农村家庭消费学前教育公共服务所花费的时间、精力、安全等成本加大，如校车安全问题日益突出。可以说村办园（班、点）的建设和健康发展直接影响农村学前教育的发展。在211所被调查幼儿园中，有175所幼儿园所辖村办园（班、点）一直开设，没有撤并，曾经开设后被撤并取消、近3年内新开设的有10所，开设3年以上的有6所，分别占82.9%、4.7%和2.8%。这表明，所调查区域村办园未受撤并潮的影响，村办园总体比较稳定。

（2）村办园的主要问题

通过访谈发现，当前村办园面临3个主要问题。

第一，政府财政投入普遍较少，办园经费严重不足。村办园办园经费几乎完全依赖收费。以某幼儿园为例，2010年全园年收取保教费用共计25万元，人员工资支出23万元，剩余2万元还要用于幼儿园办公、园舍设施维修，因此幼儿园运转困难，无力改善办园条件。园长很无奈："我们就这样年复一年，日复一日，就这样熬，就这样撑，没办法啊。"该县类似状况幼儿园有14所。据不完全统计，该县1/3的幼儿园处于负债运行状况，幼儿园负债最高达200万元。

第二，师资建设问题突出。首先表现为师资配备不足。"教师工作量大，保育员负荷也太重，一个人几个班合用，教师主要在管理孩子。能开展游戏和活动的老师真有本事了。"这严重制约了保育和教育的质量。其次表现为专业素质低，合格化程度低。有一个地区仅1/3左右的幼儿教师有教师资格证书，有的地方在教师资格证之外实行了一种合格证制度，只要经过一定期限的培训就可以拿到合格证，有合格证的幼儿教师约70%。再次表现为待遇保障差，导致"没有人愿意去村办班工作，现在招不到人，就招了很多社会上的。一些不是幼教的，只要她愿意来的，大专的，高中的，都可以，有人比没人总是好一些"。最后表现为师资青黄不接，老龄化现象严重。有的地区近10年来基本不吸收公办教师，35周岁以下的公办教师已经寥寥无几。

第三，管理有断层，机制不健全。一方面，乡镇、村（社区）对村办园的发展重视程度不够，甚至在管理上处于"无人问津"的状态。《江苏省政府办公厅关于加快学前教育改革发展的意见》（2010）明确指出，乡镇人民政府、街道办事处承担发展农村和社区学前教育的责任，负责建设并办好区域内公办幼儿园，积极筹措办园经费，努力改善办园条件。实际上，不少地方发展村办园的责任由乡镇中心幼儿园承担，但由于乡镇中心幼儿园自身发展困难重重，难以发挥对全乡（镇）学前教育的示范、辐射和引领作用。在制度设计上，目前乡镇中心园对村办园仅有业务指导的责任，并没有考核管理权，这也削弱了乡镇中心幼儿园对下辖村办园（班、点）的辐射指导能力。

3. 幼儿园校车情况

在所调查的211所幼儿园中，有校车的有42所（占19.9%），没有校车的有169所（占80.1%）。这表明，在被调查幼儿园中配备校车并非是普遍现象，对此应给予高度关注。一方面，配备校车的最主要原因是部分在园幼儿入园距离较远，说明幼儿园布局存在问题。另一方面，这涉及人民群众消费公共服务的能力问题。特里·L. 库珀在论及行政管理与公民权利关系时提出一个观点："在现代工业社会，全面实现公民权利应当包括具有消费公共服务的能力。如果服务是以一种高成本的方式提供，使得公民无法消费得起的话，那么完整的公民权就被剥夺了。"[①] 沃伦和韦施勒明确地称之为"消费成本"，即时间、精力和金钱的增加量必须由公民（消费者）加在公共产品或服务上，以使他们可供消费。若一个人必须步行或驱车几千米才能到达最近的公共汽车站，这种旅途成本必须被加在车票费用上，以使公共汽车服务消费成本精确化。学前教育作为一种无形的公共产品，其目的在于使人民群众能有效消费，普遍受益，校车折射出的时间成本以及潜在的安全隐患成本对人民群众消费学前教育公共服务的能力提出了较大的挑战。为此，《江苏省学前教育改革发展示范区建设督导评估指标》明确规定，"全面实现就近入园，幼儿入园距离远近适宜，家长接送方便"。

4. 园舍建设与安全情况

园舍的安全情况事关幼儿的生命安全，至关重要。如2004年，河南省济源幼儿园房屋坍塌，39名幼儿被压，两名幼儿失去了幼小的生命。我们在研究中发现，从建筑类别来看，所调查的211所幼儿园中，属于幼儿园专用建

① 特里·L. 库珀. 行政伦理学：实现行政责任的途径［M］. 张秀琴，译. 北京：中国人民大学出版社，2001：52-53.

筑的有 170 所（占 80.6%），厂房、居民房等改建的有 8 所（占 3.8%），小学校舍改建的有 33 所（占 15.6%）。从安全标准来看，符合安全标准的有 143 所（占 67.8%），基本符合安全标准的有 56 所（占 26.5%），属于危房的有 10 所（占 4.7%），危房改造中的有 2 所（占 0.9%）。从园舍建成时间来看，3 年以内的有 35 所（占 16.6%），3~10 年的有 64 所（占 30.3%），10 年以上的有 112 所（占 53.1%）。

近年来，江苏省农村学前教育的发展令人瞩目，其中江苏省农村合格园建设工程成效十分明显。2008 年开始，江苏省省财政安排 2 亿元专项经费，调动全省地方政府及社会各方 11.1 亿元资金，启动了江苏省农村合格园建设工程，针对苏中、苏北地区和黄茅老区 56 个县（市、区）的 980 所公办乡镇中心幼儿园的建设，极大地改善了农村学前教育办园条件。在所调查的幼儿园中，园舍情况总体较好，但对于 8 所厂房、居民房等改建幼儿园以及 10 所危房幼儿园应当引起当地政府的高度重视。

5. 专职卫生保健人员配备

调查发现，苏南地区仅 69.2%的农村幼儿园配备专职卫生保健人员，苏中、苏北地区约半数农村幼儿园尚未配备专职卫生保健人员（表 5-2）。与此同时，江苏省教科院幼教与特教研究所 2011 年研究数据显示，在 671 所被调查幼儿园中，有 318 所幼儿园（占调查总数的 47.4%）的卫生保健人员配备不足，共计缺卫生保健人员 949 人。2013 年 1 月教育部下发了《幼儿园教职工配备标准（暂行）》，明确指出幼儿园教职工包括专任教师、保育员、卫生保健人员、行政人员、教辅人员、工勤人员。专职卫生保健人员是幼儿园教职工配备的重要组成部分。2012 年，卫生部印发的《托儿所幼儿园卫生保健工作规范》，要求加强托儿所、幼儿园卫生保健工作。

表 5-2　专职卫生保健人员配备情况

	苏南地区		苏中地区		苏北地区	
	数量（所）	比例（%）	数量（所）	比例（%）	数量（所）	比例（%）
有专职卫生保健人员	36	69.2	45	52.9	30	40.5
无专职卫生保健人员	16	30.8	40	47.1	44	59.5

总体而言，农村地区卫生条件相对较差，幼儿卫生习惯的养成尤为重要，因此农村幼儿园迫切需要按照标准配齐配足专职卫生保健人员，切实提高卫生保健工作质量，培养健康的生活习惯，保障幼儿的身心健康。

6. 登记注册情况

《幼儿园管理条例》第十一条规定："国家实行幼儿园登记注册制度，未经登记注册，任何单位和个人不得举办幼儿园。"登记注册制度是严控办园条件和质量的重要途径，更是底线要求。有一段时期，非注册园在一些地区较为盛行。据统计，某县非注册园（点）占当地幼儿园总数的比例一度高达 63.1%，"天鹅""天使""神童""太阳""金星"① 遍地开花。大量非注册园低投入、低质量，无序竞争，严重制约着幼儿园健康发展。近年来随着各地管理力度加强，大量的非注册园被取缔。在本研究所调查的幼儿园中，206 所幼儿园登记注册，有 5 所幼儿园未登记注册（占 2.4%）。

7. 幼儿园建制情况

调查显示，在 211 所幼儿园中，是独立法人的有 104 所（占 49.3%），附属小学的有 30 所（占 14.2%），是独立法人但无独立财政核算权限的有 31 所（占 14.7%），其他类型的有 46 所（占 21.8%）。从区域来看，苏南、苏中及苏北附属小学的幼儿园分别为 2 所、5 所及 23 所，苏北地区附属小学的幼儿园相对较多。

实践表明，小学办幼儿园陷入了一个"体制性的怪圈"。一方面，小学认为"小学举办幼儿园名不正言不顺，挤占了义务教育经费"；另一方面，幼儿园觉得"幼儿园成了小学的无烟工厂"，小学侵占了幼儿园的经费。幼儿园与牵头领办或创办的中心小学之间在产权、管理权以及所属关系等方面比较模糊，体制不顺，亦不能体现真正意义上的公办性质，长此以往，不利于乡镇中心幼儿园的自主发展。

调查中有教师指出："我也是从小学过来的，校长不懂幼儿教育，觉得为什么要花这笔钱。对幼儿教育有很多误解。他们觉得幼儿园的投入是花小学的钱，不应投入，能节约就节约，每所幼儿园多多少少还是有结余的，但是结余下来的不会投入到幼儿教育中来。不会想去改善环境，教师工资待遇，

① "天鹅""天使""神童""太阳""金星"是指幼儿园的名称。

有些事情你想到了，但很难去实施。幼儿园是小学的小金库，说专款专用是做不到的。”

从总体趋势来看，幼儿园将逐步实现独立建制。2013 年淮安市提出独立办园为该市今后兴办幼儿园的硬性规定，所有新办幼儿园一律实行独立办园，不再交由小学办，条件较为成熟的小学附属幼儿园可先行分割独立，赋予独立法人资格。

8. 师资队伍建设

（1）存在的主要问题

合格的、数量充足的师资队伍是确保学前教育保教质量的重要条件。从全国来看，实现 2020 年基本普及学前教育的目标，将会新增入园儿童 1000 多万名，加之现在幼儿园幼师比过高，均要求增加教师数量。合格教师从哪里来，成了一个重要问题。而长期以来幼儿教师尤其是非在编教师的身份地位、工资待遇等缺乏保障，无疑加剧了解决师资问题的难度。调查发现目前师资队伍存在的主要问题有如下 4 个。

一是编制少。表 5-3 显示，县镇园在编教师占比均低于 40%，农村园在编教师占比普遍低于 30%，其中有的农村幼儿园没有在编教师。值得一提的是，在为数不多的在编教师中，有一部分是小学在编教师。调查发现，苏南地区小学编制教师数量平均不到 0.9 人，幼儿园编制教师数量平均为 4 人；苏中地区分别为 0.6 人和 4 人；苏北地区分别为 4.6 人和 4 人。

二是专业弱。教师资格证能在一定程度上体现教师的专业合格情况。由表 5-3 可见，绝大部分县区教师资格证持证率偏低，村办园教师持证率相对县镇园而言普遍偏低，这表明农村学前教育教师在专业水平上亟待提升。苏中一镇中心幼儿园 42 名专任幼儿教师中，取得幼儿园教师资格证的仅 2 人（占 4.8%），有小学教师资格证的 9 人（占 21.4%）。相对于编制问题，教师资格证持证率显得更为重要，因为这事关保育教育质量。在较短时期内，教师编制不会有明显的扩增，但提升教师资格证持有率是可能的，也是迫在眉睫的。

三是流失多。调查显示，近 3 年，苏南地区平均每所农村幼儿园有 4 名教师流失，苏中地区有 2 名教师流失，苏北地区有 2.5 名教师流失。通过访谈发现，流失的主要原因是工资待遇差。“有幼儿园教师资格证的基本工资才700多元，跟小学老师比，工作量大，待遇差很多，不能维持开销，就去别的地方干了，还轻松一些，工资高一点。”

表5-3　12个县（区）县镇及农村园教师编制及拥有教师资格证情况（2012年）（单位：人）

	县镇园教师数	县镇园在编教师数	县镇园拥有教师资格证教师数	农村园教师数	农村园在编教师数	农村园拥有教师资格证教师数
县1	1011	158 (15.6%)	760 (75.2%)	887	58 (6.5%)	674 (76.0%)
县2	216	11 (5.1%)	76 (35.2%)	147	0 (0%)	49 (33.3%)
县3	577	149 (25.8%)	465 (80.6%)	79	2 (2.5%)	37 (46.8%)
县4	1039	329 (31.7%)	573 (55.1%)	168	45 (26.8%)	79 (47.0%)
县5	672	192 (28.6%)	500 (74.4%)	374	87 (23.3%)	253 (67.6%)
县6	381	48 (12.6%)	248 (65.1%)	310	39 (12.6%)	144 (46.5%)
县7	458	54 (11.8%)	290 (63.3%)	577	1 (0.2%)	242 (41.9%)
县8	280	108 (38.6%)	265 (94.6%)	511	62 (12.1%)	432 (84.5%)
县9	527	169 (32.1%)	252 (47.8%)	1336	236 (17.7%)	493 (36.9%)
县10	792	272 (34.3%)	479 (60.5%)	1604	944 (58.9%)	1094 (68.2%)
县11	575	153 (26.6%)	222 (38.6%)	534	115 (21.5%)	147 (27.5%)
县12	84	20 (23.8%)	84 (100.0%)	148	24 (16.2%)	135 (91.2%)

四是待遇差。我们对乡镇中心幼儿园和村办园（班、点）教师工资收入情况进行了统计。乡镇中心幼儿园平均年工资收入为21954.5元，村办园（班、点）为18968.2元，两者相差2986.3元。其中乡镇中心园最高工资收入为30840.1元，最低为16090元，两者相差14750.1元。村办园（班、点）最高工资收入为23853.3元，最低为16790.4元，两者相差7062.9元。乡镇中心幼儿园、村办园（班、点）内部年工资收入差距较大，乡镇中心幼儿园与村办园（班、点）年工资收入也存在不小的差距。工资待遇的较大差距打击了非在编教师的从教信念和信心。一位23年来一直工作在学前教育一线但迄今为止仍没有编制的农村幼儿园园长的一番话令研究者感动和震动。

“《幼儿园教育指导纲要（试行）》说依法落实幼儿教师地位和待遇，加强幼儿教师队伍建设，是否只是特指公办幼儿教师？是否包括非公办幼儿教师？非公办幼儿教师是否是教师？他们的身份、地位和待遇如何保障？他们为发展学前教育事业做出了巨大贡献。我也是工作了23年的幼儿教师，工作业绩突出，今年这个教师节前后，我收获了人生中最闪亮的一页——中央电视台和市各大媒体的专题报道，使我收获了最宝贵的精神财富。可是当我的同事问到我，你这样拼命工作，究竟是为了什么？在物价不断上涨的今天，你拿那么一点微薄工资还算不算教师？……我心酸但是无言以对，因为在国家和省的文件上找不到相应的解释和答案。如果我们不是教师，那么在幼儿园工作了几十年，把毕生心血和精力都给了孩子，我们不是教师又是什么？只能算是农民工？临时工？如果我们是教师，我们的工资待遇又如何保障？希望党和政府能给我们这些幼儿教师的后半生一点保障，希望能关注我们这些为学前教育事业默默奉献的弱势群体，让幼儿教师也能‘静下心来教书，安下心来育人’。”

因此，如何缩小园际以及园内教师工资差距，逐步实现同工同酬，保持教师队伍稳定性，是当前亟待解决的问题。调查发现，苏南部分地区已经实施提高自聘教师收入方案。

表 5-4　幼儿园自聘教师提高收入情况一览表（单位：元）

<table>
<tr><th colspan="2">项目</th><th>2011 年</th><th>2012 年</th><th>2013 年</th></tr>
<tr><td colspan="2">2010 年人均 30000 元的基础上提高标准</td><td>3000</td><td>6000</td><td>10000</td></tr>
<tr><td colspan="2">具有学前教育专业本科学历</td><td>1000</td><td>1000</td><td>1000</td></tr>
<tr><td colspan="2">取得幼儿园教师资格证</td><td>1000</td><td>1000</td><td>1000</td></tr>
<tr><td rowspan="3">镇级骨干教师</td><td>教坛新秀</td><td>500</td><td>500</td><td>500</td></tr>
<tr><td>教学能手</td><td>600</td><td>600</td><td>600</td></tr>
<tr><td>学科带头人</td><td>1000</td><td>1000</td><td>1000</td></tr>
<tr><td rowspan="3">市级骨干教师</td><td>教坛新秀</td><td>1000</td><td>1000</td><td>1000</td></tr>
<tr><td>教学能手</td><td>2000</td><td>2000</td><td>2000</td></tr>
<tr><td>学科带头人</td><td>4000</td><td>4000</td><td>4000</td></tr>
<tr><td rowspan="3">职称津贴</td><td>初级职称</td><td>1000</td><td>1500</td><td>2000</td></tr>
<tr><td>中级职称</td><td>2000</td><td>3000</td><td>4000</td></tr>
<tr><td>高级职称</td><td>4000</td><td>6000</td><td>8000</td></tr>
<tr><td rowspan="2">考核</td><td>优秀（自聘教师 10%）</td><td>2000</td><td>3000</td><td>4000</td></tr>
<tr><td>良好（自聘教师 20%）</td><td>500</td><td>800</td><td>1000</td></tr>
<tr><td colspan="2">工龄</td><td colspan="3">幼儿园工龄一年 50 元，500 元封顶</td></tr>
</table>

（2）教师的社会保障情况

《江苏省学前教育条例》重视教师工资福利待遇和社会保障，提出："幼儿园应当依法保障保育教育人员的工资福利待遇，足额缴纳各项社会保险费用，县级人民政府和乡镇人民政府、街道办事处可以给予一定比例的补助。"文件提出"足额缴纳各项社会保险费用"，但具体涉及哪些险种没有明确规定。本研究对养老保险、住房公积金、失业保险、工伤保险、医疗保险、生育保险以及意外保险六险一金情况进行了调查。结果显示，有养老保险的教师占 96. 2%，有住房公积金的教师占 36. 5%，有失业保险的教师占 61. 1%，有工伤保险的教师占 53. 6%，有医疗保险的教师占 92. 9%，有生育保险的教师占 49. 8%，有意外保险的教师仅有 0. 9%。

表 5-5　幼儿园教师的社会保障情况

险种	有		无	
	数量（所）	比例（%）	数量（所）	比例（%）
养老保险	203	96.2	8	3.8
住房公积金	77	36.5	134	63.5
失业保险	129	61.1	82	38.9
工伤保险	113	53.6	98	46.4
医疗保险	196	92.9	15	7.1
生育保险	105	49.8	106	50.2
意外保险	2	0.9	209	99.1

9. 办园经费

（1）学前教育财政性投入经费

《江苏省政府办公厅关于加快学前教育改革发展的意见》（2010 年）要求建立县级统筹、县乡（镇、街道）共建的管理机制。县级人民政府负责本行政区域学前教育的规划、布局调整，落实学前教育经费，统筹管理城乡各类学前教育机构。乡镇人民政府、街道办事处承担发展农村和社区学前教育的责任，负责建设并办好区域内公办幼儿园，积极筹措办园经费，努力改善办园条件；加强幼儿园周边环境治理，规范管理区域内各类幼儿园。该文件对县乡两级政府举办和发展学前教育的责任进行了划分。就财政经费投入责任而言，县级政府的责任是落实学前教育经费，乡镇、街道办事处则承担积极筹措办园经费责任。而实际上，县乡两级政府财政投入责任履行状况如何？基于此，本研究从政府建园时投入和后期投入两个方面，来考察县乡两级政府的财政投入情况。

从建园时一次性财政投入看，县乡两级财政投入，以乡镇一级财政投入为主（表 5-6）。从后期县乡两级政府平均财政投入来看，苏南、苏中地区以乡镇一级财政为主，而苏北地区则表现为以县（区）财政投入为主（表 5-7）。总体而言，本研究所涉及的苏南、苏中地区乡镇政府的财政能力比苏北地区要强。以苏南某市（县）政府内部学前教育财政投入情况为例，乡镇政府是投入主体（占总投入的63%），其次是市（县）政府（占比为16%），政府预算外资助占14%，直属部门投入占7%（图5-1）。

表5-6　建园时财政投入情况（单位：万元）

地区	县（区）政府投入	乡镇政府投入
苏南	37.0	171.7
苏中	19.2	118.4
苏北	69.9	87.8

表5-7　后期年平均财政投入情况（单位：万元）

地区	县（区）政府投入	乡镇政府投入
苏南	3.4	15.1
苏中	2.9	9.4
苏北	7.6	2.5

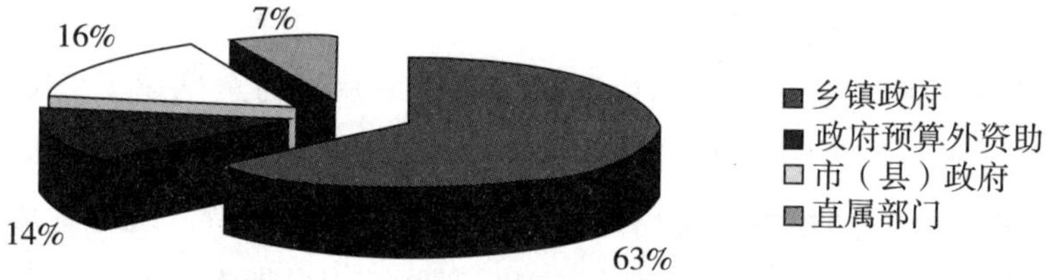

图5-1　苏南某市（县）政府内部投入占比图

由此，值得思考的是，对于农村学前教育财政投入不能“一刀切”，必须根据地方政府的实际情况，分类别、划层次地对县乡两级政府的投入比例进行制度化规定。

（2）幼儿园办园成本

从表5-8、表5-9可见，工资福利支出是幼儿园主要的成本支出项目。换言之，与人员相关的支出是幼儿园办园成本的主要部分。

表5-8　年度平均办园成本（单位：万元）

地区	公务费支出	业务费支出	工资福利支出	社会保障支出	园所修缮支出
苏南	15.73	7.13	68.80	19.25	9.22
苏中	10.56	4.63	43.44	13.37	8.21
苏北	8.35	3.30	29.36	6.02	7.96

表 5-9　不同办园体制幼儿园学前教育经费支出构成表

分类	生均工资福利支出		生均补助支出		生均公用经费支出		生均资本性支出	
	数值(元)	占比(%)	数值(元)	占比(%)	数值(元)	占比(%)	数值(元)	占比(%)
教育部门办	2255.85	55.70	286.01	7.06	786.67	19.42	721.82	17.82
集体办	2443.96	60.53	250.37	6.20	778.08	19.27	565.5	14.00
其他部门办	2760.67	59.29	328.18	7.05	873.17	18.75	694.27	14.91
民办	2169.97	59.47	27.92	0.77	824.32	22.59	626.52	17.17

二、问题讨论与政策建议

近年来，江苏省农村学前教育发展稳定，硬件建设力度较大，园舍建设与安全情况较好。师资队伍建设的突出问题表现为编制少、专业弱、流失多、待遇差，特别是需要加强专职卫生保健人员的配备。幼儿园办园成本中，工资福利支出是幼儿园主要的成本支出项目。总体而言，农村学前教育主要面临政府财政投入普遍较少，师资配备不足、队伍老化、专业素质弱、合格化程度低、待遇保障差，以及管理机制不健全等问题。研究发现，有几个问题值得探讨。

教师编制问题。多数地区在力争逐年新增教师编制以解决农村教师队伍的本源问题，这是一个很好的举措，值得赞同，然而部分地区新增编制限定为应届毕业生，或者没年龄限制。这对于部分教育教学经验丰富的在岗教师而言不公平，易引发新的教师矛盾。建议地方教育行政部门在力争增加教师编制时，关注在岗在职的教师，顾及 35 周岁以上的中青年骨干教师，通过“考编”“进编”，激发各个层次教师的积极性，为幼儿园营造一个保证稳定、促进发展的良好氛围。

编外教师的待遇问题。实行绩效工资后，编制内和编制外教师工资待遇差距进一步拉大，加剧了同工不同酬的矛盾，挫伤了部分骨干教师的工作积极性，影响了教师队伍的稳定性，因此应及时研究制定缩小编制内和编制外教师工资待遇差距的政策和措施。

外来人口子女入园问题。部分地区 3~6 岁非本地户籍儿童数量剧增。这些幼儿是否具有接受学前教育的同等机会，是对地方政府提供公共服务对象公平性问题的一种考验。对此，亟须政府出台相关政策，保障非本地户籍幼儿享有与当地幼儿同样质量的学前教育服务。

幼儿园独立建制的问题。在苏南大部分地区，幼儿园已经实行独立建制。在苏中地区，尤其是苏北地区，仍存在大量的未独立建制的幼儿园，附属于小学。对独立建制的问题，存有一定的争议，但目前来看，在实践中不宜“一刀切”，而要根据当地实际情况分类进行。在特定时期，应当允许诸如小学附属、民办园、村办园（单轨独立班设置）等多种办园形式存在与发展。

针对上述问题，为实现江苏省农村学前教育保基本和有质量的发展，需要从以下几个方面加以改善，切实推进。

第一，明确政府责任，优化公共服务，推动学前教育发展。

辅助性原则认为，愈是在政府结构的下层，愈具有对事务处理的优先权。政府层级越高，越具有辅助性。只要更小的单位能够有效而可靠地完成经济任务，更小的单位就具有优先的自治权。离公民越近的政府越能快速准确识别公民的需求，更有效、更有针对性地向公民提供其所需要的公共服务。世界银行 1997 年的一份报告认为：“最明白无误和最重要的原则是公共物品和服务应当由能够完成支付成本和赢得收益的最低级政府提供。”①

对于作为政府提供的一种公共产品的学前教育而言，也可以用辅助性原则来审视。在制度设计上，应明确各级政府发展学前教育的责任，特别是确定县乡两级政府对农村学前教育的财政投入责任。当前，县乡两级政府具体承担的投入比例仍不清晰。县乡两级政府财政投入应根据各地实际情况调控比例。比如在乡镇财政条件好的地区适当提高乡镇政府财政投入比例，反之应适当提高县级政府财政投入的比例。

第二，合理配置资源，优质均衡发展，促进学前教育公平。

科学利用资源，合理配置资源。发展学前教育，应当坚持公益性和普惠

① 世界银行 . 1997 年世界发展报告：变革世界中的政府［M］. 北京：中国财政经济出版社，1997：121.

性，县级以上地方人民政府应当合理配置教育资源，大力扶持农村学前教育，缩小城乡之间、区域之间、学前教育机构之间保育教育条件和水平的差距，提升学前教育整体办学水平，促进学前教育均衡发展。

值得重视的是，应制度化地规定和增加农村学前教育优质资源的质和量。当前各地恢复、重建、新建村办园力度较大，广大人民群众对学前教育的需求已经从“有园上”逐渐转向“有优质园”上，他们最关心的是村办园能否凝聚优质的教育资源，幼儿能否在村办园享受与乡镇中心园、城市幼儿园同样质量的学前教育。调研发现，有些家长担心保教质量，宁愿花费更多的时间和费用，舍近求远去乡镇中心幼儿园就学，导致村办园空置，乡镇中心幼儿园却超负荷运行。因此，在重视重建、新建村办园的同时，要尊重学前教育发展的基本规律，既要关注硬件建设，又要重视软件保障，既要建园，又要“优”园，关注师资建设，保证保育教育质量。

《国务院关于当前发展学前教育的若干意见》特别指出，必须坚持因地制宜，从实际出发，为幼儿和家长提供方便就近、灵活多样、多种层次的学前教育服务。因此，必须严格遵循每 1 万~1.5 万常住人口建一所幼儿园的布局原则。值得一提的是，当前农村幼儿园布局需科学化、合理化，特别应重点关注与城市、县城交界的乡镇幼儿园建设的布局问题以及偏远地区农村幼儿园的规划布局问题，努力使有限的教育资源得到有效的开发和利用。

第三，健全管理机制，创新管理方式，提升保教质量。

江苏省学前教育改革发展的要求是广覆盖、保基本、有质量。这需要有效的管理机制作保障。在学前教育大发展的背景下，部分地区仍然存在着“管理忽略与缺失”的现象，对此关键在于进行有效的顶层政策设计，真正做到有机构管理，有专人负责，确保乡镇中心幼儿园持续健康发展，村办园基本良性发展。

设立以县为主、县乡共管的管理机制。建立县域农村学前教育两级管理中心，在执行管理职能的同时承担农村学前教育教研、培训与课程资源开发的职能，同时负责与社会各相关部门的协调工作。县级管理中心可以设在托幼工作办公室，或者实验（机关）幼儿园，设立 1~2 个专职，实行专兼职并举的人员配置。

在乡镇建立二级管理中心。中心负责本乡镇农村幼儿园的管理、教研、培训和家庭教育服务与指导工作，同时为村办园提供课程与活动材料资源，由乡镇中心幼儿园的专职副园长或者指导教师负责具体工作（增设编制），也可根据实际工作任务和需要增配巡回指导教师。在规范教育行为的同时，彰显农村自然资源与社会人文资源的地域性文化优势与特质，保证幼儿园保育与教育质量，让与农村幼儿生活最密切的人员达成共同的教育理念，引导家长获得科学的育儿观念与方法，营造科学育儿的氛围，形成教育合力。

第四，加强师资建设，提高福利保障，增强专业能力。

体现倾向性。事业编制与岗位配置优先用于农村教师队伍建设，整体提高幼儿教师素质和专业化水平。《江苏省公办幼儿园机构编制标准（试行）》于 2013 年 3 月颁布，此举是江苏省学前教育事业发展的重要保障性政策，为各地核定公办幼儿园（包括农村中心幼儿园）教职工编制提供政策依据。应着力保证农村幼儿园在编教师的核定与配置，优先配置农村中心幼儿园的教师编制，逐年推进，实现在编教师占比 50%的目标。

强化保障力度。各级政府必须给予一定比例的经费支持。针对新问题，关键是加快落实公办幼儿园编外聘用教师和民办幼儿园工作人员的工资福利待遇，逐步实现同工同酬。工资水平要高于当地企业最低工资标准，并不断提高，其社保经费由幼儿园和个人按比例承担。

完善培训机制。进一步完善农村幼儿教师培训机制。《幼儿园教师专业标准（试行）》进一步强调了对幼儿园教师专业性、专业化的重视。幼儿园教师专业化需要有完善的培训机制为保障，通过强化对教师的专业培训，提升教师专业能力。培训机制包括经费支持、时间保证与培训内容的适切性，提供农村幼儿教师在岗培训的关键保障条件。对此，可以由县、乡镇管理中心统一配置经费与培训经费，实行每 5 年一周期的教师和园长全员培训。应特别关注农村幼儿园教师培训的针对性、适宜性与有效性，因地制宜研制培训内容、时间与形式。

在江苏省大力开展农村城镇化发展的社会进程中，农村学前教育意义尤为重大，不仅关系到 3~6 岁儿童接受机构教育的问题，还对当地的经济发展、家庭文明生活与和谐社区建设等有着积极的推进作用。农村学前教育机构是使幼儿获得基本安全保护、获得受教育权利的重要场所，农村的有质量的学前教育的实现，对改善儿童生存和发展环境有极重要的价值，更关乎社会民生大局。《江苏省学前教育条例》以法律形式明确规定，县级以上地方人民政府应当合理配置教育资源，大力发展农村学前教育，缩小城乡之间、区域之间、学前教育机构之间保育教育条件和水平的差距，提升学前教育整体办学水平，促进学前教育优质、均衡发展。

如何使学前教育事业适应这场深刻的经济和社会变革的需要，找出一条适合农村实际、迅速有效地发展和提高农村学前教育的路径，早日实现学前教育优质、均衡发展，需要教育工作者和全社会协同研究，各级政府应该主动担责，积极担当时代与民生之重任。

三、基于政府责任视角的县域农村学前教育发展个案分析

县级政府是中国行政体制的基层枢纽，是地方政府管理的重要环节，承担着本辖区政治、经济和社会等领域所有的行政管理职能。自 2009 年开始，全国多地试点“省管县”的行政管理体制改革，由“市管县”体制变为“省管县”。省直接将转移支付、财政结算等权限下放到县，逐步实现“扩权强县”，县级政府承上启下的作用越来越明显。就义务教育而言，2001 年 5 月 29 日，《国务院关于基础教育改革与发展的决定》指出，进一步完善农村义务教育管理体制。实行在国务院领导下，由地方政府负责、分级管理、以县为主的体制。学前教育管理体制则是县级统筹、县乡（镇、街道）共建，有条件的地方实行县级统筹、县乡共建、以县为主的管理体制。从县级政府责任来看，县级政府负责本行政区域学前教育的规划、布局调整，落实学前教育经费，统筹管理城乡各类学前教育机构。学前教育三年行动计划就是以县为单位编制的。可以说，县级政府是发展学前教育的重要责任主体。

（一）A 市（县级）学前教育政府责任履行

A 市总面积 999 平方千米，下辖 8 个镇和 1 个现代农业示范园区，175 个行政村，户籍人口 90.5 万人。现有各级各类学校 116 所，其中普通高中 7 所，完全中学 2 所，职业高中 6 所，初中 28 所，小学 33 所，特殊教育学校 1 所，幼儿园 36 所，高校 3 所。另有民办外来人员子女学校 11 所，成人教育

中心校 8 所。全市市镇幼儿园、中心幼儿园省优质园的比例为 86.5%，学前教育三年毛入园率达 100%。2010 年幼儿教师总数为 1670 名，其中在编教师 931 名，占教师总数的 55.75%。2010 年学前财政投入 11000 万元，占教育财政经费的 6.4%。2011 年，学前教育财政投入 17000 万元，占教育财政经费比例增至 8.7%。A 市 1996 年被评为“全国幼儿教育先进市”，2006 年被评为“江苏省幼儿教育先进市”。

1. 重视政策引导

A 市重视政府政策制定责任，充分发挥政策的引导作用。近 10 年来学前教育政策呈现出连续性、稳定性的特点。该市于 1995 年下发了《关于加大教育投入，多渠道筹措教育经费的意见》，规定学前教育发展“三步走”战略：学前三年教育普及率逐步达到 95%以上；1998 年 60%的中心幼儿园建成一类幼儿园标准；到 20 世纪末，所有中心幼儿园都达到一类园标准。现在看来，这 3 个目标已全部实现。2000 年来势凶猛的幼儿园改制风潮之下，该市学前教育没有受到任何影响，全市没有改制一所幼儿园。从一个乡镇中心幼儿园副园长的话语中，我们也能感受到政策稳定对基层学前教育工作者所起到的“稳定军心”的作用。

“2003 年当时我刚刚工作，听说要改制的，听说哪里改制了，但是我们这里很快地，就像一阵风就过去了。我们就没有变过，一直就是这样的，我们都觉得很安心。”

A 市之后相继出台了《关于加快教育发展和改革若干问题的决定》以及有关学前教育改革与发展规划等文件。2011 年制定的文件确立了多元化办园的基本模式，确立了扶持发展民办园、促进师资水平提高等政策。

值得一提的是，稳定性不仅表现为办园体制的稳定，同时还体现在 A 市不采取运动式发展的方式，始终坚持常态化发展，逐步优化。教育局 Z 科长说：“市委市政府对学前教育是有统筹考虑的，各镇发展学前教育，甚至创建，我们从来不搞运动，我们有我们的发展计划。”

2. 优化管理体制

幼小分设，理顺管理体制。1999 年市政府下发《关于同意 YS 镇中心幼儿园等 24 所幼儿园实行单独建制的批复》，实现了幼儿园与小学分设，下放了幼儿园的自主权，理顺了学前教育管理的体制，拓展了幼儿园的发展空间。

目前，全市市镇幼儿园、中心幼儿园全部单独建制，形成了自主发展的局面。

创新办园体制。A 市建立了以公办园为主体、民办园为补充、公办民办并举的办园体制，坚持县级统筹、县乡（镇、街道）共建、各部门分工合作的学前教育发展体制。公办园为主体、民办园为补充是对《国家中长期教育改革和发展规划纲要（2010—2020 年）》以及《国务院关于当前发展学前教育的若干意见》提出的建立政府主导、社会参与、公办民办并举的办园体制在实践层面的具体诠释。目前，全市共有市镇幼儿园、乡镇中心幼儿园 36 所，其中 32 所为公办幼儿园，公办园的比例为 88.9%，形成了以公办幼儿园为主体和以民办幼儿园为补充的多样化、多层次、立体式的学前教育发展格局。

建立工作目标责任制。A 市政府建立学前教育联席会议制度，每年与各镇政府签订教育工作目标责任书，把学前教育作为主要领导任期目标考核的重要内容。市政府督导室在各乡镇进行教育整体督导，学前教育被纳入其中，作为考评乡镇教育工作目标任务达成度的重要依据。

3. 财政投入主导

A 市政府确立了全市统筹规划、教育立项优先的原则，通过财政拨款、开征地方教育附加、社会捐资等多种渠道，完善学前教育投入保障机制，初步形成了以财政支持为主，举办者投资、社会力量投资、幼儿园自筹等为补充的多元投资机制。财政性学前教育经费在同级财政性教育经费中占比逐年提高。2004 年该市财政性学前教育投入占 GDP 的比例为 0.09%，同期全国的比例为0.04%。2005 年全市投入各类教育的财政性教育经费总计为 87649 万元，其中财政性学前教育经费为 5868.2 万元，幼儿园生均财政性经费达 2592.2 元，学前教育经费占教育经费的比例为 6.7%。对幼儿园日常运作经费的不足部分，政府每年下拨公用经费 720 元/生。

（1）政府是幼儿园建园投入的主体

A 市 2005 年前后共新建 16 所幼儿园，其中 9 所政府办园，1 所部门办园，5 所村办园，1 所民办园。各幼儿园建园当年，总计投入 5775.16 万元，其中政府财政投入 5178.69 万元（市级政府投入 684.75 万元，乡镇政府投入 3812.36 万元，直属部门投入 66 万元，政府预算外资助 615.58 万元）；家庭投入（保教费）760.22 万元；企业单位投入 513.5 万元；其他投入 7.5 万元。①

（2）政府是学前教育总投入的主体

2005 年 A 市学前教育总投入 3585.97 万元，其中政府投入 2409.57 万元（市级政府投入 394.63 万元，乡镇政府投入 1515.84 万元，直属部门投入 166 万元，政府预算外资助 333.10 万元）。

可见，政府是建园总投入的主体，是学前教育经费总投入的主体。从政府内部投入责任分配来看，乡镇政府与市县政府的投入比接近 4∶1，乡镇政府是财政投入的主体。

（3）保障财政性投入的总量

5 年中，A 市镇两级财政累计投入新建园舍、维修改造、添置设备等专项经费 3 亿多元，一批镇中心幼儿园正在易地新建中。值得一提的是，“大力投入，也并非是钱多得用不完”，财政压力仍然存在。

“我们镇 46%的财政收入都要投到教育上。所以镇财政的压力非常大，虽然有教育附加，不搞建设还行，但是一搞建设的话，就不够了。政府也蛮累的。我们主要是依托开发区，单独靠我们镇是不行的。”（A 市 YS 镇文教助理）

4. 师资队伍建设有特色

在编教师比例高。A 市在编教师占教师总数的 55.75%。这意味着绝大多数幼儿园不用再为多数教师的工资而犯愁。某镇中心园园长说：“经费我们是不愁的。如果你要我们这些女的、当园长的一天到晚想钱这些东西，是很烦的。”截至 2015 年，该市公办教师比例达 70%以上。

财政保障教师培训。市财政按不低于教师工资总额 2%~2.5%的标准，设立含幼儿教师在内的全市教师培训专用经费，全市幼儿教师合格学历达 100%，高层次学历达 96%以上，本科学历达 45%，园长、教师持证上岗率达 100%。该市健全了市级骨干教师培养制度，建立农村骨干教师评选倾斜机制，成立了骨干教师奖励基金，每年对市级及以上骨干教师、名师给予 1000~8000 元的奖励，尤其是对在农村幼儿园工作的各类骨干教师给予加倍奖励。

“对我们民办教师，镇里面也出台了镇级骨干教师考核标准，每年考一

① 罗嘉君．幼儿教育投资分析——以张家港为个案的研究［D］．南京：南京师范大学，2007：22.

次。我们幼儿园镇级骨干有7个人了，教师节的时候，镇领导会亲自把信封送到你手里。”（A市某镇中心幼儿园教师）

提高自聘教师待遇。A市32所公办幼儿园有自聘教师739人，占教师总数的44.3%，主要分布在镇属幼儿园。在这些自聘教师中，有595人参加了社保，平均缴纳养老保险（集体缴纳部分）为4889元，自聘教师目前的全部年收入（含养老保险）人均为29377元。这与公办教师年平均收入近60000元有着巨大的差距。

“自聘教师的情况比较复杂，有的是镇聘用的，有的是幼儿园聘用的。但这部分老师的能力是很强的，也为学前教育做出了贡献，我们主要领导很重视、关心这个事情。市委市政府分管教育的副书记不止一次大声疾呼要提高自聘教师的待遇。”（A市教育局Z科长）

2011年由市教育局向A市市委提交了《关于提高幼儿园自聘教师收入的建议》，建议以2010年自聘教师年总收入人均30000元为基础，按每年提高10%的标准提高自聘教师收入，用3年时间将自聘教师收入水平每人提高约10000元。在此基础上，根据自聘教师取得本科学历、教师资格证书、骨干教师称号、职称以及工龄和考核情况，确定自聘教师收入水平，按照“多劳多得、优绩优酬”的原则，适当拉开自聘教师之间的收入差距，激励先进，调动教师积极性。此外，全市每年拿出5个指标，为5名师德佳、素质高的自聘教师办理占编不进编手续。正如Z科长所言，“给自聘教师一点儿希望，给他们一个舞台”。

5. 学前教育公共服务均衡优质

同城教育。A市的企业较多，有不少外来务工人员子女。据统计，目前全市共有15000多名外来适龄儿童，面对这些儿童，A市没有区别对待，提出“同城教育”的目标。目前这些儿童100%就近入园，其中在公办幼儿园就读的在2015年达到80%以上。此举显示了政府责任的包容性。

公交专线接送。A市对全市范围内凡家园距离3000米以上的本市籍儿童以及所有外来人员子女上学，由校车接送改为公交专线车接送，市财政每年补贴运营成本650多万元。

人性化规范办园。A市主要通过引导企业、街道社区开办的托幼临时看管点完善条件，规范管理。政府将不符合条件的无证托幼机构的设施设备核价收购后予以取缔，并通过优先推荐再就业、发给一定的生活补助金等方式妥善安置原从业人员。

（二）B市（县级）学前教育政府责任履行

B市面积1477平方千米，总人口145万人，其中常住人口124.65万人，辖20个镇。B市共有幼儿园（含办园点）87所（个），其中省优质幼儿园28所，市优质幼儿园12所。在园幼儿29886名，学前教育三年毛入园率达99%。幼儿教师总数为1429人，其中在编教师240人，占教师总数的16.8%。幼儿教师中大专以上学历达52%，教师资格证持有率达64%。特级教师2人，市学科带头人5人，市骨干教师12人，在编幼儿教师高级职称占所有在编幼儿教师的20%。2010年，B市学前教育财政投入3332万元，财政性学前教育经费占财政性教育总经费的比例为3.4%。2011年学前教育财政投入为7500万元，占比相应增至7%，在编教师增加50名。

1. 强化政府管理责任

（1）回收改制园，加强管理

B市面临幼儿园改制带来的发展困境。改制后该市学前教育雪上加霜，保教质量严重滑坡，群众反响强烈，各种矛盾不断加剧。如何实现学前教育的恢复性发展是困扰该市的主要问题。理顺管理体制是最需要解决的问题。B市根据改制园办园状况，制定了“一园一策”的改制回收方案，进行改制园回收工作，加强对幼儿园的管理。该市教育局W科长说：“我们认为，不管什么园都应接受管理，都要提高质量。”目前B市18所改制的中心园中，已有14所回收为政府办园，有13所乡镇的租赁幼儿园（产权属乡镇政府，但使用权出租给个人办学）已回收为集体办园，公办幼儿园占幼儿园总数的85%，基本形成了政府办园为主导的学前教育发展格局。该市在2010年取缔了22所非注册园，消灭了非注册园现象。

（2）重视办园质量，规范办园

W科长在谈到质量管理时说：“我们牢牢抓住‘教育质量’这一核心，认真履行职责，加强教育行政管理和业务管理，强化保教质量的监管。”2007年，B市教育局两次召开学前教育管理大会，出台了三个规范性指导文件，构建了该市学前教育发展的基本规范。2008年，该市建立了幼儿园管理的八项基本管理制度。“每月随机抽调基层工作人员参与检查，每次抽查其中一项内容，突击检查一天时间结束，然后及时汇总打分、排名，编写督查简报，发放整改意见至各园。”B 市以幼儿园重新注册登记为契机，进一步强化幼儿园管理。通过“一会三查”[①] 的方式，促进了全市各幼儿园基础建设和管理水平的进一步提升。

2. 财政投入增长快

“重视不重视，关键看投入。”确实如此，投入对于学前教育来说至关重要。B 市在学前教育三年行动计划中，提出要进一步强化政府在政策、投入等方面的主导责任，财政性学前教育经费在同级财政性教育经费占比明显提高。

预算建设经费。市、镇（区）两级政府将学前教育建设经费列入预算，新增教育经费优先向学前教育倾斜。在实施原有幼儿园建设“以奖代补”政策的同时，B 市政府又拨出 1300 万元专项用于对幼儿园建设和省优质幼儿园创建实施“以奖代补”。

预算公用经费。建立生均公用经费逐年增长机制，足额及时安排学前教育专项经费。2011 年按生均 200 元/年的标准拨付幼儿园公用经费，2013 年达到小学阶段同等水平，2015 年基本实施了免费学前教育。

3. 汹涌的幼儿园“建设潮”

2007 年，B 市在当地率先召开了改制以来的第一次全市学前教育工作会议。2011 年该市将幼儿园“达标”工程列入了市政府 10 件为民办实事项目，全市掀起幼儿园建设潮。TY 镇等 10 余镇中心幼儿园相继新建落成。YQ 镇 HZ 园等 10 余镇、村幼儿园进行了扩建，GY 镇 5 所幼儿园正在新建之中。据不完全统计，2011 年至 2014 年，B 市累计预算建设投入 2. 42 亿元。

B 市学前教育近几年在当地可谓“风生水起”，其快速发展的背后主要有两个原因。一方面，市政府重视学前教育。政府领导对学前教育重视与否，政府责任意识的强弱，直接影响当地学前教育的发展。

“幼儿园改制后，市政协领导亲自带队，多次调研学前教育发展状况，

---

① 所谓“一会三查”指的是召开会议学习要求，工作组逐园检查，下发整改建议，针对整改建议开展专项督查，以及在重难点镇重点推进。

为学前教育的发展出谋划策。近年来，市人大、政协领导先后进行了 6 次专题调研，深入到镇，深入到幼儿园，零距离地感受学前教育的生存状态。”（B 市教育局 W 科长）

另一方面，“超前谋划”。超前谋划实质上反映出 B 市对政策与机遇的把握能力。“十五”中期以来，B 市明确了政府办园为主导的方向。

“在实施了幼儿园产权制度改革的周边县市区，我市回收改制园的动作最早，力度最大，代价最小，成效最好。我们坚持抓师资队伍建设，尽力挤出中小学编制招录公办幼儿教师，近年招录人数在本地区最多。在‘十一五’末，我们就着手抓幼儿园布点规划，着手推进幼儿园建设。由于前期调研充分，掌握了学前教育的第一手资料，明确了我市学前教育发展的方向，所以在 2010 年年底，我市出台了江苏省第一份学前教育三年行动计划。”（B 市教育局 G 局长）

在新一轮的布局规划中，B 市提出了“减少数量、增加容量、规模适度、满足需要”和“高点定位、提高质量”的布局规划原则。从实际情况来看，新建幼儿园确实体现了高标准、高定位。

4. B 市学前教育政府责任履行中存在的问题

第一，在观念上仍然存在偏差。

“目前还有对学前教育的意义认识不到位的现象，认为学前教育可有可无。甚至有人把学前教育当成‘包袱’，认为只有麻烦无效益。也有人认为，学前教育无须政府投入，自收自支足矣，更有甚者认为学前教育是盈利的工具。事实上，学前教育应是以政府为主导的社会公益事业。”（B 市教育局 G 局长）

第二，学前教育资源仍然不足。近几年来 B 市尽管新建了部分幼儿园，但随着入园幼儿的增加，资源仍相对不足。该市现有在园幼儿 3 万人，600 多个班级，平均每班近 50 名幼儿，属于严重“超载”。B 市政协调研报告显示：“目前我市幼儿园能维持运转，是靠‘超大班额，少用人员，降低工资’等严重违规办园的行为来维持的，存在着极大的安全隐患，也是扼制保教质量提高的瓶颈，老百姓对此反响强烈，信访事件不断增多，已成为社会新的不稳定因素之一。”以 2013 年为例，该市至少应开设班级 1300 多个，但已有资源仅为一半左右。

第三，师资队伍缺口较大。根据每班“两教一保”要求，经测算，目前该市至少需要保教人员4000名，但现仅1800余名。目前，公办幼儿教师占在岗专任教师的比例仅达16.7%。每年招录在编幼儿教师数量相对师资缺口实是杯水车薪。

第四，学前教育经费投入不足。经费问题是制约该市学前教育发展的主要因素，面广量大的农村幼儿园的发展主要依靠乡镇政府承担责任，但乡镇政府认识不统一。

“对学前教育的投入普遍忽视，没有明确的预算，也没有明确的标准。有的镇基建的时候给点，有的甚至还当成‘摇钱树’挤占用点。目前绝大多数幼儿园仅靠微薄的保育费支出一切开支，无奈之下只能靠‘大班额、少人员、低工资、省设备’来维持，但仍入不敷出。每年都有个别幼儿园教师罢课，尤其是义务教育阶段绩效工资实施后，不稳定因素增加。”（B市教育局W科长）

（三）C县学前教育政府责任履行

C县位于江苏省北部，行政区域面积2040.9平方千米，总人口115.1万人，其中非农人口39.6万人，辖13个镇、8个乡，是江苏省面积较大、人口较多的县之一，也是全国农村综合实力百强县之一。C县共有幼儿园385所，其中公办园1所，集体园（产权和使用权均在乡镇政府）142所，租赁园136所，注册民办园51所，非注册民办园55所。全县幼儿园中，能开齐大、中、小3个班的成型园有256所，开不齐大、中、小3个班的办班点有129个。乡镇中心幼儿园22所，其中仍属集体性质的幼儿园有12所，原为集体园后被租赁的有8所，被买断的有2所。全县学前3年适龄幼儿43454名，在园幼儿40564名，学前教育三年入园率约为93.3%。全县共有幼儿教师1930名，在编教师89名（占教师总数的4.6%），在非注册园任教的教师有121名。

1. 政府管理责任的失落与艰难重拾

对C县而言，幼儿园改制的经历不能不谈。C县县政府把发展学前教育的责任推卸给乡镇政府，乡镇政府财力拮据，又将发展学前教育的责任转嫁给市场。责任层层推卸，政府作为责任主体悄然隐匿。

（1）政府管理责任的失落

C县改制带来了一系列的问题。该县于2005年将幼儿园交给乡镇政府管理，“由于乡镇政府认识上的偏差以及管理经验和财力上的不足”，导致幼儿园管理混乱，教师队伍不稳定，办园质量下滑等问题。

“许多乡镇政府没有把幼儿教育当成自己的事来抓，有的把幼儿教育当成负担，甚至有的乡镇非但不对学前教育进行投入，反而将幼儿园当成乡镇政府的摇钱树。有的将集体园一租（售）了之，租（售）款挪作他用，有的地方克扣幼儿园所收的学生管理费，导致经费严重短缺。”（C县教育局Y局长）

（2）政府管理责任的重拾

在这种背景下，学前教育的生存岌岌可危，更勿谈发展。为此，C县政府责成教育行政部门进行了广泛调研，召开常务工作会议，专门研究学前教育工作。县政府提出要坚持“以政府办园为主”，要求限期回收已被租（售）的集体园。全县基本上完成了学前教育管理体制的转换。42所已经被租赁的集体园被成功回收，15所非注册园被取缔，13所条件较差的民办园被取消了办园许可证。

C县政府开始关注全县幼儿园的均衡发展及办园质量，采取强弱联合，以强带弱的方式，进行幼儿园帮扶。帮扶在很大程度上挖掘了县幼儿园①的示范性和引领性作用。该县在2008年4月，成立了以县幼儿园为龙头，以乡镇中心幼儿园为骨干的C县幼儿教育集团。县幼儿园负责指导集团内幼儿园的业务，帮助改善办园条件，指导幼儿园的管理，派出两名中层骨干分别到两个乡镇担任中心幼儿园园长。此外，县幼儿园还对这两所乡镇中心幼儿园进行了资金和物质上的扶持。

2. 师资规范挑战大

师资队伍素质较低一直制约C县学前教育的发展。该县对教师队伍进行了整顿，对缺编教师进行公开招聘，辞退不合格的幼儿教师；立足县情强化幼儿教师业务培训，借助县职教中心对幼儿教师专业技能进行轮训。

但C县师资问题仍非常突出，师资队伍建设面临严重的挑战。第一，师

---

① 所谓“县幼儿园”，就是该县实验幼儿园。该园公办教师比例相对较高，并有一定的财政扶持。

资短缺现象严重。2012 年，C 县在园幼儿 40564 名，1241 个教学班，按照《江苏省幼儿园设置基本条件》规定，应配备保教人员 3000 名左右，而幼儿教师仅 1930 名，教师缺口约 1000 名。第二，幼儿教师学历低，专业水平不高，年龄结构偏老化。全县 1930 名教师中，在编教师只占 4.6%；有幼儿园教师资格证的仅占全县幼儿教师总数的 26%，有幼师专业合格证（在特定时期，部分地区为加强对师资队伍管理和建设，对幼儿教师分为三类：持幼儿园教师资格证、持其他教师合格证、未持合格证）的仅占 38.4%；大专及以上学历占 12%，高中及以下学历占 88%。40 周岁以上幼儿教师占教师总数的 36.1%。第三，幼儿教师待遇低，教师队伍不稳定。据 2010 年统计，非在编教师平均年收入不足 5000 元。已经办理养老保险的教师仅占全县幼儿教师总数的 25%。

值得一提的是，C 县在第一期学前三年行动计划中对师资队伍建设进行了规划，2013 年的在编教师人数比 2010 年增加 135 人，增幅达到 151%。由此可见该县对幼儿教师队伍建设的决心和力度。

3. 经费不足，财政投入责任缺位

财政投入基础弱。C 县 2010 年学前教育财政投入为 30 万元，仅占该县教育财政投入的 2‰。2011 年计划财政投入增至 2295 万元，占教育经费的比例为 2.4%。幼儿园基本上是自收自支。因为收费标准低，90%以上的幼儿园所收费用仅够教师工资发放和幼儿园正常办公，无法改善办园条件。

回收、新建园经费缺口大。2005 年前后该县租（售）幼儿园共 136 所，当时原始租金达 562 万元，其中 416 万元归乡镇政府或村所有。在回收过程中，由于租售幼儿园园主要价过高，回收资金又无着落，导致回收进展缓慢。H 科长透露：“至今为止，全县还有 7 个乡镇的中心园、13 个乡镇的部分村园没有回收到位。”按照 C 县的规划，以一所完全小学配一所成型园来安排幼儿园的布局。全县计划用 3 年的时间建设 106 所成型园，总计需要投入资金 4000 万元。县政府出台文件，将幼儿园的建设任务交给乡镇政府，县政府采取以奖代补的方式给予资金支持。2009 年该县完成 23 个合格园的建设任务，共投入 738 万元。但据了解，这些经费几乎都由幼儿园所在中心小学筹措。

4. 非注册园盛行，布局规划弱

C县自然村较多，村与村距离较远，幼儿园布点多，规模小，办园效益不高。全县385所幼儿园中，办班点就有129个。许多办班点只有一个混合班，配备一名教师，组织教学十分困难。县城规模不断扩大，人口不断扩张，而优质学前资源严重短缺。C县县城公办园较少，布点不科学，致使有的民办园虽然办园条件差，但因其所处的位置较好而生源火爆。对此，C县进行了新的布局规划，计划建设106所幼儿园，分3年完成建设任务，对不符合规划的幼儿园分3年进行撤并，但实施难度很大，主要原因是：一方面建设资金严重不足，资金筹措困难；另一方面幼儿入园交通问题无法妥善解决。

非注册园在C县比较普遍，这在一定程度上意味着政府管理责任及规划布局责任缺位。2009年C县召开了学前教育工作会议，重点是整治非法私办园。由各乡镇政府牵头，多部门联合，对非注册园开展了为期一个月的集中整治活动，但这种运动式的集中整顿收效甚微。

“为了做好非法私办园的取缔工作，教育局也与相关乡镇政府协商、协作，但效果不好，进展不大，有的镇领导、教育干事不支持，隐瞒、包庇非法私办园。”（C县教育局Y局长）

研究者在访谈过程中发现，非注册园取缔难主要有以下四个原因：①取缔操作过程缺少明确的法律支撑；②非注册园得到了部分家长的支持；③个别非法私办园园主多次到上级有关部门无理上访，影响了地方稳定，政府对取缔有所顾虑；④部分非注册园主办者原本是集体园的教师，因集体园被租（售）而被迫下岗。

（四）对三个个案政府责任履行现状的分析

1. 三个个案政府责任履行的共同之处

（1）政府重视程度逐步加强

A市一贯重视学前教育，面对改制风潮没有跟风，近年来学前教育投入总量不断增加，市委市政府主要领导关心非在编教师同工同酬问题。B市在经济发展顺利完成“跨江争八强”任务的同时，将学前教育工作作为“五大工作”之首予以强势推进。市人大、市政协领导亲自带队，多次调研学前教育发展状况。C 县近两年来逐步重视学前教育，县政府召开两次常务工作会议，专门研究学前教育工作，提出要坚持以政府办园为主，要求限期回收已被租（售）的集体园。

（2）政府责任得到强化

管理责任逐渐得到关注。A 市早在 1999 年就实施“幼小分离”，理顺了学前教育管理体制，促进了幼儿园自主发展的能力。近两年来，A 市又着手在巩固公办园为主体的基础上创新办园体制，实现优质多元发展。采用与各乡镇政府签订责任状的形式，强化对乡镇政府发展学前教育责任的监督。B 市经历过改制，政府管理责任一度缺位，但 B 市的观念转变较快，及时调整办园体制，加强对学前教育的管理。积极回收改制园，以教育质量为核心规范办园、优质办园。C 县由于改制较为彻底，政府管理责任长期缺位，学前教育管理较混乱，近两年来明确教育部门管理学前教育的责任。政府通过回收改制园、取缔非注册园等方式重拾管理责任，采用强弱联合、结对帮扶的形式提升全县学前教育质量。

布局规划责任受到重视。A 市在 1995 年就关注幼儿园布局规划，一方面侧重办园体制，形成了以公办幼儿园为主体的办园格局；另一方面重视新建园的规划布局，2005 年以来陆续新建了 16 所乡镇中心幼儿园。督促民办外来人员子女学校附设幼儿园规范达标（A 市提出“农村合格园的比例 2012 年达到 50%以上，2013 年达到 100%”）。B 市自 2007 年以来，“学前教育基础工程建设得到前所未有的推进”，分别新建、改扩建了 20 多所乡镇中心幼儿园和村办园，5 个乡镇中心幼儿园正在新建之中，农村学前教育的布局规划得到优化。C 县布局规划由于历史欠账较多，面临的挑战较大，近些年来主要针对农村以及县城非注册幼儿园进行了整顿。该县新一轮布局规划计划建设 106 所幼儿园，对不符合规划的幼儿园逐步撤并。

财政投入责任力度加大。A 市政府积极履行财政投入责任，不论在建园投入，还是从政府、社会及家庭成本分担看，政府都是经费投入的主体。B 市自 2010 年以来财政投入力度较为明显，尤其是在幼儿园建设上投入巨大。C 县 2010 年以前财政投入严重不足，计划有较大增长幅度。

师资建设责任渐趋强化。A 市在编教师比例较高，师资队伍比较稳定。有财政保障教师定期专业培训，并逐步提高自聘教师待遇，学前教育开始向内涵发展迈进。B 市 2007—2012 年在编教师从 162 名增加到 239 名，在 2012 年前对全市幼儿园教师和园长进行一轮全员培训。C 县在编教师比例较低，教师队伍素质参差不齐，通过公开招聘优秀教师、辞退不合格教师等方式规范师资队伍。2013 年在编教师增加 135 人，增幅达 151%。

（3）政府责任重心偏向乡镇政府

从三个个案总体情况来看，政府责任履行重心均偏向乡镇政府。从 A 市 2005 年学前教育总投入来看，乡镇政府投入占政府投入的比重为 63%。在 C 县，乡镇政府一直是学前教育政府责任承担的实际主体。幼儿园改制把政府责任直接转嫁给乡镇政府，现在新建幼儿园的投入大部分均由乡镇政府或中心小学承担。责任重心偏低是一个较为普遍的现象，如何合理分配县、乡镇两级政府的责任是政府责任有效履行亟待解决的一个问题。

（4）教育资源不同程度缺乏，尤其是师资缺口大

学前教育资源不足是三个个案面临的共同问题。在 A 市，外来适龄儿童已达 15000 多名，现有资源已经远远不能满足入园需求，存在班额超标的现象。B 市园舍和教师资源均不足，园舍问题可以通过短期兴建解决，但教师缺口问题异常棘手。C 县的资源问题更为突出。该县师资基础薄弱，教师学历低，专业水平不高，师资青黄不接。仅当前教师缺口就近 1000 名，而且师资补充渠道不通畅。此外，C 县规范化的幼儿园数量也不足。

2. 三个个案政府责任履行的不同之处

（1）面对改制和“改改制”的态度和行为的差别

面对幼儿园改制，三个个案的态度和行为存在差别。A 市态度是不改制，反而加大了对学前教育的投入，结果是其学前教育在一片改制乱象中稳定发展，对于他们而言不存在“改改制”。① B 市进行了改制，不少幼儿园以或卖或租的形式进入市场，但面对“二次改制”，B 市“华丽转身”，改制园

---

① 特别值得一提的是，在访谈中，A 市教育局 Z 科长不止一次提到，在改制风潮下，南京师范大学学前教育专家提出的坚持办园体制不动摇的建议在政府决策过程中也起到了很大的作用。研究者联想到罗姆泽克和杜布妮提出的四种政府责任类型：官僚责任（规则、命令以及监督等方面）、法律责任（“立法者”与“执行者”）、专业责任（管理者尊重专家的意见）和政治责任（特点是“回应”）。A 市在办园体制抉择关头，尊重并接纳了专家的意见，有效履行了政府专业责任，同时也体现了专家及专业力量在政府决策中的作用。

回收比较顺利，其学前教育发展态势在全省范围内颇有影响。C 县改制非常彻底，包袱甩得很快，责任履行非常困难。面对“改改制”，C 县政府也非常重视，但由于“改制太狠”造成“底子太薄”，以致目前学前教育发展步履蹒跚。

（2）不同的政府履责类型

基于上述三个县域农村学前教育发展的实际情况，研究者将三个个案政府责任履行状况分为三种类型。A 市为持续性良性履责类型，政策制定体现连续性，财政投入稳定，学前教育发展呈现出持续、稳定、健康的势头。B 市为间断性跃动履责类型，不论是改制还是“改改制”，反应都比较快，“改”得快，“收”得也快。当下，B 市正掀起一股“建设潮”，建成或正在新建一批高定位、高标准的幼儿园，学前教育发展“声势浩大”。C 县为挫折性艰难履责类型。C 县由于改制“太猛”，学前教育基础较薄弱，累积的问题和困难最多，事业发展比较艰难。

（3）当前政府责任履行各有重点

A 市的办园体制、教师结构、财政投入基本实现“三公为主”。该市政府责任履行的重点为两个方面：一是如何实现“政府主导，优质多元发展”，即在保证政府主导的前提下，使社会力量办园优质发展；二是如何化解“同城教育”与资源有限之间的矛盾。该市外来人口不断增长，怎样让这部分适龄儿童享受同城同等教育，这是对 A 市政府责任履行的重大考验。

B 市政府责任履行的重点是如何处理大规模硬件建设与师资培养内涵发展之间的矛盾。该市投入大量的经费用于新建高标准、大容量的幼儿园，而在编教师比例低、师资缺口大等问题逐渐显现，这也是对 B 市政府责任履行的一大挑战。

C 县政府责任履行的重点主要在于破解以下几个问题：改制回收，解决经费从哪里来的问题；规范办园，妥善处理非注册园；理顺体制，解决小学办园问题；落实经费，保障财政投入；补充教师，解决师资补充渠道不畅、师资待遇偏低问题。

四、农村学前教育发展模式的案例分析：江苏句容市“后发先至”跨越式发展的经验与思考

（一）句容市学前教育事业发展核心举措

句容市下辖8个镇、2个街道、2个管委会。目前全市共有幼儿园46所，有3个班以上的幼儿园42所，村办幼儿班（点）3个，非成型民办园1所，其中城区16所（公办园11所，民办园5所），农村30所，达到每1.35万常住人口配建一所幼儿园要求；江苏省优质幼儿园29所，占比达63%；在园幼儿13382人（托班55人，户籍外2050人），学前三年毛入园率达113%（含外来务工人员子女），户籍内学前三年毛入园率达96%，91%的适龄幼儿在公办园就读，84%的适龄幼儿在优质园就读。全市现有专任幼儿教师785人（公办幼儿园703人），其中在编241人，占比达30.7%（公办幼儿园公办幼儿教师占比达34.3%）；非在编幼儿教师544人，占比达69.3%；公办幼儿园人事代理教师387人，财政供养教师占比达89.3%。可以说，句容市近几年学前教育事业实现了跨越式发展，该市学前教育事业发展的核心举措有以下几个方面。

1. 发展战略上重视：优先发展农村学前教育

句容市把发展学前教育作为社会主义新农村建设的重要内容，将幼儿园作为新农村公共服务设施，统一规划，优先建设，加快发展。市政府除了建立学前教育联席会议制度，还形成了市领导联系幼儿园的制度，特别是对发展农村学前教育多次召开协调会议，统筹资源，在《镇江市农村幼儿园办园点标准》的基础上，出台《句容市农村幼儿园办园点标准》等农村学前教育专项文件和政策。同时，优化农村混龄班教育资源和管理模式，积极尝试农村混龄班管理体制改革，制定《句容市农村混龄班管理体制改革实施意见》，中心园与分园（教学点）实行人员、教学、经费、设施等统一管理。值得一提的是，该市明确市财政与镇财政共同分担的财政投入机制，按生均公用经费2倍的标准核拨村办教学点的公用经费，确保每个农村办园点有1名编制

内教师。

2. 财政投入制度化：学前教育改革发展投入保障到位

充足的经费是学前教育事业持续健康发展的关键，其中财政性投入又是经费的重要保障。该市坚持学前教育经费财政性投入为主，市财政性学前教育经费在财政性教育经费中占比逐年稳步提升，由 2012 年的 2775 万元增加到 2016 年的 8500 万元，占比由 3.3%增加到 6.4%。2014 年学前教育经费总支出 9124 万元，其中财政性经费支出 5400.3 万元，占学前教育经费支出的 59.2%；2015 年学前教育经费支出 11727 万元，其中财政性经费支出 7565 万元，占学前教育经费支出的 64.5%。

幼儿园办园经费主要有幼儿园建设费、幼儿生均公用经费、幼儿园教师工资三大块。第一，幼儿园建设费全部由市、乡镇两级财政统筹支出。“十二五”期间，共投入 4.6 亿元新建 23 所幼儿园、改扩建 6 所幼儿园，区域内幼儿园人口覆盖率由 1.5 万人减少到 1.35 万人。需要指出的是，其中各级乡镇政府共投入 4 亿多元，完成了 18 所农村乡镇中心园、村办园的新建和改扩建。同时各乡镇每年还会划拨一定的经费，用于解决薄弱幼儿园的条件改善及师资培训。所有乡镇、街道、管委会均有 1 所以上省级优质园，其中 7 个镇和 2 个街道有 2 所以上省级优质园。特别是该市将偏远农村地区幼儿园的建设作为重中之重来抓，近年来先后对 5 所村办园进行了新建、改扩建。2017 年对现有 3 个村办园进行新建，彻底改善村办园条件。对有条件的乡镇，全部由乡镇解决幼儿园建设及发展经费，对于薄弱乡镇的幼儿园则给予一定的经费补助和奖励。第二，幼儿生均公用经费按时足额到位。学前教育生均公用经费大幅度提升，由 2011 年的生均 100 元增至 2016 年的 390 元，达到小学生均公用经费的一半以上。第三，幼儿园教师工资得到保障，并逐步提高。公办幼儿园在编教师、人事代理教师工资由财政统筹支出，极大地减轻了幼儿园的负担，让幼儿园有更多的财力来配足“两教一保”。此外，该市有两个乡镇由乡镇财政出资解决了保育员的工资待遇，进一步卸去了幼儿园办园经费负担，幼儿园得以将更多精力用于提升教师专业发展和保教质量。需要特别指出的是，2014 年保教费收费 3556 万元，2015 年收入 3992 万元，保教收费均作为幼儿园非税收收入入账，未发生以保教费等收费冲抵财政拨款现象。

3. 消除城乡差距，确保底线优质均衡：扩大农村学前教育优质资源

该市根据全市人口分布情况，合理制定并及时调整幼儿园布局规划，确立了“保留偏远村园、扩建人口密集中心园、重建城区优质园”的布局调整方向，特别是保留偏远村园（班、点），减少了老百姓入园的时间成本，确保偏远地区的幼儿也能享受优质学前教育资源。2011—2016 年，该市按省优标准新建了 23 所幼儿园，省级优质园比例由 2011 年的 65.7%增加到 2016 年的 70%，并率先在镇江地区成功创建 4 所村级省优质园，城区和农村优质幼儿园比例分别达 46.7%和 81.5%。

4. 实行人事代理制度：学前教育发展保障逐步增强

该市将幼儿园教师招聘与培养纳入中小学教师统一规划，逐年增加公办幼儿教师编制数量。积极采取小学转岗、实施幼儿教师人事代理制度、每年给予一定的编制等措施，不断充实学前教育师资力量。2011 年起，全市共补增公办在编幼儿教师 111 名，新招聘人事代理教师 57 名，有效地缓解了幼儿教师的短缺问题。值得一提的是，为切实改善和保障非在编教师待遇，该市为所有公办幼儿园符合条件的 387 名非事业编制教师办理了人事代理，明确了 2015 年以后招聘的非事业编制教师一律实行人事代理。人事代理教师工资待遇（工资及“五险一金”）全部纳入事业编制进行核拨，由财政供养。该市制定了《2015—2018 年句容市教育系统幼儿园非事业编制人员工资指导意见》，确立了非事业编制教师待遇提高机制——至 2018 年，非事业编制教师工资不低于在编教师的 60%～70%。

（二）句容市学前教育发展分析

句容市学前教育特别是农村学前教育得到快速发展，得益于上述具体措施的有效落实。如何看待这些政策和举措？美国哥伦比亚大学霍夫斯和赫尔本提出评量学前教育质量有三个维度：条件质量、过程质量与劳动环境质量。我们可以换一个角度思考，实际上学前教育实现有质量的发展，必须要提升条件保障能力（师资队伍专业水平、稳定持续的财政投入等），优化教师的劳动环境（教师队伍的稳定性、教师工资待遇的优越性等），提高学前教育保育与教育的过程质量（教师实际的专业能力，比如课程实施能力、与幼儿

积极有效互动的能力等）。

1. 增强条件保障水平：政府有效履行财政投入责任

《国务院关于当前发展学前教育的若干意见》指出："多种渠道加大学前教育投入。各级政府要将学前教育经费列入财政预算。新增教育经费要向学前教育倾斜。"学前教育作为一项重要的国民教育事业具有公益性的特质，这决定了政府必然要承担起主要的投入责任，政府财政投入责任是重要的保障性责任。没有基本的、稳定的投入保障，就不可能有学前教育事业稳定、长效的发展。

我国学前教育财政投入严重不足，缺乏事业发展的基本经费保障。首先，在全国教育经费总量中，学前教育经费所占的比例过小。其次，长期以来中央财政没有专项经费用于学前教育。各省、市、县也少有或没有学前教育专项经费。多年来的实践证明，财政性学前教育经费的不足、不稳定、不制度化，严重制约了学前教育特别是农村学前教育的发展。句容市恰恰在财政性学前教育经费投入方面切实有效地履行了政府责任。学前教育财政性经费投入由 2012 年的 2775 万元增加到 2016 年的 8500 万元，占财政性教育经费比例由 3. 3%增加到 6. 4%，还投入 4500 万元实施学前教育装备达标升级工程。特别是对于幼儿园收取的保教费用不占用、不挪用，全部用于幼儿园内涵发展与非人事代理和非在编教师的工资待遇。需要指出的是，全市实行降低保教费等办法，按平均标准 320 元执行，较好地保障了区域内人民群众享受普惠优质学前教育的权利。

2. 优化教师劳动环境：教师待遇得到制度化保障

教师是提升学前教育质量的关键，而稳定的、有竞争力的工资待遇又是吸引和稳定优秀的、专业的师资的重要保障。句容市现有专任幼儿教师 785 人（公办幼儿园 703 人），其中在编幼儿教师 241 人，占比达 30. 7%（其中公办幼儿园在编幼儿教师占比达 34. 3%）；非在编幼儿教师 544 人，占比达 69. 3%；公办幼儿园人事代理教师 387 人，财政供养教师占比达 89. 3%。这说明绝大多数教师特别是非在编教师的工资待遇得到了制度化的保障，并能逐步增长，不断缩小与在编教师工资待遇的差距。我们在调研访谈中发现，非在编教师对于人事代理制度比较满意，正如他们所说，"人事代理制度的实行使我们每个月都能准时拿到工资，而且比未实行前每月将近增加了 1000

多元，最重要的是我们看到了希望，信心增强，后顾之忧减少了”。

3. 注重内涵建设与发展：教师专业水平不断提高

只有具备一定专业能力和专业水平的教师才能在课程实施过程中实现与幼儿的有效互动，才能真正提升保教质量，促进区域学前教育内涵提升。句容市在提升教师专业能力方面有一系列的举措，比如：大力提升教师学历，目前专任教师中专科学历达 96%，本科以上学历达 50.7%，持证率达到 90.9%；积极促进教师专业发展，出台了《句容市幼儿教师素质提升培训计划》，有效利用省级、市级课程游戏化项目、市级“指南”实验园项目等教师专业发展平台，促进教师的专业能力提升。目前全市学前教育共有市级以上中青年骨干教师 64 人，并计划在“十三五”期间重点强化学前教育骨干教师队伍和学科领军人才建设。2016 年全面完成省乡村教师委托培养计划、市编办下发的 20 名乡村教师委培计划，推选的 20 名委培对象均已被高等院校录取，增强了内涵发展的后劲。在教师专业能力和水平不断提升的前提下，该市涌现出了一批有质量、有特点、有区域影响力的园本课程。

当然，在看到该市学前教育发展取得巨大发展的同时，在系统梳理该市有效经验的同时，我们也清醒地看到可能影响其后续发展的诸多因素，这些潜在的、可能的挑战因素只能通过整个政府的统筹、系统的制度设计、有效的实践创新才能得以消除，使得该市学前教育持续健康发展。

第一，如何积极应对城镇化背景下“新三元结构”的挑战？

新型城镇化是我国改革开放以来涉及人口最多、范围最广、内涵最为深刻的一次重大变革。当前，随着我国城镇化进程的加快，传统的城乡二元结构的社会格局正在逐步消弭，逐渐形成的是城、乡、城乡接合部以及由“市民、村民、移民”组成的“新三元结构”。而处于城市与农村之间的城乡接合部，是新型城镇化建设的关键区域。特别是在传统上就是社会管理难点的城乡接合部，越发成为社会转型期多重矛盾交织的易燃地带。[①] 如何破解矛盾，解决问题，加强城乡融合，成为实现新型城镇化的当务之急，对于区域学前教育发展而言也是当务之急。如何及时有效应对这一挑战直接关系到该市在新阶段学前教育是否能够得以健康发展。这就需要该市在资源配置、布

① 刘苗卉，李芮，詹奕嘉，等．新三元结构困扰城乡接合部［J］．瞭望，2014（10）．

局规划、课程设计等方面及时进行创新性的政策设计。

第二，如何实现在保障财政投入制度化的基础上优化投入结构？

我们看到该市近几年财政投入巨大，主要用于新建、改扩建农村幼儿园，因此值得我们思考的是，在幼儿园增量提升的基础上，如何实现制度化的财政投入以有利于学前教育的整体发展？我们认为，在财政投入上要从以下三个方面优化：一是保障“基础性投入”，重点为保障公办学前教育资源的数量稳步发展，质量稳定提升；二是注重“激励性投入”，重在激发不同性质和类型幼儿园的举办者更主动为民众提供普惠且有质量的学前教育服务的积极性；三是关注“倾斜性投入”，以保障财政经费向学前教育事业发展的薄弱环节、薄弱领域分配，确保学前教育事业发展的底线均衡。[①] 在财政投入结构上体现上述三个方面，有助于更好地实现扩大资源总量，激发各方积极性，有效体现底线优质均衡。

第三，如何构建体现区域特点的农村学前教育公共服务体系？

该市应从制度设计、制度供给、制度运行以及产出效益等维度系统梳理有效发展学前教育特别是农村学前教育的经验，并重点围绕区域学前教育发展价值理念、系统的组织制度以及创新性服务实践三个主要方面，率先高位构建符合区域实际、体现区域特点的农村学前教育公共服务体系。只有这样，区域农村学前教育才能在一系列制度网络关系中，在政府整体统筹保障中，在以政府为主的社会多方力量和资源整合中，健康、稳定、持续发展，更好地造福儿童。

① 庞丽娟．打破学前教育公办、民办壁垒　明确学前教育财政投入［EB/OL］．（2015-03-13）［2017-01-12］http：//news. youth. cn/gn/201503/t20150313_ 6524729. htm.

第六章
教师队伍：中国农村学前教育公共服务体系的根本

人生百年，立于幼学。学前教育作为我国建构社会公共服务体系和满足民生重大需求的重点领域，成为我国政府当前和未来教育改革的重要着力点之一。2010年出台的《国家中长期教育改革和发展规划纲要（2010—2020年）》明确提出建立政府主导、社会参与、公办民办并举的办园体制，重点发展农村学前教育。在大力发展农村学前教育的背景下，农村学前教育质量的改善问题也得到了全社会的关注。教育质量改善的核心是教师，提升农村幼儿教师专业素质，扩大幼儿师资供给，加强农村幼儿教师培养与培训，努力造就一支合格化、专业化的农村幼儿教师师资队伍，已成为决定未来我国农村学前教育发展质量的关键。

第一节　幼儿教师队伍建设的现状及区域对比

一、东部地区案例——浙江省杭州市江干区

1. 江干区发展背景

江干区位于浙江省杭州市，是杭州的老城区之一。近年来，江干区加强经济、社会、文化、生态现代化的全面建设，奋力推进城市化进程，在应对

挑战中推进转型升级，在复杂环境中推动科学发展，经济一直保持较快的增长，社会各项事业繁荣昌盛，精神文明建设生机勃勃。区域经济的大力发展为教育事业提供了强大物质基础，有利于学前教育蓬勃发展。

2. 江干区学前教育及幼儿园教师队伍的基本情况

江干区已经登记注册的幼儿园有 78 所，园区 91 个，在园幼儿总数 30891 人，3~5 岁幼儿入园率达到 99.9%。其中，公办幼儿园 24 所（34 个园区），集体办园 30 所（33 个园区），民办园 18 所，其他部门办园 6 所。在册 91 个园区均为等级幼儿园，包含特级幼儿园 3 所，甲级园 45 所，乙级园 23 所，乙级及以上幼儿园在园幼儿数 25983 人，优质学前教育资源覆盖率达到 84.1%。

江干区已打造名园集团化成员单位 44 个，形成了“采荷”“丁兰”等一批老百姓公认的地区优秀名园品牌。原九堡镇、丁桥镇、笕桥镇已成功创建为市学前教育先进镇，较好满足了辖区群众“好入园”“入好园”的要求。2014 年 1 月，江干区评估验收为“杭州市学前教育强区”。2011—2014 年，全区共招聘幼儿园事业编制教师 458 名，公办园编制教师支教民办园 60 人。截至 2014 年，全区幼儿园专任教师 2042 人，比 2010 年增加 641 人，师幼比从 0.05 提高到 0.06，事业编制教师占比从 10.8%提高到 33.5%，学前教育师资队伍明显加强。

表 6-1　2010—2014 年江干区幼儿园师资队伍发展情况

年份	专任教师数（人）	大专及以上比例（%）	教师资格证持有比例（%）	事业编制教师比例（%）
2010	1401	73.5	86.2	10.8
2011	1606	75.5	87.7	17.4
2012	1766	80.1	90.3	23.3
2013	1871	86.42	90.49	27.5
2014	2042	86.9	93.2	33.5

表 6-1 中的数据可以看出 2011—2014 年江干区幼儿园教师队伍连年都在扩增，专任教师数总体呈上升趋势，并且从 2011 年起上升幅度较大，至 2013 年趋缓后急速增长，事业编制教师比例在逐年上涨，教师的专业性要求

越来越高，幼儿园教师资格证的持有比例愈来愈接近100%，幼儿园教师大专及以上学历比例提高。

二、中部地区案例——江西省贵溪市（县级市）

1. 贵溪市发展背景

贵溪市是江西省鹰潭市代管的县级市，总人口65万人，其中非农业人口近12万人，城区户籍人口10万人左右（2012年），可见贵溪市的城市化发展水平不高，农业人口庞大。贵溪是重要的革命根据地，并先后被评为“全国文化先进市”“全国科技先进市”。贵溪市对革命先烈精神的文化传承，有利于新时代的社会主义事业的蓬勃发展，虽然经济水平不高，但对学前教育事业相当重视。

2. 贵溪市学前教育及幼儿园教师队伍基本情况

近年来，为了加强学前教育管理工作，贵溪市政府出台了《贵溪市民办幼儿园管理办法》《贵溪市第二期学前教育三年行动计划（2014—2016年）》《贵溪市学前教育工作督导评估方案》《贵溪市小区配套幼儿园管理办法》等一系列文件。2014年全市共有3~6岁幼儿24560人。截至2014年12月，全市共有幼儿园219所，其中民办幼儿园100所，公办幼儿园119所；共有幼儿园教职工2460人，其中专任教师1291人，保育员602人，后勤人员567人；共有在园幼儿21300人（入园率86.7%），其中公办幼儿园幼儿9800人，民办幼儿园幼儿11500人。2011—2013年，全市定向培养幼儿教师160人，培训幼儿教师3000人次。其中2013年，有417人具有教师资格，合格率36.7%。可见，贵溪市民办幼儿园与公办幼儿园数量相近，民办幼儿园中的幼儿略多于公办园，教师数量旗鼓相当，教师资格证的考取率都比较低。可以看出贵溪市的学前教育事业有待进一步发展，幼儿园教师队伍需要大量扩充。

三、西部地区案例——陕西省西安市长安区

1. 长安区发展背景

陕西省西安市长安区地处平原腹地，位置优越，资源丰富，并且交通便

利，铁路公路四通八达。随着地区经济的大力发展，人们对文化的需求愈加增长，长安区对学前教育事业的投入也不断加大。

2. 长安区学前教育及幼儿园教师队伍基本情况

长安区城乡二元结构特征鲜明，经济发展水平、生源差异较大，科学规划学前教育发展尤为重要。近年来，长安区按照“城乡并重、建管并重、公办民办并重”的思路，强力推进学前教育水平，满足了广大群众“有园上、方便上、上好园”的需求。截至2014年年底，全区共有幼儿园103所（公办26所、民办77所），在园幼儿30866名，幼儿教师及管理人员3195人。在规划中，该区始终结合区情实际，突出“城乡并重”这个主线，抓住城区、小城镇和新型农村社区3个重点，坚持因地制宜，突出重点，强化政府责任，合理配套幼儿园，努力加大对农村地区的教育投入，着力解决教育资源城乡分配不均衡问题。

2014年，为适应区域人口和群众需求的变化，按照省、市第二期学前教育三年行动计划的总体要求，长安区又加紧编制了关于学前教育的新的三年行动计划（2014—2016年）。按照规划，长安区第一期学前教育三年行动计划共建设公办幼儿园22所，西安市编办下达教师编制1245人。近几年，经过多方努力，该区新增幼儿教师710人，目前全区有幼儿教师785人，缺额为460人。

表6-2　2012—2015年长安区新增幼儿教师情况统计（单位：人）

年份	省市招考	振兴计划	中小学转岗	区招合同制	小计
2012	51	/	23	/	74
2013	39	9	32	/	80
2014	184	28	72	100	384
2015	120	25	27	续签合同100人	172
总计	394	62	154	100	710

表6-2中可以看出长安区新增幼儿园教师主要由省市招考、振兴计划、中小学教师转岗和区招合同工这4种途径获得。2014年是长安区幼儿园教师队伍发展的急剧增长的黄金时间，2015年增长幅度有所下降。省市招考是长

安区幼儿园教师增加的主要方式，中小学教师转岗也是扩大幼儿园教师队伍的重要方法。

四、我国东、中、西部幼儿园教师队伍基于案例的区域对比

1. 幼儿园教师队伍的数量对比

截至2014年，根据样本地区幼儿园专任教师数并结合各地区的幼儿数，计算出东中西部样本地区教师和幼儿的比例分别为0.066、0.053、0.025，不难发现，东部地区幼儿园教师数量较适中。

2. 幼儿园教师队伍的组成对比

东部地区浙江省杭州市江干区幼儿园教职工总数3308人，专职教师1964人，其中在编教师651人。专任教师中，教师资格证持证率达到93.2%，大专及以上学历占比86.9%。中部地区江西省贵溪市（县级市）截至2013年，全市的幼儿教师共有417人具有教师资格，持证率36.7%，较东部的江干区少了56.5%。西部地区陕西省西安市长安区的幼儿教师主要是通过省市招录、中小学转岗及聘用合同制教师等方式组建的。通过对比，可以发现东部地区幼儿园教师资格证持证率较其他地区高，大专及以上学历比例更大，队伍更具专业性。

3. 各地区幼儿园教师队伍的问题分析

东部地区学前教育资源的迅猛增长，导致了幼儿教师队伍急剧扩张，这正是幼儿园教师队伍建设任务艰巨的症结。以江干区为例，该区学前教育资源不足、基础薄弱，因此城市化进程中新建了大量公建配套幼儿园，新园的培育和发展任务繁重，带来了教师队伍建设任务种种困难。近几年来，一方面随着幼儿园不断增加，队伍迅速扩张，新增的教师大都是刚从校园里走出来的毕业生，缺乏教育教学经验，新教师队伍培养任务艰巨；另一方面，幼儿园管理人才紧缺，管理的压力和难度加大，并限制了幼儿园的发展空间。由于幼儿园干部队伍培养周期较长，故很难跟得上幼儿园资源的扩张速度，管理人才紧缺已经成为当下限制幼儿园资源快速扩张的瓶颈。同时限于幼儿园中非事业编制教师思维方式、专业素养和学习经历等方面的不足，培养提升的空间有限，学前教师队伍的培养难度较大。

中部地区以贵溪市为例，该市幼儿园教师数量严重短缺，目前全市幼儿园都没有达到“两教一保”配置要求，缺少专任教师 555 人，缺保育员 797 人。农村的幼儿园没有配置专业的幼儿教师，基本由小学低工资招聘临时代课教师。民办幼儿园师资队伍薄弱且不稳定，民办园教师持证上岗率只有 30%。中部地区存在幼儿园教师数量不能满足基本办园需求、专任教师学历水平普遍不高、取得教师资格证的比例较低等问题。

西部地区以长安区为例。在近几年，各级政府高度重视学前教育，该区的公办幼儿园如雨后春笋拔地而起，但教师队伍明显跟不上，面临严重挑战。长安区虽然采取了省市招考、振兴计划招考及中小学转岗等方式补充幼儿教师，但因社会上符合条件的人员数量有限，导致公招教师不足，影响了幼儿园的发展。该区及时采取了招聘合同制教师（区财政承担教师工资）的办法来解决幼儿教师紧缺问题。另外，长安区幼儿教师来源复杂，专业素质高低不等，急需开展扎实有效的专业培训。因而，教师数量严重不足、公招不够、教师专业性不强、教师培训内容形式不够丰富等问题是制约长安区学前教育发展的瓶颈问题。

第二节　农村幼儿教师的基本配置研究

一、农村幼儿教师数量增幅大，但占总体比例较低

统计数据表明，农村幼儿教师的数量先低后高，稳步增长。2010—2013 年，幼儿园专任教师的数量总体上呈现增长趋势，由 1144225 人增加到 1663487 人。其中，城市专任教师数从 462844 人增加到 802174 人。然而，农村专任教师的数量并没有增长，反而出现下滑，由原来的 275846 人下降到 268327 人。2013—2014 年，城市的增幅为 10. 25%，县镇为 11. 14%，农村为 12. 08%，显然，调查结果表示农村幼儿教师增幅最大，但是由于其基数较小，在幼儿园专任教师总数中占比最低。2014 年的统计数据显示，城市幼儿

园专任教师占全国幼儿园专任教师总数的 47.95%，县镇为 35.74%，农村仅占 16.31%。[①] 详见表 6-3 和表 6-4。

表 6-3 2010—2014 年幼儿园专任教师数变化情况（单位：人）

年份	总计	城市	县镇	农村
2010	1144225	462844	405535	275846
2011	1315634	660689	453224	201721
2012	1479237	737289	512385	229563
2013	1663487	802174	592986	268327
2014	1844148	884373	659023	300752

表 6-4 2010—2014 年幼儿园专任教师数增长速度及城乡所占比例[②]

指标	总计（%）	城市（%）	县镇（%）	农村（%）
2010—2013 年年均增长率	13.28	20.12	13.50	-0.92
2013—2014 年年增长率	10.86	10.25	11.14	12.08
2011 年占比	100.00	50.22	34.45	15.33
2012 年占比	100.00	49.84	34.64	15.52
2013 年占比	100.00	48.22	35.65	16.13
2014 年占比	100.00	47.95	35.74	16.31

二、农村幼儿园幼儿与教师比例进一步下降，城乡差异明显

比较 2013 年和 2014 年的统计数据发现，幼儿与教师比例下降。2013 年幼儿与专任教师比为 19.5∶1，其中城市为 15.7∶1，县镇与农村为 22.9∶1。到了 2014 年，总体比例下降为 18.7∶1，其中城市下降为 15.3∶1，县镇与

① 邬志辉，秦玉友，等．中国农村教育发展报告 2015［M］．北京：北京师范大学出版社，2016：12.
② 同①。

农村下降为21.8∶1。从城乡幼儿与教师比的比值以及降幅来看，城乡差异非常明显。

表6-5　2013年全国幼儿园教师与幼儿情况①（单位：万人）

	总计	城市	县镇与农村
幼儿园专任教师数	166.3	80.2	86.1
幼儿园教职工数	282.7	142.4	140.3
在园幼儿数	3231.8	1259.4	1972.4
幼儿与专任教师比	19.5 :1	15.7 :1	22.9 :1
幼儿与教职工比	11.5 :1	8.8 :1	14.1 :1

表6-6　2014年全国幼儿园教师与幼儿情况②（单位：万人）

	总计	城市	县镇与农村
幼儿园专任教师数	184.4	88.4	96.0
幼儿园教职工数	314.2	157.8	156.4
在园幼儿数	3445.4	1353.1	2092.3
幼儿与专任教师比	18.7 :1	15.3 :1	21.8 :1
幼儿与教职工比	11.0 :1	8.6 :1	13.4 :1

三、农村幼儿教师的学历水平持续改善，但是学历结构不合理，学历水平总体偏低

2010—2014年，农村幼儿教师的学历水平逐年攀升，专任教师中大专及以上学历分别为41.76%、42.61%、46.42%、51.25%和55.43%。2013—2014年，从城乡的情况来看，中大专及以上学历占比增幅城市为1.89%，县镇为3.39%，农村为4.18%，农村的增幅最大。但是从学历的构成来看，

① 邬志辉，秦玉友，等. 中国农村教育发展报告2015［M］. 北京：北京师范大学出版社，2016：14.
② 同①。

2014年城市中拥有中大专及以上学历的教师比例为77.70%，县镇为68.81%，农村只占55.43%，农村中大专及以上学历的专任教师人数最少（见表6-7）。农村教师学历结构不合理现象较为普遍。以中部地区N市为调查对象的研究发现，农村地区幼儿园专任教师的学历主要集中在专科和高中两个阶段。以2014年的调查为例，具有专科学历和高中学历的幼儿园专任教师约占总人数的82%，其中专科学历占45.2%，高中学历占36.8%，本科毕业学历仅占7%，另外还有部分幼儿园专任教师为高中阶段以下学历。① 对西部农村灵县的调查显示，全县共有教师631人，他们的学历情况为：幼师专业大专及以上学历29人，非幼师专业大专及以上学历93人，幼师专业中专学历38人，幼师专业职高学历28人，非幼师专业中专或高中学历310人，初中及以下学历133人。②

表6-7 2010—2014年幼儿园专任教师中大专及以上学历比例变化③

年份	总计（%）	城市（%）	县镇（%）	农村（%）
2010	60.30	71.50	60.13	41.76
2011	62.48	70.85	59.13	42.61
2012	65.13	72.92	62.31	46.42
2013	68.15	75.81	65.42	51.25
2014	70.89	77.70	68.81	55.43

四、农村幼儿教师职称评定问题突出

从2010—2014年幼儿教师职称评定状况来看，农村幼儿教师中未能获得职称评定的人数呈现不均衡的发展状态。2010年未评职称比例最低，为75.96%；2013年最高，为78.36%，到了2014年比例又降为77.63%。从增

① 裘指挥，张丽，胡新宁．农村地区构建学前教育公共服务体系的成效、问题与对策——基于中部地区N市的调研［J］．教育研究，2016（6）．

② 赵俊婷．公平名义下的求索：西部农村学前教育投入过程的研究——基于灵县的个案考察［D］．上海：华东师范大学，2014：147.

③ 邬志辉，秦玉友，等．中国农村教育发展报告2015［M］．北京：北京师范大学出版社，2016：17.

幅状态来看，2013—2014 年城市的增幅为 1.49%，县镇为 0.50%，农村减少了 0.73%。2014 年的数据显示，城市教师中未评职称的比例为 71.62%，县镇为 70.69%，农村为 77.63%。可以看出，在职称评定上，情况最好的是县镇，城市次之，农村教师中未进行职称评定的老师比例最高。

表 6-8　2010—2014 年幼儿园专任教师中未评职称比例变化①

年份	总计（%）	城市（%）	县镇（%）	农村（%）
2010	64.94	61.57	61.29	75.96
2011	67.57	66.07	65.91	76.19
2012	69.65	68.21	68.18	77.53
2013	71.48	70.13	70.19	78.36
2014	72.27	71.62	70.69	77.63

就农村教师的总体数量、师幼比、学历、职称评定等方面来看，农村幼儿教师配置水平在一定程度上获得了改善和提高。然而，如果与城市、县镇的幼儿园专任教师相比较，我国农村幼儿教师的配置水平仍比较低。因此提高农村学前教育质量，就需要合理配置教师，向薄弱地区倾斜，加强教师在职培训，适当提高他们的学历水平，切实推进地区之间、城乡之间学前教育的均衡和谐发展。

第三节　农村幼儿教师培训模式的探索

《国务院关于当前发展学前教育的若干意见》中明确指出要完善学前教育师资培养培训体系，创新培训模式。当前农村幼儿教师的培训主要采取“自上而下”的方式，忽视了作为培训主体的教师的自身需求，这在一定程度上影响了培训的效果。改变现有培训模式，激发教师专业发展的主动性和

① 邬志辉，秦玉友，等．中国农村教育发展报告 2015［M］．北京：北京师范大学出版社，2016：17.

积极性，建构以“需求”为导向的“分层培训”模式显得十分必要。在现有的农村教师队伍中，主要有新手教师、转岗教师和临时代课教师等几种类型，这些教师因各自的需求不同，对外部的培训需求也存在着差异。为了能够真实传达他们的声音，本部分采用叙事的方式。

一、新手教师的需求及培训

近年来，越来越多毕业于师范院校学前教育专业的学生进入农村幼儿园从教，这些新手教师怀着憧憬和向往走进了幼儿园大门，却往往因为从业能力不足而彷徨失措。他们对外部的培训要求是递进的。起初，他们需要操作化、互动性的培训，随着对幼儿园教育教学工作的适应，他们需要不同方式的专业指导。当他们能够胜任教师岗位要求时，则需要进一步思考和探索的引导。

（一）受挫阶段

众多研究表明，第一年的教学经历往往带给新手教师失败的体验，产生了负面的“烛刻”效应，这种不愉快的日常教学体验而造成的使命感的理想崩塌被有的研究者称为“现实休克”或“过渡休克”①。P 老师的经历也是如此，她怀着教育理想和憧憬走进了职场，然而她的内部系统受到外部环境的强烈冲击，理想自我和现实自我出现了失调，这种失调主要表现在身体、班级管理、家园沟通等方面的适应不良。

1. 教师叙事

刚带班时最大的不适应就是身体。看到孩子大便我就觉得恶心，就会吐。有些孩子一哭就会吐，我这边清理完，那边就开始吐。给小朋友穿衣服的时候，他们的手有时会碰到我喉咙，我也会吐。吐多了，连饭都不想吃。

我一开始接手的是小班，第一个月孩子哭闹现象挺厉害的。我实习的时候没有带过小班，不懂怎么样帮小班小朋友调节情绪，也不知道怎么样帮助

① JOHNSON，KATHLEEN. Being an effective mentor：how to help beginning teachers succeed. Thousand Oaks：Corwin Press，2002.

他们建立常规。小班第一个月，那个时候就觉得好黑暗，无从下手。

我们这边是农村，家长对幼儿园老师有个误区，认为你就是带孩子玩一玩，让他们吃好、睡好就行了，他们不知道幼儿园还要让孩子进行五大领域的活动。幼儿园有些活动需要家庭配合的，但是他们一点儿都不积极。刚到幼儿园的时候，与家长沟通也有一些困难，因为实习的时候不会让你参与家长沟通这个方面的内容，家长沟通中的一些谈话技巧是需要学习的。

在教学组织活动方面，我觉得也很难。我们在大学里面设计教案与真正和孩子打交道是不一样的。现场教学和设计教案就是不一样，我带的是小班，他们很容易兴奋，我又要控制他们，还要继续活动，有时候就顾不过来。

还有安全方面，我们虽然是农村，但是家长不能看到自己家孩子受伤，受一点伤，就觉得吃亏了。大部分家长还好，但是有些家长就不行，天天找。我们就道歉，心里很不舒服的。园长遇到安全事故，也觉得不开心。

我们在学校学的幼儿园家庭教育方面的内容，都是些高大深的理论东西，工作中都是一些细节性、琐碎的东西。课程给我们一个方面、一个理念性的东西，但是遇到一些问题它没有给出具体的措施，究竟应该如何解决，这是我们新教师比较迷茫的地方。

2. 案语分析：从业能力不足

身体上的不适应、教学管理能力欠缺、家园沟通能力不足、宏大理论与具体现实的冲突、安全问题等反映了新教师面临的种种压力。实习时没有带过小班、实习时没有参与过家长沟通工作、学校里的教案设计与现实教学存在着差异、高大深的理论不能解决具体的问题则显示了新教师从业能力不足。而从业能力的不足又是职前教育和职后培训针对性不强造成的结果。

学前教育专业是实践性很强的专业，因此各高校在职前教育人才目标上都将“应用性”纳入其中，然而在真正的实施过程中，理论和实践却存在“两张皮”的现象。课程设置注重全面性、系统性。由于一些教师对幼儿园实践本身就较为陌生，他们在讲授课程时往往从理论到理论，导致学生积累了大量普适的、抽象的理论知识，却不知道这些知识在实践场域是如何“变形”的。为了加强学生的实践能力，每个高校都会安排学生实习。然而在实习中，能否遇到一个“认真负责、有专业水平”的指导教师，存在偶然性。有些学生在实习的整个过程中，花费大量的时间去做本应由指导教师完成的环境布置、档案记录剪贴工作，以及幼儿节目的排练工作。

职后培训是促进新教师专业适应的重要途径。然而目前幼儿园新教师培训时常停留在理论研究与实践活动的局部和表面，缺乏理论和实践的紧密联系。受训老师会感到培训过于形式化、理论化，缺少互动性，不符合他们的需求，在听课过程中就会看手机、讲话甚至睡觉等，使培训的效果大打折扣。

（二）调整阶段

为了改变自己的“不舒服”状态，P老师开始反思，并积极寻找外部支持，增强专业能力，以达到外在环境的要求，形成和新环境相协调的关系。

1. 教师叙事

幼儿园会花钱给我们新教师培训，比如针对《3—6岁儿童学习与发展指南》精神的学习，也会跟教育机构合作开展培训活动。局里的培训一般请专家来讲座，时间比较短，每次只针对一个领域，其实一个领域涉及的东西太多了，在一两个小时里讲不完。和我们在大学里已经听到过的大方向差不多，就是梳理知识，这样收获比较小。我们区的培训对我的影响还是蛮大的，比如，搭积木一般是作为区域活动，而培训中我知道搭积木这样的内容也可以成为课程。

我们幼儿园每周二是集体备课，选一个活动，比如“春风吹”，每个老师都要设计教案，然后分别说，再根据老师们说的整个过程做一些修改。修改的过程是大家讨论出来的，大家再一起制作教具。每个老师可以依据班级情况自行做一些微调。

带我的老师是位有经验的老师，我会经常问一问她。有些东西我会问她：有必要吗？有意义吗？一些家长的工作也会跟她一起讨论。她会听我的课，听完后会告诉我什么地方好，什么地方需要改变。她告诉我的是一些具体的做法，我会去试，试成功了会很开心；不成功，就再问她。

我有时候会跟我同学讲在幼儿园遇到的一些事情，包括一些幼儿的很有趣的事情，还会讲一些困惑和不知道怎么办的情况。她会说说她会怎么做，我也会说说我是怎么做的。我们都开展的教学活动，有时我们会资源共享。

2. 案语分析：专业支持的合力

经历了痛苦的挣扎之后，P老师和外部环境的一部分冲突通过自然适应得以解决，而绝大部分的调整得益于外部力量的支持。外部各种外援的介入，使得P老师获得了与环境保持和谐的积极动力，与环境产生了良性互动。

（1）朋友的参照

中国传统文化有“朋友如手足”的说法，意思是朋友和自我有着亲密的关系，难分彼此。有研究发现，在东方文化背景下，自我具有互依性的概念，其自我图式中包含着关系亲密的个体。[①] 对个体而言，大学同学往往是生活中具有特别意义的重要他人，大家很容易建立亲密关系。同龄人对事物的认识有很大的共通性，情感上容易产生共鸣，面对的问题也趋向一致，彼此提供的策略也具有很大的实操性和参考性。P老师在工作中遇到了问题，她主动向自己的大学同学求助，是因为同学的友情给予她极大的安全感。困惑的一致性又可以让P老师产生“我们都是一样的”的认识，问题的归因从“我”转化为“我们”，这有助于降低P老师对自我的指责，降低焦虑感。解决策略分享促进了P老师对策略本身的理解，也感受到专业支持的力量，并推动了同伴交流的可持续性发展。

（2）带教教师的效用

在幼儿园的人际环境中，带教教师是与新手教师接触多、对他们职业适应影响最大的人物，带教教师对新手教师的指导呈现了即时性、个体性和实效性的特点。新手教师可以随时随地向带教教师请教问题，这些问题具有浓烈的“个体特征”。带教教师给予的指导操作性较强，新手教师可以短时间内应用于实践，从而享受解决问题的快乐体验。

（3）集体备课的功能

知识具有社会性。知识并非居于个体内部，而是内含在团体或共同体中的。[②] P老师所在的幼儿园每周都将教师组织在一起进行集体备课，构成了一个学习共同体。教师对即将展开的教学活动进行预测性分析，围绕着幼儿的学习内容和学习方式一起展开讨论和对话，分享各自的经验，共同对教学中的可能性进行决策，形成最佳的方案。通过合作决策生成的方案使得教师在心理上产生更大的信任感，减少了新手教师对未知教学环境的焦虑感，也加

---

① 管延华，迟毓凯．自我参照与朋友参照对人格特质记忆的影响［J］．心理科学，2006（2）．

② 同①。

深了新手教师对幼儿学习的深刻理解。

（三）更新阶段

在这个阶段，P 老师和环境之间呈现了“否定之否定”的关系。她对环境中某些因素存在的合理性产生了质疑，这种质疑是在理解现实的基础上所做的反思和重构。

1. 教师叙事

我们在学校的时候，“尊重儿童”“尊重个体差异”“平等对待儿童”都是空洞的话语。经过这两年的教学，我对“尊重儿童”有了新的认识。尊重包含权利和义务两个方面。你尊重他，不仅要看到他弱小的一面，要守护他，如果他的能力能够达到，你就应该有义务让他去做。比如说吃饭，不要因为他小就喂，而是看他的能力，如果他能够自己吃就不要去喂他。喂就是不尊重他。不尊重他的能力，才会去喂他。

在语言教学中，比如“春风吹”活动，我设计了不同的画面来帮助孩子理解。孩子刚开始看图片还是挺感兴趣的，但是图片使用多次后，孩子就没有多大的兴趣了，于是我就想办法，用游戏的方式帮助孩子理解，激发孩子的兴趣。

我们这里很注重教师的手工展示。如果有环境评比的要求，教师就会把重点放在手工制作上面，必定会损失和孩子在一起的时间。人的精力是有限的呀。这就和我们幼儿园教育相背离了，本来是为了孩子的发展，但是现在看到的是教师的成长，教师的手工能力提高了，打造环境的能力提高了，但是对孩子的发展起到的作用微乎其微。

幼儿园的活动时间安排上是有规律与限制的，所有的活动都要按照流程走，什么时候要散步了，什么时候要吃饭了，都是安排好的，这些也是有检查考核的。但是孩子的速度有快有慢，比如睡完觉穿衣服，有些孩子在家里有人帮他穿，在幼儿园他像个“少爷”一样躺在那里，等着老师穿。这时候如果你不帮他穿，那就影响了后面的活动，老师着急就帮他们穿上去。其实他们是可以自己穿的，但是老师为了节约时间就会伸手。其实我觉得幼儿园的时间安排可以稍微自由点。

中的引领角色，对他们发展的道路和方向具有‘导向’的意义。”① 园长是新教师社会化的总设计者，是“社会期望”的转化者，会依据园所的特质和新教师本身的实际情况，提出社会化的目标。园长希望转岗教师能够具有良好的专业态度，有“责任心、耐心、爱心”，能胜任教学工作，带好班，上好课，并提供了学习路径：向老教师学习，多想多问。除了教学之外，园长对教师在生活中的关心，缩短了与教师之间的距离，使他们“愿意”去完成园长布置的任务。每一次任务的完成对转岗教师而言，都是向成长迈进的一步。

（2）带教教师

在转岗教师所处的幼儿园人际环境中，带教教师是与其接触最多、对其专业发展和工作适应影响最大的人。如果说园长给予新教师社会化进程的是方向性的、“应该如何”的说明，那么带教教师对教师社会化的进程则是具体的指导——观摩了老教师，知道一日活动的内容，知道如何和家长交流，知道集体活动的流程。带教教师对新教师在工作中的问题了解最清楚，反馈也具有实效性。“她还会听我的课，听完再讨论，告诉我解决的方法。”带教教师还给予了新教师情感的支持。“我毕竟不是年轻人了，有时问题解决不了，脸上挂不住，郁闷呀。她（带教教师）就会和我谈心。”专业和情感的双重支持，让转岗教师获得了一个良好的工作环境，用积极健康的心态对待教学，逐步胜任了工作。

（二）班级教育教学环境

以班级为单位的教学活动环境为转岗教师提供了实践的平台，它是转岗教师践行自己的教育理念、体验教育过程、反思教学效果的一个“实验场”，是转岗教师理解社会化含义、实现社会期待的具体场所。

1. 教师叙事

我一开始很不适应，小学上完课就可以回办公室休息。但是在幼儿园不是这样的，需要从孩子入园开始一直到忙到孩子离园，整天跟孩子在一块，

---

① 戈白文．校长是新教师成长的关键因素——谈美国一项有关新教师社会化的研究［J］．外国中小学教育，2005（9）．

就觉得特烦。

在教学上，我感觉还比较好适应。在教学上有些东西是互通的，小学里上课这方面帮了我，比如说数学课、语文课这些都是共通的。像数学课，就是先复习然后开始导入。但还是有好多方面是不一样的，比如说教学内容，到幼儿园就是全科了。一开始我还是有很多不适应的，就比如说舞蹈、美术，我没有这方面的教学技能，着急呀。每次上课前去学，下课了就想想，哪里教得好，哪里教得不好，或者问问同事，边教边学边想。

2. 案语分析

“对一位有经验的新教师而言，他们带着已经形成的教师角色以及先前的教学经验、对先前组织环境的看法进入新的环境。”① 转岗教师是携带着丰富的教育教学经验进入到幼儿园的，他们社会化的过程，就是不断使原有经验与幼儿园教育教学要求相“协调”的过程。班级里开展的教育教学活动既是“协调”的结果，也是“协调”的过程，它们准确而迅速地映照出该教师教育观念、教学技能、教学策略等方面的优劣。教师通过自我反思决定保留和改进的内容，缩小小学和幼儿园在教学上的差异。

（三）家园合作环境

家园合作是转岗教师在以往的教学中较少体验的新空间，他们不再像小学那样偶尔和家长见面，而是几乎每天都要在家园合作环境中感受家长、社会对于幼儿园的要求以及对于她本人的挑战。

1. 教师叙事

在小学只有开家长会时才跟家长接触，幼儿园每天都能面对家长。我们这里，爷爷奶奶接送的比较多。老人更多的是对小孩的呵护，对老师不理解的也多。小孩的一些小事都会黏着你。要是身上被抠破，那就更麻烦了。安全是我们面对的最大的问题，也可以说压力最大。有时候，为了不出事，就减少活动。

家长工作总的来说还好，大多数家长还是挺配合的，但是也有不配合的。

---

① HARTZELL，GARY N. Induction of experienced teachers into a new school site［J］. Journal of Staff Development，1990，11（4）.

比如我们这边搞活动时需要请家长来，不像人家城里的家长哪怕请假也要来参加孩子的活动，我们搞活动大多数都是爷爷奶奶带孩子过来的，跟爷爷奶奶沟通比跟父母沟通更困难。

2. 案语分析

家园合作环境需要转岗教师直面家长的期待，而这些期待与幼儿园的专业标准往往存在出入，这构成了他们社会化进程中的一个较大的压力环境。专业标准要求教师关注幼儿的全面发展，课程游戏化。然而很多农村幼儿家长只期待幼儿园实现“看管”任务，并教授“知识”。家园合作中最大的压力源是安全，农村家长一旦发现幼儿出现安全问题，就比较容易产生“吃亏”心理，会去质问教师，给教师造成很大的心理压力。出于自保，转岗教师有时会放弃专业标准，而采取妥协。

(四) 专业成长环境

新教师的社会化是一个包括知识技能、行为习惯、价值标准的综合过程，而其中的核心部分便是教师专业化过程中的同伴合作，这需要专业环境的支持和指导。转岗教师由于幼儿园教育教学知识和技能的欠缺，在教学和班级管理上会遇到诸多的不适应，这些问题的解决依赖于外部的专业环境。

1. 教师叙事

我们幼儿园组织的培训大多数安排在中午。幼儿园会请园内在某个方面比较好的老师做些培训。我们幼儿园还和上海某个机构有合作，组织老师学习。不是每位老师都有机会去。学习的老师回来再进行二次培训。我们还会请其他幼儿园老师来进行主题讲座和电脑方面的培训。区里组织的培训都是去听课。我觉得幼儿园的培训有用一些，幼儿园会更实在一些，会帮助我们解决问题。

我之前两年是跟老教师，她教给我很多工作经验。后来来了一些新教师，新教师都是专科院校毕业的，业务方面很好，比如电脑方面，我会跟她们学习很多。当然我也会在工作经验上面教她们，所以这之间是互相的吧！

2. 案语分析

专业成长环境由内外系统构成。幼儿园内的培训由正式的园本培训和非正式的教师群体自助式指导构成，而外系统的培训则是由教育机构完成。从效用性角度来看，前者要高于后者，“我觉得幼儿园的培训有用一些，幼儿园会更实在一些”。园本培训是基于学前教育的具体场域，基于教师的亲身实践，在专家、同伴的共同讨论与诊断中，得到知识的内化和智慧的养成。[①]园本培训具有教育诊断的性质，它源于教师面临的教育困惑，推动教师产生求解的愿望，加强对问题解答的敏感性，更可能利用知识的共享和智慧的共振来进行自我知识的更新。如果说园本培训中选择的问题具有较强的群体性特性，那么非正式的教师群体自助式指导中的问题则显示出浓烈的“个性特征”。“新教师都是专科院校毕业的，业务方面很好，比如电脑方面，我会跟她们学习很多。当然我也会在工作经验上面教她们，所以这之间是互相的吧！”这种学习具有即时性、随机性、交互性、实效性的特点。转岗教师有困难时可以在短时间内马上获得指导，应用于实践，收获成就感。而其他教师也会向转岗教师求助，这反过来又使他们感受到专业的力量。相对而言，外系统的培训选择的问题具有区域性的特点，与幼儿园某一特定群体的发展需求存在距离，因此效用的发挥容易出现滞后的现象。

三、农村幼儿园临时代课教师的需求和培训

农村幼儿园临时代课教师（以下简称“临代教师”）是农村幼儿园教师队伍中的一个特殊群体。他们是在公办教师资源短缺时进入幼儿园的临时教学人员，收入低廉，身份模糊。这些教师虽然从事着教育工作，却没有国家制度层面上的“教师”称谓。临代教师在农村幼儿园群体中占据着很大的比例，江苏某些区县幼儿园临代教师的比例高达97%。

（一）农村临代教师需求描述及分析

尽管研究对象们来自不同的地区，然而他们的需求却具有较高的趋同性。教师们强烈地希望改善目前的物质水平。物质水平不仅关系到当下的生活质量，更是未来生活的保障。相较于对物质生活的渴望，教师们对专业发展的

① 杜静. 教育会诊：一种高效的园本培训模式［J］. 学前教育研究，2005（Z1）.

需求则显得内驱力不足，他们认为就目前物质水平而言，“良心”教育已经是十分高尚的表现。

1. 愤怒：对我们太不公平了！

我们对教师的访谈是在“平静”的情绪中展开，然而教师们平静的表述中却充满着“带有情绪特征”的词汇，“委屈”“愤怒”“埋怨”和“郁闷”等词不时在教师们的叙述中出现，“不公平、不合理”则是每个教师的常用词汇，这些词汇表达了教师们不满背后的内心需要。

（1）教师叙事

T1：我们有大专文凭，有职称，但是现在编制考试必须是35周岁以下。我们和小年轻一样有文凭，她们有的文凭还没有我们高，是高职师范的，我们的还是江苏教院（电大）的。我们都是自己到淮阴去考的。他们有的是职教中心的，有的是花钱买的。但是考试资格审核的时候不管有没有大专文凭，年龄不符合就不行。

T2：我工作三十几年，这两年才有的编制考试。2012年才有的第一次，小年轻每年都有机会，对于我们老的老师不公平。

T3：平时能为我们说话的人很少，像我们这样的老师很多，全像我们这么大岁数，你看小年轻每年进编20几个，顶多三四年就把我们淘汰了，淘汰下来的待遇就是每个月几百块钱，我们觉得这对我们老教师不公平。

T4：我们年轻的时候就没有考编政策，我们跟有编制的年轻老师干的都是一样的活，但是我们收入却比她们低，这一点我们觉得不平衡。在这一点上，我们想不通，为什么她们能考，我们就不能考，这是把人分了类。

T5：我们一上班就在幼儿园干了，那时候公办和私营的差距不大，我们也就干了。现在比我们年轻的人可以考编制，考上编制的人和我们干的活是一样的，她是老师，我也是老师，可她们一个月的工资比我们多了太多了，心里真的郁闷呀！

T6：说心里话，我觉得自己是个认真负责的老师，常常为了工作加班加点，付出了很多，得到的确实太少了。一天到晚工作，却感觉自己比卖菜的还惨。他们最起码可以自给自足，没有菜了从菜园里还能拔棵菜吃吃，我们呢？连最起码的生活保障都可能没有。我们要求也不高，要给我们机会，考不考得上（编）那是我们自己的事，给不给我们考是国家的事情呀。

（2）案语分析：编制制度和劳动力市场的排斥

编制是我国人事制度管理的一项重要内容，在教育系统中，拥有编制身份的教师，即“公办教师”。“公办教师”可以依法获得国家财政工资以及各项福利待遇，具有很高的保障性。而临代教师的工资收入和福利待遇主要以“国家补助、集体支付”的形式发放，对于由幼儿园聘任的教师，他们的劳动报酬主要由幼儿园负责。这就意味着一个地区教职工编制的数量将对该地区教育财政的支出金额产生直接的影响，因此编制定额的发放就成了慎之又慎的事情。虽然农村代课教师是在农村幼儿园师资严重不足的情况下产生的，极大地缓解了师资匮乏的现象，然而从人力资本存量的角度来看，幼儿园需要保存“年轻的”力量，以增加机构的活力，于是年龄成为参编资格基本且必不可少的“硬杠杠”。教师在之后的教育投资（培训、学历教育）、专业发展（专业技术职务）上基本无用武之地。这些教师因年龄问题而无缘参与编制考试，实现“身份”的转换。伴随着国家对学前教育的重视，学前教育编制额度的增加，农村代课教师将逐渐边缘化，甚至消失——被“公办教师”完全替换。他们将不得不转向劳动力市场，进行再就业。访谈中的教师教龄都在10年之上，有3位甚至已经有20多年，教师是他们从事过的唯一职业，幼儿园教育教学是他们唯一掌握的职业技术。长期依赖的幼儿园工作环境被从生活中抽出，摆在他们面前的路是现实而残酷的。他们身上的新型人力资本几乎为零，缺少劳动力市场所需的新观点和新技术，在与他人竞争的过程中必然处于弱势地位，他们被“甩”在了劳动力市场的边缘。

农村幼儿园的代课教师始终被“排斥”着。他们入职之初，虽然在公办幼儿园，但是因为国家重点解决中小学教师的编制问题，始终没有向幼儿园教师提供编制，于是被排斥在体制之外。近几年，幼儿园教师编制开始投放的时候，“年龄”这一客观因素又使得他们难以跨进体制大门。农村代课教师自始至终无法融入所处时代的体制之中，制度和市场对他们的排斥一直在进行。而排斥现象是外力作用的结果，并非由于教师们主观努力不足，二者的落差造成了教师们愤怒感的产生，她们发出了“求公平”“求平等”“求承认”的呼声。

2. 担忧：我们老了、病了怎么办？

参与访谈的教师都进入了中年，健康、养老等问题成为教师们关心的话题。收入的低下和养老金的发放不足，与高昂医疗费用的落差，使得教师们对未来的生活充满了担忧和焦虑。

（1）教师叙事

T1：养老金没有按照工龄补给我们，我们工作了二十几年，但是养老金只补给我们10年，还剩下十几年的养老金没有补。现在还是注重小年轻，先补给他们，我们还不知道等到什么时候。

T2：我们的要求就是把养老金补齐，我们有多少工龄就补给我们多少养老金。我们希望把工龄算清，把养老金补齐，由政府出面和劳动局协调。希望你们帮我们提一提。我们工作了这么多年呢。

T3：我们就想老有所依，病有所养，就希望退休能安顿好。我马上就要到退休年龄了，退休保险要自己交，单位虽然补贴了一部分，但是很少，我退休每月就几百块钱，不能养活家人。

T4：就想老有所养，我们一毕业就干这行。退休就拿几百元钱，如今的经济也负担不起，人情都还不起。我们这生日都是1000元，平常的来往也要200元。我们就担心退休怎么办，我们这么老了，也找不到其他工作。

T5：年龄大了，别的不说，身体总是会出现这样那样的问题，一到医院，那就是“老虎机”呀。我们退休金才几百元，生一场病，就把家里拖累死了。想想这个，我心里都觉得对不起家里人。我们现在都不说帮助他们解决困难了，但是我也不想成为他们的累赘呀。

T6：老无所养、病无所医可以说是我们代课教师最担心的啊。我们一帮子人为农村幼教做了很多努力，这么多年都没有离开过。现在身体有病了，让我的日子怎么过呀？我没有享受过什么好政策，只希望让明天的生活有保障。

（2）案语分析：工作报酬低下

对于临代教师而言，未来生活是缺乏安全感的。安全感是对可能出现的对身体或心理的危险或风险的预感，以及个体在应对处置时的有力/无力感，主要表现为确定感和控制感。幼儿教师安全感的高低与收入存在着相应的关系。低收入教师的人际安全、确定控制、安全感、自我接纳和社会关系满意度都显著低于高收入教师。月收入是影响幼儿教师人际安全、确定控制、安全感、自我接纳和幸福感水平的重要因素。农村幼儿园临代教师的收入较低，低收入使得他们对于环境的控制感和支配感较低，因为低收入意味着供自己可支配的钱少。对于已经步入中老年的幼儿园临代教师来说，疾病和养老是可能增加家庭经济负担的因素。疾病对于低收入的家庭而言就是“灾难”，高额的医药费使得原本有限的家庭收入的可支配额度更少，家庭被迫缩减其他方面原本已经是最低需求的消费，甚至债台高筑，从而陷入“因病致贫”的局面。妨碍家庭发展和生活水平提高的感受，成为家庭负担的内疚感，让临代教师们感到未来生活无保障。钱财支配感的降低也导致了教师们社会关系满意度的下滑。一份关于收入状况对幼儿教师生存质量满意度的影响的研究报告显示，收入状况对社会关系满意度影响存在显著差异，收入越低，其社会满意度越低。临代教师的收入偏低，他们有时为了减少钱财的外流，往往会有意避开交往的机会。对家庭的负罪感和社会交往的日趋边缘化使得临代教师们在生活中的安全感降低。

3. 排斥：我们哪有钱去进修?!

调查中发现，教师们更愿意谈论“编制”“养老”“医疗”等与未来生活相关的话题，对专业成长相关的话题兴趣不浓厚，专业发展动力不足。从谈话的发起者来看，访谈中的6名教师，除1名以外，其他5名都是不待研究者提问就直接进入对编制、待遇等问题的讲述；从话语的长度来看，谈及编制、福利、工资等问题时，教师们平均一次通常能讲200~300字，而谈及教师专业成长、培训等话题时，教师每次谈话在30~40字，二者相差近10倍。

（1）教师叙事

T1：我们现在收入能维持日常的开销就很不错了，家里有亲戚，总是有个人情来往的不是，如果有的，钱就更紧巴了。总要存两个的吧，哪有钱去进修。再说了，我们费时费力地去钻研业务，有什么好处，小年轻们，干的没有我们多的，拿的比我们多多了。

T2：我们的培训就是在幼儿园展开，或者是区域联盟，都是教育部门安排的。要我们自己去掏腰包进修，那我们是不愿意去的。先把我们的养老金补给我们吧，我们钱太少了。我们年龄越来越大，身体毛病也越来越多，总要为以后考虑考虑的。

T3：我们现在是凭良心干活，幼儿园孩子小呀，需要照顾。听着他们哭，我心里不是滋味。但是有时候想想自己的收入，真的不值呀。我们为幼儿教育奉献了一辈子，最年轻的时候就是在幼教过的，到头来，啥都没有呀。所以有什么培训呀，园长让我去，我就去。不让我去，正好，我不会去争的。你们看重小年轻，就让小年轻多学点，她们多学就应该多干。

（2）案语分析：收入和工作的落差

仓廪实而知礼节，衣食足而知荣辱。当老百姓丰衣足食的时候，才会自发、自觉地顾及礼义廉耻，才会重视荣誉和耻辱。它反映出“仓廪”和“衣食”是知礼节、知荣辱的基础，“物质财富的满足才能产生精神财富的追求”。马斯洛将人的需要划分为五个层次，由低到高依次为生理的需要、安全的需要、爱和归属的需要、尊重的需要和自我实现的需要。马斯洛认为，人人都有需要。如果多种需要没有被满足的时候，首先满足的是迫切需要，该需要满足之后，后面的需要才显示出激励作用。但是只有在低级需要得到满足的时候，高级需要才会成为激励性的要素。他进一步解释道：“至于说到‘一个新的需要在优势需要满足后出现’这一观念，这种出现并不是一种突然的、跳跃的现象，而是缓慢地从无逐渐到有。”比如一个人同时缺乏食物、爱、尊重的需要，那么他对食物的需求是最强烈的，其他的需要都显得不那么重要。只有从生理需要的控制中解放出来，也就是说获得了食物的满足，他才会去追求更高级、社会化程度更高的爱和尊重。

相对于教师们提到的编制问题和社会期待的教师专业发展的问题，编制问题是教师们迫切的需要。编制问题指向的目标是报酬和待遇的问题。在影响教师专业发展的因素中，教师劳动报酬的高低直接影响教师提高自身素质的愿望。农村幼儿园教师的报酬普遍偏低，教师们的收入只能维持基本生活开销，有的甚至连养家糊口都困难。而农村教师的工作却非常繁重，是时间、空间的无限扩张。当个体的付出和报酬之间出现较大不平等时，当教师们开始感受到职业带来的回报越来越少、工作报酬与付出不相配时，教师们会产生消极心理和态度，这种心态导致农村教师性急易怒，产生消极心情和态度。对教师们的访谈发现，他们的付出和回报不成正比，他们感受到经济的压力和道德的压力（帮助不了别人），这导致农村幼儿园教师生活质量不高。另外一个影响教师专业发展动力的原因是农村幼儿园教师的劳动报酬缺乏激励机制，干多干少、干好干坏都一样，这样就逐渐打消了教师的工作热情，教师专业发展动力不足也就不足为奇了。

（二）农村幼儿园临代教师专业发展的建议与策略

教师是一种身份，也是一种职业。脱去身份和职业的教师，首先是作为人而存在的。“师之为人”，然后才是“人之为师”。每一位教师都是具有丰富生命的个体，他们有作为人的一切需要：生存需求、精神需求、价值实现的诉求，等等。农村临代教师“埋怨”和“担忧”是对“师之为人”的生存需求的表达，专业发展需要以生存需求的满足为基点：教师是人，一个具有丰富生命的个体，他的成长是个体生命完整的发展，而不仅仅是职场中的专业发展。因此，我们的讨论是在满足农村临代教师基本需求的这一前提下展开的。

1. “师之为人”：满足物质需要，解决后顾之忧

生存论认为，存在首先是人的存在，其后才是“教师”的存在。“教师专业发展必须从依靠外部力量转向依靠教师的自身力量，将教师专业发展定位在‘人’的发展上。”临代教师的埋怨和担忧共同指向了物质基础，是对自己“为人”所需的基本生活保障的诉求。这一要求也是他们选择“教师”工作的重要意义所在（其实，对很多临代教师而言，是全部的意义）。工作意义是个体对工作与自我关系的认知，反映着工作者想从工作中获得什么，体现了工作者所意识到的工作对于个人的价值与作用。工作意义可以分为两大类：物质导向和精神导向。物质导向将工作的价值与获得货币相联系，劳动获取基本生活保障。精神导向是个人为了实现自我价值而劳动。对于工作的意义，没有价值判断，无好坏之分。调查研究显示，不同层级的员工对于工作的期望和关注的需要有所不同。基层员工关注“如何通过收入的增加来提升自己的生活水平”，中层管理者更希望“有更好的发展空间，使自己尽快成长”，而高层管理者希望有更大的“自治空间”，“更能体现自我社会价值”。从前文临代教师的呼声中，我们可以看到他们选择教师职业首先是为了获得维持个体生命所需要的衣食住行，为了个体的生命健康，为了家庭运行的稳定，工作意义对他们而言就是“物质的获得”。只有基本的物质条件满足了，临代教师们不再为自己的衣食住行和生老病死辛苦奔波了，他们才

可能将工作的意义转向自觉的“精神追求”，否则他们自我价值的实现有可能沦为一种形式和苛求。

较之其他农村幼儿园教师，医疗和养老问题的严峻性对农村幼儿园临代教师而言更加突出。因此，政府和相关职能部门需要探求临代教师的医疗和养老保险问题，改善教师的医疗和养老条件，保障他们未来的生活。编制对教师们而言意味着稳定和保障。临代教师在农村幼儿园教师队伍中占据了较高的比例，然而由于年龄问题，常常被排斥在编制之外。我们应该看到在临代教师队伍中不乏认真、负责、优秀的教师，他们可以成为幼儿园中的骨干教师。他们的离去对当前师资紧缺的农村教师队伍而言是一种资源的浪费。因此，相关部门需要遵循择优原则，即对教师的业务能力、学识和工作成绩等进行考评，研制临代教师的编制标准，根据地区差异，对临代教师进编人数做适当的倾斜，从而提高临代教师的职业待遇，为他们身心的健康发展提供必要的物质保证，解除后顾之忧。

2. “人之为师”：采取“现场实战”的学习方式，推动专业学习

改革开放推动了经济的发展和人民生活水平的提高，使得人们对优质教育的需求迅速增长。优质教育的实现有赖于教师职业的专业化。专业化的教师在不断学习、反思和研究中生成。目前农村学前教育整体质量较为落后，改变这一局面的关键是农村幼儿园教师素质的提高。就现实来看，外力赋予的培训是促进他们学习的有效途径。

培训效益取决于对学习者特点和需求的分析了解。一方面，临代教师如其他农村幼儿园教师一样，专业技能较为薄弱，对教学内容的理解和把握存在困难。像所有成人学习者一样，临代教师追求实用性效果，对能够解决问题的学习内容充满兴趣。另一方面，临代教师又有着与其他农村幼儿教师不同的特点，他们的成长和学习经历使他们在对待事物时更认真，在工作中更具有责任心。虽然专业技能存在不足，但是他们在面对幼儿时能够更多地用“良心”这一道德感来指导自己的行为。当临代教师获得学习机会后，因为业已形成的认真态度，他们会不自觉地努力学习。因此，在学习机会上，幼儿园管理者应该改变传统观念，向临代教师做一定的倾斜。特定的地区，有其特定的地理环境和人文环境。高品质的农村学前教育需要在教育中注入地方意识，因此，在临代教师的学习内容上，需要安排具有农村特点的内容，

以促进他们近迁移的发生。在学习方式上，需要改变理论先导的方式，减少从理论到实践的演绎方式，采用“现场实战”问题为学习的基本方式，让学习内容易理解、易操作，让教师“先用后理解”“边用边理解”“反复用后再反思”。

3. 生命关怀：工作、生活和学习的联姻

教师的生活是多种生活的交互，职业生活仅仅是其生命中的一维。在大力改善和提高农村教师专业素质的背景下，从国家到园所都在开展着各种类型的培训活动。应该说，这确实对提升农村幼儿园教师的质量发挥了重要的作用。但是，我们也需要看到这是通过“理想化的职业形象”来推动教师的专业发展，而不是以完整的人的需求为基础的。抛开日常生活来谈教师生活，缺少教师作为日常“人”的形象，迫使教师生活失去现实的根基，仅仅活动在理想化的世界，“完整”也成为他人的完整。相较于有编制的农村幼儿园教师，临代教师更关注自己日常生活的质量。当我们将临代教师的成长和发展封闭在“职业生活”和“专业成长”之中，必然会引起他们的压抑、困顿，甚至是抵制。因此，我们需要将临代教师的职业生活与日常生活相融合，构建他们生命成长的完整空间。“生活是求生存，是人的生活，因而有生活就有教育。”日常生活具有强烈的个人色彩，我们要在保障个人生活质量的前提下，吸纳日常生活中的新事物，与日常生活中的丰富性和愉悦性共舞，活泼地执行教育的使命。同时，我们也要引导临代教师看到职业生活对日常生活的改造和重建，将职业生活中的内容、方式和价值观融入日常生活之中，将专业态度和专业思维自然地转化为生活的方式、形态和要素，进而又滋润和扩展生活。将职业生活和日常生活融合，使教育的社会性和教育性并重，还原教师作为人的生活，实现人的生命的自我生成和自我实现，促使人的价值生命的不断跃进和提升。

追求幸福生活是每个个体的诉求，教师专业发展的首要目标是帮助教师本人拥有更充实、更有意义、更幸福的新生活。关注不同教师的内心需求，让“增进幸福生活”成为他们专业发展的第一推动力，唯此，农村临代教师专业水平的提高才会持续。

第四节　农村幼儿教师补充机制的探析

“善之本在教，教之本在师。”我国学前教育的重点在农村，而农村学前教育的关键问题是教师的严重缺乏，中西部经济落后的农村地区的幼儿师资尤其匮乏。在学前教育快速发展的时代背景下，建立幼儿教师补充机制是中西部经济落后农村地区学前教育发展的当务之急。

一、学前教育免费师范生的有序推进

免费师范生政策是在新的历史时期，党中央为破解我国中西部地区，尤其是中西部农村义务教育难题，充实中西部农村义务教育师资队伍的一项重要举措。但多数免费师范生在城市执教，根本下不到农村。《人民日报》曾经对 17 个省（区）首届免费师范生就业追踪调查，发现毕业生 51.8%留在省会及地级城市，仅有 4.1%到了农村，其余到县城任教。山西、内蒙古、贵州、甘肃、青海和宁夏等 10 个省区甚至没有任何毕业生去农村从教。陕西到县镇以下乡村从教的免费师范生数量为全国之最，但也只占全部人数的 9%，绝大多数还是留在了城市和县镇。部属师范大学培养的免费师范生，一方面根本下不去，另一方面对农村教育来说也是杯水车薪。在培养中西部经济落后的农村地区幼儿教师方面，地方师范院校是主力。

《国务院办公厅转发教育部等部门关于完善和推进师范生免费教育意见的通知》指出，要逐步在全国推广师范生免费教育政策。鼓励、支持地方结合实际选择部分师范院校实行师范生免费教育，为农村中小学和幼儿园培养大批下得去、留得住、干得好的骨干教师。在 6 所部属师范大学师范生免费教育的示范引领下，全国有近 20 个省（区）开始试点师范生免费教育。2015 年教育部颁布的《乡村教师支持计划（2015—2020 年）》全面拉开了全国范围内乡村教师定向培养的序幕，明确提出根据当地乡村教育实际需求加强本土化培养，采取多种方式培养一专多能的乡村教师。基于此，全国 32

个省级单位均制订了各省乡村教师支持计划。江苏等省份还专门颁布了乡村教师定向培养计划。如江苏省强调把乡村教师队伍建设摆在优先发展的战略地位，2016—2017 年实施乡村教师定向培养计划，共录取定向师范生四千多名，2018 年全省各地上报招生计划为 2800 名。培养基地涉及全省 13 个地级市中的 12 个市、52 个县（市、区）。其中乡村幼儿教师定向培养计划 2016—2018 年分别为 100 人、120 人和 200 人，主要由江苏第二师范学院、南京晓庄学院、南通大学承担。此计划主要出发点为：培养一批下得去、留得住、一专多能、素质全面的本土化乡村教师。为此，江苏省教育厅要求 7 所定向培养高校建立乡村定向师范生培养跟踪机制，确保培养质量，而质量必须是以地方需求为前提，以满足当地需求为第一要义。目前，全国各省区实施的免费师范生培养重点主要还是针对农村义务教育，而并非师资最为匮乏的学前教育，不过越来越多的省区免费师范生培养计划开始扩大农村幼儿教师比例。

在学前教育大发展的时代背景下，在中西部经济落后农村地区幼儿教师极端匮乏的情况下，一方面，中西部各省（区）完全有必要实施省级层面的学前教育师范生免费教育，另一方面，东部师范院校有责任利用自身雄厚的教师教育资源，为中西部经济落后农村地区培养幼儿教师。正如有学者所言，我国应将农村幼儿教师的培养与补充作为幼儿教师培养的重点，采用定向和委托培养等各种方式，培育新生幼教师资力量充实到农村偏远、贫穷地区。

在中西部地区，地级市有高等师范专科学校的，应优先安排培养学前教育免费师范生，或者优先安排那些历史上曾经是高等师范专科学校，现已升格为本科院校的高校实施学前教育师范生免费教育，除非这些学校升格后，由于学科结构调整，已经废止了教育学学科，不再承担教师培养任务。既没有高等师范专科学校又没有承担教师教育任务的本科院校的地级市，则由各省区教育学院或升格为师范学院的高校承担学前教育免费师范生培养任务。在以上三类院校均不存在或以上三类学校的幼师培养数量依然不能满足中西部经济落后农村地区幼儿教师急需的情况下，则由各省区师范大学或辖域内的师范类高校或综合性大学的师范学院承担学前教育免费师范生的培养任务。

中西部各省（区）应在全面翔实的调查基础上，系统统计本省（区）经济落后农村地区幼儿教师的需求计划，全面规划幼儿教师培养计划，力争用

3~5年的时间解决中西部省区经济落后的农村地区幼儿教师短缺问题。中西部各省（区）每年向教育部上报一定比例的农村幼师培养计划，由教育部统筹协调，安排我国东部经济发达地区的师范类院校为中西部经济落后的农村地区定向培养幼儿教师。

在培养层次上，东部地区为中西部经济落后农村地区定向培养的学前教育免费师范生原则上应该以本科生培养为主。各省（区）自主实施的学前教育免费师范生教育在起步阶段应该有较大比例的专科生，随着新农村建设的不断推进和经济的进一步发展，专科层次的幼儿教师培养比例则应该逐步减少，在基本满足中西部经济落后农村地区幼儿教师数量需求的前提下，可以考虑停止专科生的培养，改为培养本科生，追求幼师培养的层次，满足广大农民对高质量学前教育的需求。

当前，陕西学前师范学院招收了本专科学前教育专业免费师范生。广西从2013年起委托广西幼儿师范高等专科学校，实施了学前教育男免费师范生培养计划。四川在四川师范大学、阿坝师范高等专科学校等6所省属高校招收本专科免费师范生，以农村义务教育教师培养为主，兼顾农村幼儿教师和特殊教育教师的培养。江西为农村县乡镇及以下幼儿园定向培养初中毕业起点三年制中师、五年一贯制大专农村学前教育师资。

各省区在实施学前教育免费师范生项目的时候，要认真学习义务教育免费师范生项目的经验，吸取义务教育免费师范生项目的一些教训。对于学前教育免费师范生的服务年限，参照国家免费师范生的实施政策，建议学前教育免费师范生服务期限为6年，但根据在乡村幼儿园任教的不同规定其在农村地区的最低服务年限。在行政村幼儿园任教的学前教育免费师范生连续工作满3年后方可调动，在乡镇幼儿园任教的学前教育免费师范生连续工作满5年后方可调动。在一定年限的乡村服务工作结束后，一定要给这些年轻人一个出路，解除免费师范生被困在农村不能继续发展的后顾之忧。对于服务于乡村一线的幼儿教师，应该建立一定的职业发展与向上流动机制，增强政策执行的灵活性与变通性，适当照顾这些年轻人的婚恋与家庭。就目前的中西部农村而言，要年轻女教师常年甚至终身服务于乡村幼儿园是不现实的，在城乡差异的残酷现实面前，只能以3~5年的乡村奉献为基点，实施有条件的回城。

二、学前教育特岗计划的合理配置

近年来，特岗计划成为我国中西部经济落后农村地区唯一的教师招聘方式，从招聘数量、学历水平、覆盖范围来看影响巨大。特岗计划在我国边远贫困地区持续实施10年来，有效地改善了农村教师队伍的质量。与免费师范生政策一样，特岗计划对于一些农村籍毕业生具有一定的吸引力，是破解当前我国中西部经济落后农村地区学前教育师资匮乏的一个有效机制。在就业压力不断增加的背景下，以特岗的形式进入体制内，成为有正式编制的教师，即使是最基层的公务职位，对于社会资源缺乏的农村籍大学毕业生来说依然是一个不错的选择。

遗憾的是，特岗计划目前主要局限在义务教育阶段，没有大范围地延伸到学前教育领域。然而，随着农村学前教育的发展，幼儿园师资的缺乏日趋严重。曾有地方官员指出，现在急缺幼儿教师，应该将农村幼儿园纳入特岗计划的实施范围。目前甘肃等不少地区实施了幼儿教师特岗计划，优先补充农村幼儿教师队伍。中西部各省区应该将学前教育特岗计划作为缓解农村幼儿教师匮乏的一个重要路径。

在实施学前教育特岗计划时，有必要进一步明确，在中西部经济落后的村办园服务的幼儿教师可以在2年后转入国家正式教师编制，在乡镇幼儿园连续工作满5年（含转入编制前的2年服务期）即有机会在所在省（区）范围内所有幼儿园之间流动。在中西部经济落后的乡镇幼儿园服务的幼儿教师可以在3年后转入国家正式教师编制，在乡镇幼儿园连续工作满6年（含转入编制前的3年服务期）即有机会在所在省（区）范围内所有幼儿园之间流动。转入编制前的工资福利待遇参照所在乡村小学教师的相关标准执行。

此外，在实施学前教育特岗计划时，还需要突破“三定”（定县、定校、定岗）原则，建立特岗教师职业发展成长机制和横向流通机制。在5~6年的服务期满后，一定要给予这些人员向上发展的出路。但“三定”原则损害了特岗计划的长远成效。特岗教师的成长空间较小等问题对教师的稳定性有不利影响，如贵州威宁县石门乡2006—2012年期间招聘的81名特岗教师就有21人中途离岗。因此，在实施学前教育特岗计划时，必须由省区教育行政部门统一协调，突破跨县调动的瓶颈，实现人性化管理。

北京师范大学2011年对特岗教师的调查表明，以母亲户籍为依据，特岗教师79.89%为农业户口。这表明，特岗教师多为农村籍大学毕业生，因此，在实施学前教育特岗计划时，应增强政策的瞄准性或针对性。在一定意义上可以说，相对于城市大学毕业生来说，农村籍大学毕业生更容易融入农村文化和农业文明，扎根农村的可能性更大。

三、学前教育师资城乡交流的逐步扩展

建立中西部农村地区幼儿教师的城乡交流机制，是在新的历史时期贯彻落实党中央“城市支持农村、工业反哺农业”重要方针的具体行动和有效路径，是解决中西部农村地区幼儿教师匮乏问题的重要举措，对于促进中西部农村地区学前教育的均衡发展和新农村建设具有重要的战略意义和现实意义，对于保障中西部经济落后农村地区的幼儿的平等受教育权具有一定的现实意义，对于建设和谐社会和实现中华民族的伟大复兴具有重要的战略意义。

各省区政府可以在《教育部关于大力推进城镇教师支援农村教育工作的意见》的基础上出台配套政策，激励和引导广大城市幼儿教师支援农村学前教育事业，建立城市幼儿教师支援农村学前教育事业的长效机制，探索城市幼儿教师支援农村学前教育事业的有效途径。可以通过城乡幼儿园“结对子”“手拉手”等多种有效形式，促进优质学前教育资源城乡共享。

参照现有中小学教师职称评审的相关规定，各省（区）政府可以尝试出台相关政策，规定凡是在县政府所在地的城关镇、地级市城区、省会城市城区幼儿园任教的教师，无论是否实行职称评审制度，无论公办园还是民办园，只要有编制，就必须有2~3年的乡镇幼儿园支教经历。此外，支教教师须在40周岁之前完成支教任务。已满40周岁的城区幼儿教师可以适当缩减支教时间为1~2年。对于支教的城市幼儿教师给予一定的生活费和交通费补贴。

各级政府还可以尝试出台政策，定期组织乡村幼儿教师进城市幼儿园研修学习，虽然城乡学前教育存在一定的不同之处，但是幼儿的共性毕竟多于差异性，所以，无论是从保教理念、保教手段与方法、保教内容、管理与组

织方面，城乡均有相互交流与学习的必要性。

四、中西部乡村幼儿教师补充机制的路径开拓

要建立中西部经济落后农村地区幼儿教师补充的长效机制，必须下大决心，采取重大措施，建立有效的补偿机制，从各方面提高农村幼师的社会地位，大力改善他们的工作、学习和生活条件，努力使农村幼儿教师成为有吸引力的职业。

1. 建立以中央、省区、地级市三级政府财政投入为主的成本分担机制

中西部经济落后农村地区基本上都属于国家级贫困县，县级财政难以支撑县域内的学前教育事业发展。曾有地方官员指出，特岗计划实施县都是“国贫县”，经济基础差，教师需求量大，地方财政十分困难，国家应提高特岗教师补助经费标准。

由此可见，在我国中西部经济落后农村地区，依靠县级财政发展学前教育事业是不现实的，必须将包括幼儿教师培养经费在内的学前教育发展经费纳入中央、省（区）、地级市政府的财政预算之内，进行合理分担，并实现单列。对于西部经济落后农村地区幼儿教师培养经费的成本，可以实行中央、省（区）、地级市政府按照 5∶3∶2 的比例分担；对于中部经济落后农村地区幼儿教师培养经费的成本，可以实行中央、省（区）、地级市政府按照 4∶3∶3 的比例分担。特岗计划资助期限由目前的 3 年延长为 5~8 年不是解决问题的办法，8 年之后呢？所以，需要中央、省（区）、地级市政府持续投入才能从根本上解决问题。否则，我国中西部经济落后农村地区学前教育事业依然是没有保障的。

随着学前教育公共产品属性的不断趋强，由政府主导学前教育发展势在必行。我国中央政府已经基本建立转移支付扶持中西部农村教育发展的机制和常规。中央和省区政府可通过转移支付的方式，解决中西部经济落后农村地区学前教育免费师范生的培养和学前教育特岗计划的实施。中央政府必须参与中西部经济落后农村地区幼儿教师的培养中来，解决经费短缺问题。这是世界各国促进经济落后农村地区学前教育发展的通例。

2. 进一步提高免费师范生与特岗教师的工资福利待遇

工资待遇是免费师范生和特岗教师最关心的问题，可从工资福利待遇、医疗、子女上学、就业及退休后的生活保障等方面给予切实的帮助。近几年，他们的待遇虽有较大幅度提升，但其待遇吸引力依然不足。待遇问题依然是影响中西部经济落后农村地区幼儿教师队伍补充的重要因素。提高农村幼儿教师的待遇和地位是当务之急。对于人均 20540 元的年工资标准，广西、青海、陕西均表示偏低，经济极度落后地区的特岗教师待遇应适度提高。从学前教育的公益性讲，社会应把学前教育与义务教育放在同等地位，政府应直接参与解决幼儿教师待遇问题。将幼儿教师待遇问题纳入公共部门专业人员管理的范畴考虑，由政府主导解决幼儿教师待遇问题具有较大的可行性。

在贵州，由于各地财力拮据，有的乡镇及学校为解燃眉之急，只能搭建“外面下大雨、里面下小雨”的临时住所供特岗教师暂时栖身。有的乡镇学校教学用房和场地有限，连临时住所也无力筹建，只能让特岗教师在民房合租，三五个人挤住在十几平方米的房间。在没有临时性房屋或可租住房屋的地区，特岗教师不得不在年久失修的老宅栖身。这些最基本的生活保障问题不解决，必将大大消解免费师范生与特岗计划的执行成效。

当前我国农村幼儿教师待遇问题已经直接影响到农村幼儿教师队伍建设和农村学前教育发展质量，这种现象在中西部经济落后农村地区表现尤为突出。短期内，在“教师待遇不低于当地公务员收入”一直没能实现的情况下，在农村教师经济待遇十分低下、工作条件相对恶劣的情况下，仅仅以编制作为优惠条件，还难以充分实现免费师范生与特岗计划的政策目标。要想充分发挥免费师范生与特岗计划的政策效益，还需要建立艰苦地区服务津贴补偿制度。根据管理学研究，报酬奖励要超过原收入的 1/4 才会起到比较好的效果。据此，凡在中西部经济落后行政村幼儿园执教的幼儿教师，其艰苦地区服务津贴应不低于同样级别县城幼儿教师当月工资收入的 30%，在中西部经济落后的乡镇幼儿园执教的幼儿教师，其艰苦地区服务津贴应不低于同样级别县城幼儿教师当月工资收入的 25%，并在继续教育、职称评定、职务晋升、社会保险等方面给予优先考虑，以实现对其奉献农村学前教育事业的补偿，进一步增强免费师范生和特岗计划的吸引力。在这方面，陕西吴起县的做法值得借鉴。2007 年起，吴起县政府对农村一线教师浮动一级工资，对非本县教师每月提供100元的住房补贴和每年2000元的探亲费。

3. 建立幼儿教师扎根农村学前教育事业的持久机制

农村留不住年轻的教师，他们人在农村，心在城市，导致免费师范生、特岗计划的预期目标和作用不能充分发挥。调查表明，有高达41.25%的农村幼儿教师在二次择业时有意放弃幼儿教师职业。过多的限制会挫伤学生报考免费师范生的积极性，仅仅依靠免费师范生的思想觉悟，让他们扎根农村也不现实。看来，保持我国农村学前教育健康、持续发展需要进一步调整政策，建立一种扎根农村学前教育事业的持久机制，让农村幼儿教师真正融入农村。针对中西部农村籍学生定向培养和招聘中西部经济落后农村地区的幼儿教师具有较大的现实性。

目前，还要强化对农村幼儿教师的价值观教育和师德教育。一方面，弘扬积极的社会文化，助推尊重农村幼儿教师的社会环境，激励与鼓舞农村幼儿教师的工作热情和专业自豪。另一方面，鼓励幼儿教师行为自觉，树立社会责任意识。利用自己掌握的知识为人类谋福利，而不仅仅追求自身的经济富足，让自己的人生意义在奉献中不断丰富，在担当中不断升华。农村幼儿教师要增强对农村学前教育事业的热爱与忠诚度、责任感与奉献精神，树立明确、坚定的职业发展方向，激发自己长期从教的职业志向与乐于从教的教育情怀和安心扎根农村学前教育的行动自觉。

立足长远，唯有加快新农村建设步伐，解构城乡二元体制，逐步缩小城乡差异，提供基本的生存空间和宜居环境，才能够留住这些年轻的幼儿教师。目前，全国绝大多数省、自治区、直辖市已经取消农业户口，区分“城里人”和“乡下人”的两元户籍制度退出历史舞台。这是解构城乡二元体制的重要一步。在可以预见的未来，我国城乡差异将不断缩小，城乡一体化建设步伐不断加快。这种有利的外部社会环境有利于建立让幼儿教师扎根农村学前教育事业的持久机制。

第七章
社区与家庭：中国农村学前教育公共服务体系的依托

第一节 农村社区与家庭对学前教育的支持

德国社会学家滕尼斯提出，社区是一种古老的社会组织形式，是持久的、真正的共同生活，社区本身应该被理解为一种生机勃勃的有机体，农村社区是社区的典型。① 在社区里，人们过着一种紧密的、亲密的共同生活，彼此熟悉，彼此影响。对儿童特别是年幼的儿童而言，生活的社区就是他的世界，社区承载着他的全部生活。儿童教育要实现教育生活化、生活教育化理念，必须走进儿童生活的社区，融入儿童生活的社区，发掘儿童生活的社区的教育资源，催化儿童生活的社区的教育力量，把整个社区变成一个大教育机构。

一、社区对学前教育的支持

近年来，在党和国家的高度重视下，我国学前教育事业获得了很大发展，农村学前教育也获得了长足的发展。特别是进入 21 世纪以来，党和国家根据社会整体的发展规划和战略布局，调整了农村发展的方针政策，强调农村社

① 斐迪南·滕尼斯．共同体与社会［M］．林荣远，译．北京：商务印书馆，1999：54.

会的整体发展、内源性发展和发展质量，而这一切都离不开农村教育的发展，因此，党和政府特别加强了对农村教育发展的关注，尤其是农村基础教育的发展。地方政府积极响应国家号召，落实农村学前教育发展政策。以江苏省为例，江苏在2010年全力推进农村合格幼儿园建设工程。省财政投入2亿元，各地投入近10亿元，基本完成56个县（市、区）的980个省帮扶农村合格幼儿园建设项目，完成项目幼儿园的省配保教设备选配工作，极大改善了农村幼儿园的办园条件。2014年，江苏省共有幼儿园5072所（其中民办幼儿园1794所），招收幼儿85.32万人，在园幼儿234.13万人（其中民办幼儿园在园幼儿64.29万人），专任教师11.59万人（其中民办幼儿园专任教师3.78万人），学前三年教育毛入园率97.5%。截至2015年年底，江苏省学前三年教育毛入园率达97.6%，高于全国平均水平22.6个百分点，高于“十一五”末1.6个百分点。这些增长是城市和农村学前教育资源增加的共同结果。

农村公共学前教育资源增加的一个突出表现就是社区对学前教育支持力度增加。随着改革开放和社会主义市场经济的深入发展，城乡出现了多体制、多种类、多形式的社区学前教育机构。① 其运行机制，主要有以下几种。

第一，教育行政部门以正规化幼儿园（乡镇中心园）为重点，要求园方在提高自身教育质量的同时，承担对邻近的正规与非正规村办幼儿园或者小学附设学前班的保教业务指导工作，以点带面，推动学前教育事业的发展。如河北省青县、滦平、任丘、沧县等6个县以办好乡镇中心幼儿园为重点，由中心幼儿园园长兼任乡幼教辅导员，依靠各村村民委员会，群策群力，发展村办园、小学附设学前班等。

第二，在经济发达地区，基层政府组织一般借助教育文化机构，如学校、公共文化、教育设施和重点企事业单位等的力量，成立社区学前教育委员会或者指导委员会，根据群众需要，统筹规划本地区的教育设施布局，聘请退休教师担任专、兼职辅导员，推动农村幼儿园的发展。

第三，教育科研单位设立专项，集中一定的科研基金，组织专业人员深入农村社区举办实验点，探索保教工作规律。如中国儿童发展中心心理研究室方意英等人，用3年时间在北京市5个社区进行婴幼儿发展的现状调查和

① 刘晓东，卢乐珍，等．学前教育学［M］．南京：江苏教育出版社，2009：84-86.

有针对性的干预措施。一是保健干预，建立社区儿童的健康档案，进行生长发育监测，降低贫血、龋齿、佝偻病和上呼吸道发病率，减少低体重儿出生率，提高满月增磅、母乳喂养率；二是教育干预，培训社区保健人员、幼教工作者和家长，开展家教咨询、玩具制作、亲子游戏活动，建立玩具图书室等。

第四，全国部分地区突破幼儿园、学前班的单一模式，因地制宜建立幼儿游戏组、家庭活动站、亲子活动中心、“大带小”游乐园等，开展多种多样的非正规学前教育活动，使居住分散、交通不便的牧区、山区或贫困地区的大量儿童接受教育，扩大了散居学前儿童受教育的机会。如江苏省常州市妇联成立了面向 0~3 岁儿童及其家长的亲子乐苑，面向 0~14 岁儿童及其家长的好孩子俱乐部、亲子教育沙龙、玩具之家等。河北省兴隆县郝家庄小学学前班教师把居住在山区 3 条大沟里的 10 户有幼儿的实庭组织起来，每逢周六集合到学前班开展亲子游戏活动。在每年 5—9 月，内蒙古自治区锡林郭勒盟的流动游戏车就会巡回到各游戏点施教，呼伦贝尔市孟根牧区，每逢集市日，大篷车把玩具、图书送进草原，教歌舞，发资料，开展早期教育活动。河北滦平县境内沟梁交错，全县共建立了 185 个游戏小组、巡回辅导站和家庭联系户，吸引了 1500 余名儿童定期参加教育活动。许多农牧民家长在亲子合说一个故事、共唱一首歌、展出家庭绘画作品等活动中，提高了家庭教育素养，也感受到自豪感和责任感。他们自觉改善家庭环境，不抽烟，不打牌，不说粗话，在家中开辟宝宝天地。社区非正规化学前教育体现了经济、灵活、简便的原则，在一定程度上解决了我国地域辽阔、经济发展不平衡的难题，满足了交通极其不便地区的广大群众接受学前教育的愿望，提高了整体的学前教育质量。

二、家庭对学前教育的支持

早在 1927 年，陈鹤琴先生就指出幼儿教育是一种很复杂的事情，不是幼儿园一方面能够单独胜任的，需要得到幼儿家庭的大力支持与配合。但是，在当前的家园合作中，家庭方面的支持力量还很弱小，如我国家园合作中存在家长参与意识缺失，家长参与幼儿园教育管理的权利缺乏支持和保障等现象。家长没有认识到参与幼儿园教育的意义，家长不能主动与教师沟通。① 有些家长在家园合作中不够积极主动，仅仅局限于按时出现在幼儿园，出席幼儿园要求的活动，听老师讲幼儿的表现，看幼儿园的教育活动如何开展、听家庭教育讲座等。②

一项调查发现，大连市幼儿母亲参与亲子阅读的积极性逐渐提高，但是指导策略、外围支持等方面还需要更进一步的提高。有的母亲还认为早期阅读就是教孩子识字，将早期阅读变成了识字的工具，把阅读等同于识字。持这种认识的家长，忽视了早期阅读的任务主要是对孩子进行阅读兴趣和阅读习惯的培养。还有的母亲认为亲子阅读就是家长读孩子听，但是中间没有提问和对话，和孩子没有互动，其过程比较单调乏味，不能引起孩子阅读的兴趣。③ 另一项针对父亲在家园合作中的情况的调查发现：73.7%的父亲认为家园合作对孩子的影响“非常重要”，22.1%的父亲认为“重要”，4.2%的父亲认为“一般”，没有人认为“不重要”。由此可以看出，绝大多数的父亲认为家园合作对孩子成长的影响是十分重要的。另外，68.1%的父亲认为参与家园合作“非常重要”，25.4%的父亲认为“重要”，而认为父亲参与家园合作“不太需要”和“不需要”的人数分别占调查对象的6.3%和0.2%。由此可见，绝大部分父亲认为参与家园合作活动是很重要的。父亲是幼儿成长的重要引导者，在幼儿进入幼儿园后，父亲只有树立积极参与家园合作的观念，与幼儿园进行有效的配合，才能充分发挥幼儿园教育和家庭教育的作用，形成教育合力。随着父亲自身受教育水平的普遍提高，其对家园合作重要性的认识也相应提高。④

家园合作中家庭支持力量弱小的情况在农村学前教育中尤为突出。一项针对广州地区4所农村民办幼儿园的调查表明：约有68.4%的家长把自己在家园合作中的角色定位为幼儿园教育的合作伙伴，说明他们还是很乐于与幼儿园合作来促进幼儿健康成长的，但有11.4%的家长认为自己仅仅是信息交换者，并没有意识到自己还可以是幼儿园活动和工作的参与者和协助者。调

① 王伟．幼儿家长参与家园合作状况的思考［J］．教育导刊（下半月），2011（3）．
② 闫静．浅谈家园合作中家长的被动合作及对策［J］．教育导刊（下半月），2010（4）．
③ 吕雅麟．大连市幼儿母亲参与亲子阅读现状研究［D］．大连：辽宁师范大学，2010：1．
④ 李睿彤．家园合作中父亲参与的现状、问题及对策研究［D］．济南：山东师范大学，2015：16-17．

查发现，能积极主动向教师反映孩子在家里情况的家长约占 39.2%，有超过一半的家长并不经常主动向教师询问孩子在园情况。数据表明，很多家长没有意识到教师是需要了解幼儿在家里的情况的。约 82.7%的家长认为，家园合作对他们影响最大的是与教师建立了良好的关系。①

由于农村家长自身文化水平不高等原因，很少有家长能腾出时间辅导孩子的学习，更不会有大量的时间对孩子进行学前教育。农村家长在学前教育观念上普遍落后，多数不愿意在学前教育上花费精力与财力。②像安徽和江西两省的广大农村地区，很多父母经常在外打工，孩子通常由爷爷奶奶带。父母与孩子缺少互动和交流，更别说营造一个良好的家庭教育环境了，以至于孩子的教育只能依赖学前教育机构。这样会影响学前教育的有效性，而缺少父母的教育对孩子来说也是不完整的。同时，在这些地区，家长的观念仍然没有得到转变，大部分家长认为教育应该是幼儿园的事情，甚至就算观念上转变过来，在实际行动中却依然不注意为孩子创设良好的学习氛围，忽视家庭学习环境对孩子的影响。③

一项针对西部农村家庭对学前教育的支持情况的调查发现，家长对学前教育有着“极端”的认知，觉得学前教育可有可无或是把幼儿园当成步入小学前的预备班。有 37.8% 的家长认为学前教育是带孩子的工作，教师不过是“保姆”。这类家长文化水平偏低，没有树立科学的教育理念，对孩子的教育不够重视。有 40.7% 的家长认为幼儿园就是为小学做准备。这部分家长送子女进入幼儿园的目的就是让孩子学会读书、写字、做算术题，对于培养幼儿良好的学习习惯、塑造幼儿的品行并不关注。只有极少部分的有文化的家长认为孩子在幼儿园应接受正规的教育。家长们这种与现今学前教育理念背道而驰的观念，成为农村学前教育的一大阻力。仅有 12.5% 的家长认同对幼儿的教育主要以游戏为主是正确的，这部分家长有一定的文化水平，在学前教育方面有自己的见解，也了解国家颁布的相关法律法规，如明令禁止学前教育的“小学化”。即便如此，家长对学前教育的重要性也无法深刻理解，只

---

① 余胜美，何霭雯．农村民办幼儿园家园合作现状及思考——以广州地区四所农村民办幼儿园为例［J］．教育导刊（下半月），2011（7）．

② 单吉庆．中西部农村地区学前教育发展策略研究［J］．亚太教育，2016（3）．

③ 王爽．EPPE 项目对我国中部欠发达地区学前教育的启示［J］．西北成人教育学院学报，2016（1）．

是觉得“孩子书念得太多会很累，幼儿阶段需要以游戏为主”。有 62.8% 的家长觉得学前教育必须教会孩子基础知识，尤其是语文、英语以及算术，认为“孩子尽早接受知识很好，这样孩子才不会输在起跑线上”。这部分家长信守陈旧的观念，在学前教育与小学教育之间画等号，认为它们的性质是相同的。有 8.9% 的家长觉得学前教育是否讲授知识不重要，只要孩子的人身安全得到保障就好。这部分家长绝大多数都在离家较远的地方工作，并且收入较低，没有时间照顾孩子，觉得“保障孩子的安全就是一切”。家长们的不正确观念，在一定程度上影响了农村学前教育的进步。①

农村青壮年人员外出务工进一步削弱了农村家庭对学前教育的支持力量。据 2016 年 3 月 27 日《中国青年报》披露，目前我国约有 1 亿留守、流动未成年人，约占全国未成年人数量的 1/3。全国妇联《农村留守流动儿童状况调查报告》显示，在农村留守儿童中，父母一方外出的占 47.14%，双亲外出的占 52.86%。农村留守儿童中，25.56%由祖父母抚养，15.72%被托付给亲戚、朋友。值得注意的是，有 11.58%的留守儿童监护人不确定或无人监护。农村留守儿童特殊的生活条件和教育环境，使之无法得到正常成长所需要的家庭教育。该报告显示，在农村留守儿童中，一半以上的儿童非父母亲自抚养，大部分农村留守儿童的祖父母文化水平偏低，思想观念比较陈旧，与儿童之间的代沟明显，在教育方式上普遍存在放任、溺爱等现象。亲朋好友监护者，也存在不负责任、不敢严格管理，或教育能力低、与孩子感情交流少等问题，不能完全尽到对孩子的教育职责。②

幼儿园、家庭和社区的合作是学前儿童发展的需要，当然也就是学前教育的需要。农村学前教育服务体系应当是包含这三方力量的综合体系，根据农村学前教育的现状，着力提升社区和家庭的力量以增强教育合力，促进农村学前儿童的全面健康发展。

---

① 何艳超．西部农村学前教育存在的问题及对策研究［J］．曲靖师范学院学报，2014（S1）．

② 郭喜青．心理关爱：农村留守儿童健康成长的保障［J］．河南教育：基教版（上），2016（9）．

第二节　农村学前儿童家庭教育服务的途径与方式

一、家庭中心的服务模式

（一）儿童：儿童教育的中心

“儿童中心”“儿童为本”或“儿童本位”是现代儿童教育区别于传统儿童教育的特征，是社会文明进步、教育人不懈奋斗的成果。儿童教育的现代观念在夸美纽斯的那个时代开始萌生，是文艺复兴运动的思想成果在教育学领域的积淀，是文艺复兴运动开出的教育学之花，这种教育学之花有浓郁的人本主义的色香味。这种花结出了累累硕果：卢梭“发现”了儿童，在此基础上提出了新的教育观，而杜威继承了教育学的这些现代思想并有所发展，明确提出了儿童中心论的教育体系，于是儿童教育的现代观念和现代立场已经成熟和基本完备。儿童教育的现代观念从其萌生到成熟，都是基于对儿童心灵、儿童生活、儿童世界的发现，儿童教育学的现代体系也是围绕着儿童心灵、儿童生活、儿童世界而展开的。现代儿童教育是以儿童为出发点的，又是以儿童的成长为其归宿的。也就是说，现代儿童教育的基本立场是以儿童为中心，以儿童为本位。①

“以儿童为本”也是近年来我国基础教育领域逐步确立起来的基本理念，在 2001 年正式颁布的《幼儿园教育指导纲要（试行）》中，这一理念在政策层面上得到了充分彰显。2012 年颁布的《幼儿园教师专业标准》也把“幼儿为本”作为四大基本理念之一；《3—6 岁儿童学习与发展指南》更是明确提出幼儿园教育实践应以儿童发展为本。②

① 刘晓东．论儿童本位［J］．教育研究与实验，2010（5）．

② 李召存．以儿童为本：走向“为了儿童”与“基于儿童”的整合［J］．学前教育研究，2015（7）．

儿童教育工作者对“儿童为本”的教育理念的认知和理解表现出动态发展的特征，如随着对儿童为本教育理念践行的深入，有学者提出，教育实践中应从两个方面——“为了儿童”和“基于儿童”——落实儿童为本的教育理念。“为了儿童”，即为了儿童的发展，教师花额外的时间、采取不同的教育方式，尽心尽责；“基于儿童”，即教师意识到在自己的教育实践中应多注意倾听儿童的观点或意见，关注他们的心理感受或内在体验，教育活动设计要基于儿童的体验、儿童的视角和儿童的社会文化。在中国的教育文化语境中，如果说“为了儿童”更多地体现为一种全心全意为儿童发展着想的教育伦理精神的话，那么“基于儿童”则主要体现为回复儿童人之为人的独特地位和内在价值，把儿童视为有意义感受的生活主体、权利主体、学习与发展主体的一种教育文化品格。一方面，“为了儿童”需要以“基于儿童”为基础，如此才能真正体现教育过程中儿童的主体地位，才不至于使教育者在为儿童提供教育引导时以成人的意愿替代儿童的感受，以成人的视角替代儿童的立场，以抽象的儿童概念替代每个具体文化场域中的儿童等；另一方面，“基于儿童”需要以“为了儿童”为价值导向，教育实践中的“基于儿童”最终还是为了儿童健康快乐的成长和有意义的生活，实现育人价值是其根本的指向，如此才能体现出教育的目的性，而不至于流于对儿童的无原则迁就和一味放纵，不至于把来自成人的合理保护和教育也视为“成人本位”而横加批评。把“为了儿童”和“基于儿童”有机统一起来，从而使“以儿童为本”的理念能够从国家教育政策倡导的层面真正转化到教育者的社会文化心理层面上来，并在教育实践中得到有效落实，真正保证儿童有一个快乐而有意义的童年。①

（二）家庭：学前教育公共服务的中心

所谓“家庭中心”，即是不再将儿童个体或群体作为服务的焦点，而是将焦点集中于有学前儿童的家庭上，强调为家长提供各种支持性服务，给家庭提供包含教育需要满足在内的各种需要满足帮助，这并不意味着服务只是

① 李召存．以儿童为本：走向“为了儿童”与“基于儿童”的整合［J］．学前教育研究，2015（7）．

为了支持、帮助家庭，增强家庭的功能和稳定性或者是提升家长或其他家庭成员的福祉，这些追求无疑是服务的目的，但学前教育公共服务的最终目的是为了儿童的发展，儿童仍然是整个服务的起点和终点，“家庭中心”的本质含义是以家庭作为服务儿童的中介，以家庭功能的完善、强化，保障和促进儿童生活、发展需要的恰当满足。

为何学前教育以儿童为中心，学前教育公共服务却需要以家庭为中心？从宏观层面讲，教育公共服务体系是政府公共服务体系的重要组成部分，公共服务体系是现代政府实施社会管理、保障人民生活和权益的主要方式。对儿童来说，结构、功能完好的家庭是最佳的保障。家庭也是满足儿童成长需求以及预防各种问题产生的最有效单元。任何在家庭以外建立起来的正规的社会保护制度，都不能取代家庭的功能和责任，而只是政府在不同程度上用不同的方式对家庭责任的分担。[①] 因此，作为整个保障体系的一部分，学前教育公共服务以家庭为服务对象的中心最有利于服务功能的发挥和服务目标的实现。

从儿童个体发展的微观层面讲，无论儿童在家还是在教育机构，家庭对儿童的发展都至关重要。约翰·鲍尔比关于儿童依恋的研究是众多证明以上观点的一个重要研究。其研究对象是那些住院时和父母分开的儿童。在当时，这种情况十分普遍，因为人们认为，父母不在旁边，儿童反而更好照顾。鲍尔比通过研究发现，即便专业人士对儿童的身体问题进行了精心的护理和治疗，但是，将儿童与他们的家庭分隔开，会对儿童的发展和心理健康产生严重的负面影响。他进行了一项关于儿童依恋与住院的经典研究，研究的结果使得现在的医院和医生不再用过去的方法处理儿童住院时的亲子关系。[②]

“父母是孩子的第一任教师”已经成为许多人的共识，但这个共识在“家庭中心”的教育服务中有着不同的意思：支持服务的重点在于无论家长需要什么，都设法为他们提供帮助，而不在于告诉家长如何参与孩子的教育过程，或者告诉家长必须承担起教师的责任。有些家庭发现，在得到教师或

---

① 张秀兰，徐月宾. 建构中国的发展型家庭政策［J］. 中国社会科学，2003（6）.

② JANET GONZALEZ-MENA. 儿童、家庭和社区——家庭中心的早期教育［M］. 5版. 郑福明，冯夏婷，等译. 北京：高等教育出版社，2012，p. 8.

其他家庭的支持和帮助之后，自己的生活变得更为有条理，这样，既从情感上帮助了孩子，又能够满足孩子在营养、休息和锻炼方面的基本生理需要。而身体和情感需要得到满足的儿童，就能将重心和精力放在学习上，这些是最基本的目标。[①] 例如，农村学前留守儿童所遇到的许多问题就是由于家庭结构的阶段性不完整，家庭抚养、情感等功能的阶段性缺失弱化，家庭成员角色的冲突等因素造成的。要真正解决学前留守儿童遇到的生活和发展问题，保障他们的权益，就必须首先解决以上家庭问题，幼儿园的教育干预必须与家庭教育紧密结合，才能产生应有的效果。例如，江苏第二师范学院学前教育学院 2015 年承担了一项部委级课题（农村 3～6 岁留守儿童心理健康促进项目），服务幼儿园大班儿童（2015—2016 学年），大班和中班儿童（2016—2017 学年），大班、中班和小班儿童（2017—2018 学年），服务内容主要包括亲情家书、亲子视频生日会、假日亲子活动、情感主题绘本教育和家庭教育指导等。两年多的服务活动有力地证明了家庭矛盾的缓解、家庭问题的解决对留守儿童心理健康的保护和促进意义。其中，林林的故事是一个比较有代表性的例子。林林是中班的一个留守男孩，父母均在外地务工，他跟随爷爷奶奶生活。自他入园以来就表现出对老师关注的特别需求，对周围环境的强烈不安全感，以及对其他小朋友过多的防御和攻击行为。老师们尝试过多种教育方式改善林林的行为表现，但成效都不理想。主班老师通过项目活动，深刻认识到家庭环境、家庭教育对儿童的影响，于是她下定决心找出促进林林改变的家庭力量，不厌其烦地与林林的奶奶和妈妈沟通。被她的真诚和耐心所感动，林林的奶奶终于坦诚地讲出了林林真实的家庭环境。原来，自林林 3 个月大起，他的父母就外出务工了，平均一年能回家两三次，平时也很少联系，林林的抚养责任几乎都推给了爷爷奶奶。奶奶因为劳累对他们特别是对林林的妈妈有负面情绪，经常会对林林讲“妈妈不爱你”之类的话，林林的妈妈有时也会对林林说一些指责奶奶的话语。林林成了家庭中成人发泄负面情绪的对象。林林的老师在了解到这些情况之后，为林林做了一份特别的家庭教育指导计划，把重点放在缓和紧张的家庭成员关系上。经过近一学

① JANET GONZALEZ-MENA. 儿童、家庭和社区——家庭中心的早期教育［M］. 5 版. 郑福明，冯夏婷，等译. 北京：高等教育出版社，2012，p. 9.

期的努力，林林的变化就很明显了，他不再那么渴求老师的关注，情绪轻松了很多，渐渐能友好地与其他小朋友相处了。

以家庭为中心的教育服务在国外已有许多成功的经验可供我们借鉴。在20世纪60年代美国向贫穷开战的运动中，提前开端成为一项由联邦政府资助的综合性学前教育与社会服务方案。该方案不仅要求父母参与，而且提出了一些规则，让父母在他们子女的教育过程中，有一定的发言权。生态系统理论提出者布朗芬布伦纳是该方案的发起人之一。他强调不存在抽象的儿童概念。他的观点不仅在儿童教育中得到了体现，而且还进一步向下延伸到婴儿和学步儿。这一观点认为，教育的着重点不应放在婴儿和学步儿身上，而是应该放在家庭上面，因为对这些儿童最大的影响来自家庭。父母教育的先驱高登早在20世纪60年代时，就在佛罗里达州创办了一个婴儿父母教育机构，致力于改善对婴幼儿的教育。他研究了父母教育与父母参与的6种等级形态。借此，将婴幼儿的父母从信息的接受者，转变为学习新技能的助教的志愿者。①

鲍威尔在1998年坦陈，以家庭为中心的机构还不够普遍。为此，他将早期儿童教育机构比喻为一条由三股不同颜色的线纺织出来的布料，三种颜色分别代表儿童、教师和家长。他描述说，最常见的方式是将儿童和教师这两股线编织在一起，而父母则被置于一边。而以家庭为中心的模式则会编织出另一种布料，代表家长的这股线会编织在其中，三种颜色的线融合为一个整体。美国幼儿教育协会支持以家庭为中心的教育机构，认为："幼儿的学习和发展要与他们的家庭有机地联系起来。因此，为了促进幼儿最佳的学习和发展，各种教育机构都要把与幼儿家庭的沟通互动放在首要的位置，在相互信任和相互尊重的基础上建立与家庭的关系，帮助和支持家庭参与幼儿的教育发展过程，诚邀家庭全面参与教育机构。"②

我国虽然还没有家庭中心的教育服务方案，但在幼儿教育的相关法规中已明确提出幼儿教育要家园合作，确定了家庭在幼儿教育中的重要地位。

---

① JANET GONZALEZ-MENA. 儿童、家庭和社区——家庭中心的早期教育［M］. 5版. 郑福明，冯夏婷，等译. 北京：高等教育出版社，2012，pp. 8-9.

② 同①，pp. 10-11.

2016年3月1日起施行的《幼儿园工作规程》“幼儿园、家庭和社区”部分也明确了有关规定。

《幼儿园教育指导纲要（试行）》在“总则”中指出：“幼儿园应与家庭、社区密切合作，与小学相互衔接，综合利用各种教育资源，共同为幼儿的发展创造良好的条件。”在第二部分“教育内容与要求”中规定，健康教育“要与家长配合，根据幼儿的需要建立科学的生活常规。培养幼儿良好的饮食、睡眠、盥洗、排泄等生活习惯和生活自理能力”。社会教育要“与家庭、社区合作，引导幼儿了解自己的亲人以及与自己生活有关的各行各业人们的劳动，培养其对劳动者的热爱和对劳动成果的尊重”。在第三部分“组织与实施”中规定：“家庭是幼儿园重要的合作伙伴。应本着尊重、平等、合作的原则，争取家长的理解、支持和主动参与，并积极支持、帮助家长提高教育能力。”在第四部分“教育评价”中规定：“管理人员、教师、幼儿及其家长均是幼儿园教育评价工作的参与者。评价过程是各方共同参与、相互支持与合作的过程。……幼儿园教育工作评价实行以教师自评为主，园长以及有关管理人员、其他教师和家长等参与评价的制度。”

《关于幼儿教育改革与发展的指导意见》中也有相关规定：“幼儿园要与家庭、社区密切合作。要充分利用幼儿园和社区的资源优势，面向家长开展多种形式的早期教育宣传、指导等服务，促进幼儿家庭教育质量的不断提高。”

二、双导向的服务内容定位

（一）焦点问题解决导向的服务内容

家庭中心农村学前教育公共服务的服务模式决定了服务的内容应有两个主题导向：焦点问题解决导向和儿童发展阶段需要导向。焦点问题解决导向中的“焦点问题”指的是服务家庭当前面临的焦点问题，可能是家庭中儿童的问题，也可能是其他方面如失业、贫困、家庭变故等问题。确立这一主题导向的理论基础是家庭系统理论。心理学家维吉尼亚·萨提亚提出的家庭系统理论认为，家庭是一个有机整体，每个家庭成员都是其中的一个组成部分，都受家庭系统的支配；各部分不仅受系统的支配，而且各部分之间还存在着互动关系，其中某一部分改变，就会引起其他部分的改变。

有研究者曾用一个简单的短剧表演来说明这个看似深奥的理论。一个五口之家，包括奶奶、爸爸、妈妈、女儿、儿子，每个人都在自己的腰间扎上塑料彩绳分别与其他四个家庭成员连接，他们之间的距离受到相等的界定。短剧刚开始时，五个人在愉快地交谈，每个人的脸上都挂着微笑。不一会儿，连续几个电话打进来：爸爸的生意伙伴要求他出去谈生意；女儿的男朋友约她去逛街；儿子的同学邀他去打球……凡有人需要离开，就会牵动其他 4 人，向他们提出调整相互关系（即改变彩绳距离）的要求。被牵动的人或同意放行，或生气阻止，他们都会做出自己不同的反应，引起相应的情绪反馈。因此，根据家庭系统理论的解释，如果我们要做到解决儿童面临的问题，保护和促进儿童的发展，我们就不能仅仅只关注儿童，而是要综观儿童家庭的全局。儿童年龄越小，受家庭系统和其他家庭成员的影响越大，所以，就越需要关注他们的家庭状况，特别是牵动所有成员的家庭焦点问题。

家庭系统既然是一个有机系统，便会如人的发展一样，呈现出平衡、不平衡、新的平衡的螺旋上升的发展过程。每一次的平衡都是由问题打破的，新的平衡意味着问题的解决。打破平衡的“问题”对有些家庭来说，既不是显而易见的，更不是容易解决的，他们需要系统外的人甚至是专业人员提供帮助才能再次达到平衡。儿童教育工作者的培训经历使他们具备这一能力，他们关于儿童各发展阶段的需要和影响因素以及家庭教育的知识背景，他们关于机构与家庭合作的专业训练，都有助于他们和家庭成员们一起识别、解决困扰家庭的焦点问题，为儿童的生活和发展提供一个有营养的系统环境。

（二）儿童发展需要导向的服务内容

农村学前教育公共服务内容的另一个导向是儿童发展需要，这一主题内容是由学前教育服务目的直接决定的。虽然每个儿童的成长环境、表现方式各不相同，学前教育公共服务的一个基本原则就是注重个别化。但是，儿童的发展存在一定的规律性和普遍性。面向群体儿童的公共教育服务，首先要满足的就是这些规律性的、普遍性的发展需要。

马斯洛的需要层次理论给儿童教育服务工作者的启示是，教育服务内容的安排也应该是有层次、有顺序的，以满足占主导地位的需要为主。学前教育公共服务应是一个从帮助满足儿童发展的生理需要到帮助儿童实现自我的完整体系。如果儿童每天都是饿着肚子到教育机构，那么，他们探究的好奇心和动机就远不如那些每日营养需求都得到满足的儿童。①农村地区的学前教育公共服务尤其要注重底层需要满足的服务，如：通过餐补方案、科学饮食的宣传教育等服务满足儿童每日营养的需要；通过加强园舍建设等方案满足儿童安全的需要；通过科学教育理念、教育方法的教授满足儿童情感的需要；通过提升师资水平的计划，满足儿童高层次的需要。当然，如果要真正满足儿童的需要，除了关注儿童，还必须关注家庭，关注家长的需要，家长的主导需要得到满足了，就会减缓家长压力、改善家庭功能，间接地满足儿童发展的各种需要。

埃里克森的心理社会发展理论从另一个角度分析了儿童发展的需要。他认为，个体发展是持续一生的，会经历八个不同的阶段。在发展的每一个阶段，个体都会面临着一个需要解决的心理社会问题，该问题引起个体心理发展的矛盾与危机。如果个体能顺利解决每一阶段所面临的心理社会问题，就会对下一阶段的发展产生积极的影响，相反，则会产生消极的影响。学龄前的发展阶段及心理社会问题如表 7-1 所示。

表 7-1　埃里克森心理社会发展阶段表（部分）②

儿童发展阶段	年龄阶段	发展
婴儿期	0~1 岁	基本信任对基本不信任
学步儿期	1~3 岁	自主对羞怯与怀疑
学前期	3~6 岁	主动对内疚

① JANET GONZALEZ-MENA. 儿童、家庭和社区——家庭中心的早期教育［M］. 5 版 . 郑福明，冯夏婷，等译 . 北京：高等教育出版社，2012：17.

② 同①，26.

婴儿期是获得基本信任感而克服基本不信任感阶段。婴儿如果能获得母亲或其他监护人适当的照顾，就会感到所处的环境是安全的，会对现实、对人生产生信任感，否则就会对外界特别是对周围的人产生害怕与怀疑的心理，产生不信任感。如果这种不信任感扩展下去，就会形成不信任、不友好等人格品质。

学步儿期是获得自主感而避免怀疑感与羞耻感阶段。在这一阶段，幼儿开始有了独立自主的要求，如想要自己穿衣、吃饭、走路、拿玩具等，他们开始去探索周围的世界。这时候，如果父母或成人允许并支持儿童做力所能及的事，表扬鼓励儿童，那么，儿童将体验到自己的能力和对环境的影响力，逐渐养成自主、自立的人格特征。相反，如果对儿童过分溺爱和限制，什么事都由成人代做，儿童将体验不到自己的能力，觉得自己不能独立、没用，产生羞怯、疑惑等。

学前期是获得主动感而克服内疚感阶段。儿童在这一阶段，肌肉运动与言语能力发展很快，对周围的环境充满了好奇心，主动探索的欲望很强，这时候，如果父母或成人能耐心对待并细心回答他们的问题，允许和鼓励他们的探索行为，那么，儿童的主动性就会得到进一步发展，表现出很大的积极性与进取心。反之，如果对儿童采取否定与压制的态度，就会使儿童产生内疚感与失败感，这种内疚感与失败感会影响下一阶段的发展。

埃里克森的心理社会发展理论启示我们学前教育服务工作者，为学前儿童家庭提供建立儿童信任感、自主性和主动性的服务是非常必要的。

第八章
中国农村学前教育公共服务体系的区域特点

中国东、中、西部的地区划分，一般是政策上的划分，而不是行政区划或者地理概念上的划分。因此，本章中运用传统的区域划分，北京、天津、河北、辽宁、上海、江苏、浙江、福建、山东、广东等属于东部 。虽然东部面积较其他地区小，但是经济发展水平较高，在全国经济发展中发挥着龙头作用。山西、内蒙古、吉林、黑龙江、安徽、江西、河南、湖北和湖南等属于中部，属于经济次发达地区；四川、贵州、云南、陕西、甘肃、宁夏等属于西部。西部幅员辽阔，矿产资源丰富，开发潜力巨大，也是我国经济需要加强开发的地区。

通过对全国学前教育公共服务的区域特征进行梳理，可以更加全面而清晰地分析中国学前教育公共服务体系的现状与发展势态。本章内容主要依据近两百份国家学前教育改革发展实验区申报材料。

第一节　东部地区学前教育公共服务现状

与经济发展水平相适应，中国东部地区的学前教育公共服务水平总体较高，在中国位居领先地位。政府对农村学前教育的重视、各级政府职责的明确以及农村学前教育管理体制的完善，是东部地区学前教育公共服务水平提高的重要保障。

一、东部地区学前教育管理体制

学前教育管理体制在学前教育事业发展中起着领导、组织、协调、监控、保障、推动等重要作用，是保障学前教育事业健康发展的关键。它是指国家各层级政府、教育行政部门及其他相关行政部门管理学前教育事业的组织机构体系、职权责划分及内外部关系体系的相关机制、制度的总称。① 目前，我国东部地区学前教育基本上形成了“以县为主，省级统筹”的宏观管理体制和“三级办学，二级管理”的微观管理体制。有条件的乡镇已经承担起办园和管理责任。各省总体加强了省级力量对农村学前教育的统筹规划和管理力度，逐步将农村学前教育纳入农村公共事业和新农村建设，将幼儿园作为新农村公共服务设施进行统一规划，优先建设。②

（一）上海市学前教育管理体制

为解决上海学前教育面临的挑战和问题，上海强化政府职能，明确学前教育是政府公共服务职能的一部分。市、区县政府以进一步完善学前教育作为公共教育服务的政策为目标，及时预测户籍人口增长以及外来人口大量流入将带来的入园高峰，深入分析学前教育资源配置存在的主要问题，并在此基础上，完善政策设计，创新体制与机制，采取多项措施大力推进幼儿园园舍建设和资源配置，取得了明显的成效。③

上海市的学前教育管理体制改革在加强政府宏观管理，制定和实施托幼事业发展规划，强化托幼资源管理，进行学前一体化教育等方面，取得了实质性的进展。主要措施有：确立整体、系统的理念，积极发展学前教育；加

---

① 庞丽娟，范明丽．当前我国学前教育管理体制面临的主要问题与挑战［J］．教育发展研究，2012（4）．

② 庞丽娟，洪秀敏．中国学前教育发展报告——农村学前教育［M］．北京：北京师范大学出版社，2013：66．

③ 上海市教委．强化政府职能　构建学前教育公共服务体系［EB/OL］．（2014－08－29）［2018－07－06］http：//learning. sohu. com/20140829/n403878688. shtml.

强宏观管理，明确政府主管学前教育的职能；重视托幼教育的规划，整体规划学前教育事业发展，结合本地区社会经济发展、人口发展趋势和托幼资源情况，确定学前教育事业的发展；实施归口管理，优化学前教育资源；整合各种教育力量，建立和完善学前教育体系。学前教育一体化的最终目标应是促进儿童的发展，实现0~6岁儿童学前教育的一体化，正常儿童与有缺陷儿童的一体化，学前教育机构和社区教育的一体化，市区和郊区学前教育的同步发展。

上海市强化政府职能，积极构建基本均等的教育公共服务体系，在加强政府主导的学前教育方面进行体制机制创新，落实政府公共教育服务的职责。但是，上海市并不是政府包办学前教育，而是致力于形成公办、民办并举的格局，从而促进学前教育发展。

在第三轮学前教育三年行动计划中，上海市进一步完善了学前教育管理体制。① 积极推动学前教育立法工作，强化坚持依法办园、依法推进学前教育健康发展。强化托幼机构主体责任，推进幼儿园以章程为核心的内部规章制度体系建设，研制并实施0~3岁婴幼儿教养工作规范化管理的意见。探索建立上海市早教指导服务机制，形成早期教养指导服务体系。着力健全市、区（县）两级学前教育联席会议制度，定期召开由分管区（县）长牵头、各相关部门负责人参加的学前教育联席会议，共同破解学前教育改革发展中的瓶颈、障碍，协调解决制约区域学前教育发展的重点、热点与难点问题。

（二）江苏省学前教育管理体制

江苏作为我国学前教育强省，在学前教育管理体制上也走在了前面，形成了以下学前教育管理体制。②

坚持政府主导、社会参与、公办民办并举的办园体制。各级人民政府切实履行发展学前教育的责任，在统筹规划、政策引导、制度建设、标准制定、

① 上海市教育委员会．上海市教育委员会等9部门关于印发《上海市学前教育三年行动计划（2015—2017年）》的通知［EB/OL］．（2015-12-10）［2018-07-06］http：//www.shmbjy.org/item-detail.aspx？NewsID=5693.

② 省政府办公厅关于加快学前教育改革发展的意见［EB/OL］．（2010-11-03）［2018-07-06］http：//www.js.gov.cn/art/2010/11/3/art_46144_2544832.html.

投入保障、评估督导、日常监管等方面充分发挥主导作用。省财政设立学前教育奖补专项经费，引导和扶持经济薄弱地区加快发展农村学前教育，有条件的市、县（市、区）财政设立学前教育专项经费。此举对学前教育事业发展有着强有力的推进作用。在坚持政府为主举办学前教育的同时，鼓励多元办园，扶持并规范民办幼儿园发展，形成公办民办协调发展的良好局面，满足人民群众多样化、多层次学前教育的需求。

建立县级统筹、县乡（镇、街道）共建的管理机制。2010 年，《国家中长期教育改革和发展规划纲要（2010—2020 年）》提出建立“政府主导、社会参与、公办民办并举”的办园体制，首次明确了政府在学前教育发展中的重要地位。江苏省将“政府主导”进一步具体化为“县级统筹、县乡（镇、街道）共建”。2017 年，《关于深化教育体制机制改革的意见》明确提出，健全“省市统筹、以县为主、县乡共建”的管理体制。当前，江苏省正在政策制定和实践推进两个层面谋划如何更好地落实省级统筹责任。

加强规范管理。全省所有学前教育机构，不论所有制、投资主体、隶属关系，均由所在地教育行政部门统一规划、统一准入、统一监管。举办学前教育机构，应按国家有关规定进行资格审查、登记注册和备案，未经注册登记的一律不得举办。有关部门在审批面向学龄前儿童早期教育培训、教育咨询等机构时，须严格界定其经营范围，对违反规定擅自办园的，由审批部门会同当地教育行政部门予以查处。

强化统筹协调。各级人民政府进一步提高对发展学前教育的认识，切实担负起发展学前教育的责任，把学前教育摆上重要议事日程，作为教育领导重要民生问题积极加以推进。建立健全学前教育联席会议制度，统筹协调本地区学前教育工作，研究解决学前教育改革发展的突出矛盾。教育、机构编制、发展改革、公安、民政、财政、人力资源社会保障、住房城乡建设、卫生、人口计生、工商、物价、妇联等部门和单位各负其责、通力协作，共同推进学前教育改革发展。

构建激励机制。积极开展学前教育先进县（市、区）创建和学前教育改革发展示范区建设，对学前教育改革发展成效明显、群众满意度高的地区进行表彰。

值得注意的是，江苏学前教育管理的一个重要导向是公平与质量。对于公平，2012年1月省人大会议正式通过，3月正式实施《江苏省学前教育条例》，其中第六条明确规定“缩小城乡之间、区域之间、学前教育机构之间保育教育条件和水平的差距，提升学前教育整体办学水平，促进学前教育优质、均衡发展”。保障资源均衡的一个重要措施就是通过健全资源规划与建设管理制度来实现。江苏省从2016年起试行公办幼儿园和普惠性民办幼儿园服务区制度，争取到2020年基本建立幼儿就近入园保障制度。全省的农村地区以及部分县市已经实现幼儿园划片服务。对于质量，《省教育厅关于加强学前教育教研工作的意见》，推动课程管理由整齐划一向多元弹性转变，由刚性预设向适宜性生成转变，学前教育回归幼儿身心健康、愉悦创造的原点。自2014年在农村和薄弱幼儿园试点开展课程游戏化建设以来，幼儿园课程实施状态发生了很大改观，儿童的主体地位得到尊重，师幼关系更加和谐，教师的职业尊严、职业幸福感大大提升。

此外，江苏学前教育管理体制还有一个突出的特点，即依法管理。早在1986年6月20日，江苏省人民代表大会常务委员会通过了《江苏省幼儿教育暂行条例》，这是我国第一个地方性幼儿教育行政法规。2012年3月1日起施行的《江苏省学前教育条例》，主要从保育教育、教育机构、保育教育人员、保障监督、法律责任等方面对江苏省学前教育的实施与管理进行了全面规定。如《江苏省学前教育条例》规定，财政性学前教育经费占同级财政性教育经费的比例不低于5%，省每年进行情况通报。地方立法对促进学前教育事业依法管理起到重要的保障作用。

（三）山东省学前教育管理体制

根据《山东省学前教育普及计划（2011—2015年）》，山东学前教育形成了以下管理体制。

建立省市统筹，以县为主、县乡两级共管的学前教育管理体制。管理体制机制是政府履行主导职责的重要渠道与依托。早在2008年，山东省就颇具创新地构建了“三级二线”管理机制，明确各级政府在学前教育特别是农村学前教育发展中的管理职责，强化行政管理与业务管理并行，以此提高政府的组织管理强度与力度。所谓“三级”是指县、乡、村三级政府。山东省明确县、乡、村三级政府在农村学前教育发展中的职责。“二线”是指行政管理与业务指导并行。通过“三级二线”管理体制，山东省形成了强有力的管理网络。2018年5月15日发布的《山东省人民政府办公厅关于加快学前教育改革发展的意见》，在改革管理体制、落实发展责任方面，明确提出建立健全“省市统筹、以县为主”的学前教育管理体制。省和设区的市政府加强统筹，加大对农村和贫困地区支持力度。落实县（市、区）政府主体责任，充分发挥乡镇政府（街道办事处）、城市社区居委会和农村村民自治组织的作用。山东省在明确各级政府投入责任方面改革力度较大。按照财政事权与支出责任相适应的原则，县（市、区）政府要切实承担学前教育投入主体责任，加大财政投入力度。设区的市政府设立学前教育专项经费，加大对县（市、区）特别是财政困难地区的支持。省级财政加大对学前教育的投入力度，结合中央转移支付资金，对幼儿园建设及提升、落实生均财政拨款标准、增加普惠性民办幼儿园、为公办幼儿园未纳入正式职工管理的教师缴纳“五险一金”、学前教育体制机制改革创新等进行奖补，加大对贫困地区的支持力度。省、市财政要进一步完善县级基本财力保障机制，增强财政困难县财政保障能力。

实行政府领导下，教育部门主管、有关部门分工负责的学前教育工作机制。建立政府牵头，有关部门参与的学前教育工作协调机制，定期研究并切实解决学前教育发展中的重大问题。

在办园体制改革方面，山东省倾力理顺幼儿园办园体制，重点是理顺机关、企事业单位办园体制问题。山东省提出，逐步理顺机关、企事业单位幼儿园办园体制，实行属地化管理，通过当地政府接收、与优质公办资源合并、政府购买服务等多种方式，确保公共资源不流失、教职工合法权益得到合理保障。机关、事业单位、国有企业等举办的幼儿园有空余学位的，均面向社会提供公共服务。未经省教育主管部门批准，不得擅自将公办学前教育机构转制。学前教育机构的变更或者停办，应当经教育主管部门批准，并依法办理法人登记。

建立学前教育督导评估与表彰奖励机制。将学前教育纳入各级政府工作考核指标和教育督导评估。教育督导部门定期对学前教育事业发展、经费筹措、幼儿教师工资待遇与社会保障、幼儿园保教质量与管理水平等进行专项督导，督导评估结果纳入对各地政府考核内容，并向社会公示。

（四）辽宁省学前教育管理体制

根据《辽宁省第二期学前教育三年行动计划（2014—2016 年）》，辽宁省的学前教育管理体制如下。

省级和市级政府加强统筹，县级政府落实主体责任，完善“以县为主、县乡共管”管理体制。完善政府投入、社会举办者投入、家庭合理分担的投入机制，努力做到保工资、保安全、保运转、保发展。健全幼儿园教职工待遇保障机制，依法保障幼儿园教职工合法权益。创新教师培养培训模式。加强对幼儿园的监管，县级政府履行主体责任，有关部门按职能履行职责，建立健全日常管理和随机抽查制度。

推进省市统筹，以县（市、区）为主，县、乡（镇）共管的管理体制。市级政府加强统筹，县级政府落实主体责任。理顺办园体制，积极推进机关、企事业单位、集体办幼儿园的办园体制改革，提高各类公办学前教育资源面向社会提供公共服务的能力。

引导和激励各市构建完善公共服务体系。强化市级政府职责和统筹力度，因地制宜编制实施行动计划，制定和出台具体政策措施，提高公益普惠性幼儿园覆盖率。目标任务分解到各县（市、区），工作重心下移，落实县区政府主体责任。

省、市政府督导部门建立督导检查和问责机制。将学前教育行动计划的目标任务和政策措施落实情况纳入政府教育工作实绩的考核指标。

（五）北京市学前教育管理体制

根据《北京市第二期学前教育三年行动计划（2015—2017 年）》，北京在学前教育管理体制上实施了以下举措。

加强组织领导。各区县、市政府各有关部门高度重视学前教育发展工作，加强对学前教育的统筹规划，加强对薄弱地区和薄弱环节的扶持力度，推动学前教育持续健康发展。市和区县两级健全教育部门主管、有关部门分工负责的工作机制，形成合力。充分发挥学前教育联席会议制度作用，及时通报学前教育发展情况，研究解决工作中的重大问题，确保各项任务落到实处。

落实区县政府主体责任。强调各区县政府是发展学前教育的责任主体，结合本地区适龄人口变化趋势，进行学前教育资源的整合与调整，合理布局，更好地满足本区县学前教育的多样化需求。按照国家和本市相关规定，对小区配套幼儿园建设和使用情况开展普查，对未建、少建或者转作他用的小区配套幼儿园，做好补建和收回工作。按照相关要求核定幼儿园教职工编制数，并按编制内实有人员拨付工资总额。确定幼儿园在编教师绩效工资总额，按照与义务教育阶段同类人员相衔接的原则，建立园长奖励制度。

创新体制机制。北京市推进幼儿园办园体制、投入机制和用人制度等方面的改革，探索推动学前教育可持续发展的新机制、新方法。加大对幼儿园的扶持力度，探索公办和民办幼儿园运行管理机制；落实幼儿园教职工工资待遇、社会保障的财政扶持机制，稳定教师队伍；研究探索一园两址以上幼儿园园长的奖励机制，保障园长队伍稳定，更好体现其职业价值；增加普惠性幼儿园比例，整体提升学前教育质量。建立对公民个人、社会团体、企事业单位等举办普惠性幼儿园的奖励机制，研究出台认定和扶持普惠性民办幼儿园实施办法，努力扩大普惠性学前教育资源。

（六）东部地区学前教育管理体制现状分析

在贯彻实施中央政策文件精神的基础上，东部地区各省、市结合实际对农村学前教育管理体制进行了规定，其中最为普遍的规定是“以县为主”或“以县为主，县乡共管”，凸显了县级政府在农村学前教育事业发展中的管理主体责任。在省市政府的管理职责方面，天津、辽宁、海南提出要实行“省统筹”，浙江提出实行“市统筹”，山东实行“省、市统筹”，管理责任重心较高，明确并突出政府维护公平，促进区域、城乡学前教育均衡发展的职责。从各级政府管理职责的具体内容来看，各地有关管理体制的规定也表现出权责配置较为合理、职责划分较为明确的特点。北京、辽宁、浙江和福建 4 个省市的政策在此方面有详尽程度不同的规定，其中辽宁、浙江、福建的规定最为具体，涉及省、市、县、乡镇三级或四级政府，有利于各级政府管理职责的落实，有较高的参考价值。具体而言，辽宁是省政府—市级政府—县（市、区）政府，浙江是市政府—县（市、区）政府—乡镇政府，福建是省—设区市人民政府—县（市、区）政府—乡镇（街道）政府。浙江、福建的相关政策明确指出较高层次政府，包括省、县（市、区）政府负有重要责任，具体包括为乡镇中心幼儿园安排一定比例的公办幼儿教师事业编制；对举办中心幼儿园有困难的乡镇，要给予必要的帮助；以奖代补的形式支持重点乡镇幼儿园建设。

此外，浙江还明确指出乡镇政府对于发展农村学前教育事业负主要责任，具体包括将幼儿园建设纳入新农村建设规划，切实办好乡镇中心幼儿园，负责协调幼儿园土地征用及村办幼儿园建设，筹措办园经费，努力改善办园条件等。在部门协作机制的具体表述上，通过对各地政策文件的具体分析，可以概括为三种类型，其中山东和福建提出政府统一领导、教育部门主管、有关部门分工负责；北京、天津、浙江等提出教育部门主管；上海、广东、江苏提出教育部门归口管理。① 在领导和管理体制建设上，河北省始终立足于学前教育的公益性，强化并落实政府主导责任，坚持以政府和集体办园为主，以公办教师为主，以政府和集体投入为主的学前教育发展模式，使农村学前教育资源得到快速发展，实现了全省 2/3 以上的农村地区基本普及学前三年教育。东部多数省市建立完善了学前教育联席会议制度。山东省研究制订了《山东省学前教育普及计划（2011—2015 年）》，提出构建“三级两线”的管理网络，把乡镇中心幼儿园建设作为发展农村学前教育的着力点和突破点，大力落实县、乡镇政府发展学前教育的责任。②

二、东部地区学前教育财政投入政策与实践现状分析

东部沿海地区基本建立省市统筹、以县为主、乡镇参与的农村学前教育财政投入体制。省、市政府学前教育财政投入统筹各农村地区学前教育经费，

---

① 庞丽娟，洪秀敏．中国学前教育发展报告——农村学前教育［M］．北京：北京师范大学出版社，2013：76-77.

② 同①，66.

并以支持薄弱农村地区园所建设、弱势人群学前教育补助为主；县政府主要承担其他农村地区园所建设、教师工资；乡镇政府参与配套设施设备，并主要负责园所的维护和修缮职责等。①

（一）广东省学前教育财政投入

广东省规定各地要将学前教育经费纳入当地财政预算，切实加大对学前教育的投入。2011 年起，新增教育经费向学前教育倾斜，优先考虑和满足当地学前教育发展需要。地方教育附加和教育费附加安排一定比例用于幼儿园建设。财政性学前教育经费在同级财政性教育经费中占合理比例，并逐年提高。2011 年，广东省安排专项资金 1 亿元，用于扶持欠发达地区建设规范化幼儿园，效果显著。根据实际制定公办幼儿园生均经费标准和生均财政拨款机制，完善涵盖公办、民办幼儿园的公共教育资源合理分配机制。建立学前教育资助制度，资助家庭经济困难儿童、孤儿和残疾儿童接受普惠性学前教育。鼓励并要求享受减免税费和租金政策的民办学前教育机构在加强生均教育成本核算的基础上，办成低收费的普惠性学前教育机构。坚持多种渠道筹集资金，鼓励社会力量办园和捐资助园，完善政府、社会与家庭合理分担学前教育成本分担机制。同时，规范学前教育经费的使用和管理，制定学前教育经费管理办法，切实加强资金监管。②

（二）浙江省学前教育财政投入

浙江省加大财政投入，建立健全公共财政体制下的学前教育投入机制。确立省、市、县级政府学前教育专项经费制度，重点扶持农村地区。省财政安排学前教育专项资金，主要用于欠发达地区乡镇中心幼儿园建设的以奖代补、民办或农村幼儿园奖励、低收费规范幼儿园（班）经费补助、幼儿园教师培训等。各市、县（市、区）政府设立学前教育专项经费，重点支持农村

① 庞丽娟，洪秀敏．中国学前教育发展报告——农村学前教育［M］．北京：北京师范大学出版社，2013：36.

② 广东省人民政府．关于加快我省学前教育发展的实施意见［EB/OL］．（2011-12-09）［2018-07-06］http：//gdhed. edu. cn/publicfiles/bussiness/htmlfiles/gdjye/s1187/201404/474630. html.

地区学前教育事业的发展。专项经费纳入地方财政预算，并根据当地经济社会发展逐步增加。加强对公办幼儿园办学经费的监管，提高经费使用效益。浙江省明确各级政府在乡镇中心幼儿园建设与发展中的职责，基本形成各级政府积极参与的财政投入体制，形成市专项补助、县级承担人员经费和公用经费、乡镇（村）举办乡镇中心园和村园的局面。县（市、区）政府高度重视所辖乡镇中心幼儿园的建设，为乡中心幼儿园安排一定比例的公办幼儿教师事业编制。对举办中心幼儿园有困难的乡镇，给予必要的帮助。

浙江省率先将学前教育经费纳入预算，并明确财政投入比例。浙江省诸多地区明确提出将学前教育经费列入同级财政预算，逐步实施学前教育单项列支制度，进一步明确各级政府学前教育财政投入占同级教育财政投入的比例。杭州、温州、宁波、舟山、富阳、湖州等地纷纷出台政策法规，明确要求将学前教育经费纳入同级教育预算，并明确提出达到同级教育财政经费3%~10%的投入要求。如根据浙江省《关于进一步加快学前教育改革与发展的若干政策意见（试行）》，杭州规定各区学前教育事业经费达到同级事业经费的5%以上，县（市）达到3%以上。根据《温州市人民政府关于进一步加快学前教育改革与发展的实施意见》，2012 年，温州市各区（市）财政性学前教育经费占同级财政性教育经费的比例达到6%以上，县力争达到3%以上。并做到逐步提高。

（三）山东省学前教育财政投入

根据《山东省第二期学前教育三年行动计划（2015—2017 年）》，山东进一步加大了学前教育投入。

将学前教育经费纳入财政预算。县（市、区）政府着力落实学前教育投入的主体责任，加大财政投入力度。省财政统筹中央和省本级资金，支持各地扩大学前教育资源。各级政府设立学前教育专项经费，主要用于幼儿园基本建设、教学和生活设施设备配备、师资培训、企事业单位办园和普惠性民办幼儿园扶持等。保障财政性学前教育投入最大限度地向农村和贫困地区倾斜，特别关注省定贫困村幼儿园建设的优先资金支持。

建立学前教育成本分担和运行保障机制。县级以上政府确保纳入机构编制管理范围的公办学前教育机构教师工资足额发放，对利用国有资产、集体资产举办的学前教育机构以及普惠性民办学前教育机构予以支持。建立公办幼儿园收费标准动态调整机制，按规定程序调整保教费收费标准，将家庭负担控制在合理范围。对于社会力量举办的享受政府财政补助的普惠性民办幼儿园，核定其基本办园成本，合理确定收费标准。各市认真研究制定公办幼儿园生均公用经费标准或生均财政拨款标准。

以政府投入为主发展学前教育。各级政府将学前教育经费列入财政预算。财政性学前教育经费在同级财政性教育经费中占比合理，并且明显提高。根据实际研究制定公办幼儿园生均经费标准和生均财政拨款标准。各级政府确保公办幼儿园建设及教师工资按时足额发放，同时对城市街道、机关、企事业单位、部队、学校幼儿园以及民办幼儿园予以支持，扩大普惠性学前教育资源。从 2011 年起，省财政设立学前教育专项经费，主要用于引导和扶持农村及经济薄弱地区发展学前教育。各级财政均安排专项资金，用于改善幼儿园办园条件、资助家庭经济困难儿童、孤儿和残疾儿童、培训园长和教师等。

（四）辽宁省学前教育财政投入

辽宁要求各市切实加大财政投入力度，落实学前教育投入的主体责任。市级财政根据本地实际，研究制定公办幼儿园生均公用经费标准和生均财政拨款标准，并逐步达到。各市按照规定程序调整保教费标准，将家庭负担控制在合理范围。明确财政性学前教育投入最大限度地向农村、边远、贫困和民族地区倾斜。加大对家庭经济困难儿童、孤儿和残疾儿童的资助力度。按照市县为主、省级奖补的原则，各市结合实际纷纷出台扩大学前教育普惠性资源的措施并组织实施，省财政厅和省教育厅运用绩效目标管理的方式，对各市扶持普惠性幼儿园发展和财政性经费投入机制建立等情况进行考核，并根据考核结果对各市给予奖补。各地财政还通过生均财政拨款、专项补助等方式，支持解决好公办园非在编教师、农村集体办幼儿园教师工资待遇问题，逐步实现同工同酬，足额足项为教师缴纳社会保险和住房公积金。

第二节　中部地区学前教育公共服务现状

从中部农村地区来看，目前已基本形成以县级公办园和乡镇中心幼儿园为骨干和示范，以社会力量办园为主体，公办、民办教育相结合的学前教育发展格局，不过发展的整体态势不容乐观。一项针对 12 个县的调查表明：67.4%的乡镇没有独立的乡镇中心幼儿园，绝大部分都是散落在农村私人民宅的民办园和小学空置校舍里开办的幼儿园。① 其中，民办幼儿园数量最多，达到 70.6%，学校办园也占有较大比例，为 13.5%，相比之下县级公办园、乡镇中心幼儿园、村委会办园、企业办园及其他类型办园数量极少，总共占 15.9%。标准化的农村幼儿园数量不能满足幼儿就近入园需求，农村幼儿入园率低；幼儿园布局不合理，办园条件差。

一、中部地区学前教育管理体制

三级办园、二级（县、乡政府）管理的管理体制只适合于经济发达地区的学前教育，基本上不适合中部经济落后的农村地区。如果说仅从行政管理的角度看，“以县为主、省级统筹”的学前教育管理体制还可以适应中部农村地区的话，那么考虑到财政投入体制，中部绝大多数农村地区难以适用此学前教育管理体制。中部地区要超越式地发展学前教育，基本实现中等起点的普及，各级政府部门承担着重要的职责。②

政府应明确在学前教育发展中的职责，提高自身的责任意识。学前教育尚未纳入国家义务教育范畴，但是基础教育的奠基阶段。政府在规划教育发展的整体架构时，首先明确自身在学前教育发展中的重要职责，关键在于提

① 杨莉君，曹莉．中部地区农村学前教育事业发展存在的问题及解决对策［J］．学前教育研究，2011（6）．

② 岳亚平．中部地区发展学前教育应“普提并举”［N］．中国教育报，2010-10-22（4）．

高公办园的比例，增加在岗教师的编制，将符合任职资格的优秀教师纳入在编教师的行列。

政府充分发挥自身特有的统筹协调功能，确保学前教育的和谐发展。中部地区地域辽阔，城市之间、城乡之间、园际之间发展很不平衡，优质学前教育资源与庞大的人口基数相比，又显得十分稀少，因此“入园难”“入优质园更难”的现象不断加剧。因此，政府职责是进行整体规划，解决不平衡状态之间的矛盾。

政府加大对农村学前教育的专项投入，提高幼儿教师的地位与待遇。中部地区人口众多，农村人口更是高达2.44亿，占全国农村人口的近1/3。中部农村的经济实力与东部沿海地区存在较大差距，学前教育基础设施、师资力量、课程建设与实施等还比较薄弱，需要政府部门加大对农村学前教育的投入力度，设立专项资金，采取有力措施，保证资金的到位和合理利用。同时，做好后期的专项经费监督监管工作。

（一）山西省学前教育管理体制

山西省第三期学前教育行动计划明确提出理顺学前教育管理体制和办园体制。

在管理体制机制方面，建立健全“国务院领导，省地（市）统筹，以县为主”的学前教育管理体制。落实县级政府发展和监管学前教育的主体责任，加大市级政府的统筹力度，强化政策引导和激励机制，确保区域内学前教育协调健康发展。落实县级政府对幼儿园和培训机构的监管责任，加大监管机构和队伍的建设力度。完善幼儿园管理和保教质量监管机制，严格实行幼儿园登记注册制度和年检制度，加强对各类幼儿园准入、安全、师资、收费、卫生保健及质量等方面的日常指导和监管，提升学前教育管理和服务水平。

在办园体制机制方面，理顺机关、企事业单位、城镇街道办幼儿园办园体制，实行属地化管理，盘活各类资源，通过地方政府接收和购买服务、生均财政拨款、专项补助、与当地优质幼儿园合并、培训教师等多种形式，确保面向社会提供普惠性服务。全面落实政府和单位举办的公办幼儿园单位法人登记制度。

（二）河南省学前教育管理体制

河南省在学前教育管理体制和办园体制方面进行了如下探索。

理顺管理体制。健全“省、省辖市统筹，以县为主”的学前教育管理体制。省、省辖市级政府加强统筹，加大对贫困地区的支持力度。县级政府履行好县域内学前教育规划、投入、监管及推进均衡发展的主体责任。充分发挥乡镇政府的作用，各乡镇（街道）配合做好保障区域内公办幼儿园建设用地，规范区域内各类幼儿园管理，加强幼儿园周边环境治理等工作。

完善办园体制。逐步理顺机关、企事业单位、城镇街道办幼儿园办园体制，实行属地化管理，通过地方政府接收、与当地优质公办幼儿园合并、政府购买服务、生均财政拨款等多种形式，确保面向社会提供普惠性服务。2017 年年底前，对符合条件的幼儿园，按照《事业单位登记管理暂行条例》和《事业单位、社会团体及企业等组织利用国有资产举办事业单位设立登记办法（试行）》完成事业单位登记。鼓励采取公办幼儿园举办分园区的形式，扩大公办学位供给。

（三）湖南省学前教育管理体制

根据湖南省《关于加快幼儿教育改革与发展的意见》，湖南省在学前教育管理体制上进行了如下探索。

进一步落实“地方负责，分级管理，有关部门分工负责”的学前教育管理体制，各有关部门从各自职能出发，认真履行职责，密切配合，齐抓共管，共同促进幼儿教育事业的健康发展。建立和完善政府统筹，教育行政部门主管，有关部门协调配合，社区内各类幼儿园（班）和家长共同参与的学前教育管理机制。发挥城镇社区居委会和农村村民自治组织的作用，综合协调、动员并利用各种社会资源，促进学前教育事业健康发展。建立由教育部门牵头、有关部门参加的学前教育联席会议制度，解决学前教育事业发展中出现的问题。县级以上教育部门加强学前教育管理，推动所辖乡镇举办并办好中心幼儿园，乡镇学前保育和教育的业务指导由乡镇中心幼儿园园长负责。

建立学前教育事业发展督导制度，坚持督政与督学相结合。湖南省政府制定学前教育工作督导评估标准，把学前教育事业发展、学前教育经费投入与筹措、幼儿教师待遇、学前教育质量等列为各级人民政府教育督导重要内容，积极开展对学前教育热点、难点问题的专项督导检查。各级人民政府教育督导部门和教育部门定期对各类幼儿园的保育、教育质量和管理水平进行督导和检查评估，并将评估结果向社会公示，接受社会和家长的监督。

（四）中部地区学前教育管理体制现状分析

总体来说，我国中部农村地区学前教育管理体制不够健全，尚未形成相对独立和完备的管理体系，在管理制度、方式、手段等方面还存在不少漏洞。农村幼儿园管理存在突出问题，主要表现在多个方面。一是办园体制不健全，存在多头管理。[①] 有的园隶属村委会管理，有的属乡镇管理，造成责任不清，体制不明，管理不到位。[②] 二是幼儿园管理结构不健全。有些“小园”没有专职管理人员，管理水平低，限制了幼儿园质量的提高。幼儿园整体的卫生保健及安全管理工作不到位。[③] 三是少数幼儿园主管部门法制观念淡薄。当地政府缺少相关政策、法规保障，存在幼儿园随意关停的管理不当现象。部分企事业单位领导甚至认为，园所是本单位投资的，愿意撤销就可撤销，什么时候撤销都行。一些规模大、声誉好的幼儿园也被无情地关、停、并、转。[④] 四是民办园发展失范。民办园是学前教育可持续发展不可忽视的重要力量。根据武汉市教育统计资料，至 2008 年年底，武汉市民办园已占到幼儿园总数的 60.3%，超过公办园。但由于民办园由教育、民政、工商、税务、物价、卫生等多个部门管理，部门间沟通协调不够，整体而言民办园管理水平和教育质量都低于公办园。

---

① 廖莉．对我国农村学前教育管理体制现状的思考［J］．教育导刊（下半月），2013（7）．

② 周艳红．新农村建设中农村学前教育发展的探讨［J］．中国校外教育（理论），2007（3）．

③ 倪健．新形势下农村学前教育现状分析及对策探讨［J］．中国教育技术装备，2010（11）．

④ 陈红梅，卢飒．当前中部地区学前教育可持续发展存在的问题及策略选择的建议——基于对武汉市学前教育事业的考察［J］．当代学前教育，2010（1）．

二、中部地区学前教育财政投入政策与实践现状分析

（一）山西省学前教育财政投入

根据《山西省人民政府关于加快发展学前教育的意见》，山西省要求各地政府将学前教育经费列入财政预算，新增教育经费要向学前教育倾斜。财政性学前教育经费在同级财政性教育经费中占合理比例，逐年提高，设立省级学前教育发展专项经费，实行以奖代补，重点支持农村幼儿园、普惠性民办幼儿园。省财政厅会同省教育厅研究制定山西省公办幼儿园生均经费标准和生均财政拨款标准，逐步提高生均公用经费标准。各市、县财政每年从财政经费中安排专项经费，用于城乡标准化幼儿园建设、改造、配置和教师培训等。同时制定优惠政策，鼓励企事业单位、社会团体和公民个人捐资助园。建立完善扶持政策。对于新建、改扩建幼儿园建设用地，按照公益事业用地办理，实行优先安排，并按照中小学建设的有关规定减免相关费用。对幼儿园采暖、水、电、气等费用，按照中小学标准收取。市级政府建立学前教育资助制度，资助孤儿、家庭经济困难儿童和残疾儿童接受基本的学前教育，发展残疾儿童学前康复教育。建立健全政府主导、社会参与的农村留守儿童关爱服务体系和动态监测机制，努力保障农村留守儿童入园。

（二）河南省学前教育财政投入

根据《河南省人民政府关于大力发展学前教育的意见》，河南省要求各级政府将学前教育经费纳入财政预算予以保障。新增教育经费要向学前教育倾斜。财政性学前教育经费在同级财政性教育经费中占合理比例。各省辖市政府要结合学前教育特点和实际，研究制定公办幼儿园生均经费标准和生均财政拨款标准，保障公办幼儿园的经费投入和教职工工资待遇。从 2011 年起，省财政每年安排专项资金，实行以奖代补，支持新建、改扩建幼儿园和改善办园条件，并向农村地区倾斜。各地设立学前教育专项经费，规范学前教育经费的使用和管理，学前教育经费专款专用，任何单位和部门不得截留、挤占和挪用。建立学前教育资助制度，资助家庭经济困难儿童、孤儿和残疾

儿童接受普惠性学前教育。发展残疾儿童学前康复教育。

（三）湖南省学前教育财政投入

根据《湖南省实施第二期学前教育三年行动计划（2015—2017 年）》，湖南省在学前教育财政投入方面有如下举措。

加大学前教育财政投入。坚持“以政府财政投入为主渠道，由政府、受教育者和社会共同分担”的原则筹措学前教育经费。各级政府保障学前教育经费列入地方财政预算，新增教育经费向学前教育倾斜，同时，积极拓宽财政性学前教育经费来源渠道，统筹用好土地出让收益计提的教育资金、城市基础设施配套费等，多渠道扩大学前教育资源。

设立学前教育发展专项资金。省财政安排专项资金，鼓励和引导市县积极发展学前教育。继续推动完善幼儿资助制度、实施幼儿教师国家级培训计划的同时，将校舍改建类和综合奖补类项目整合为扩大学前教育资源奖补项目，支持市县改扩建和新建办园、利用社会力量举办普惠性民办园、改善办园条件，并向边远贫困地区和薄弱环节倾斜，引导和激励市县完善学前教育公共服务体系。市州、县市区政府切实履行学前教育投入主体责任，加大学前教育投入力度，统筹支持公办园建设、普惠性民办园和农村学前教育发展。

明确公办园生均公用经费标准或生均财政拨款标准。各市县根据本地实际，制定幼儿园生均公用经费标准或生均财政拨款标准。省财政厅、省教育厅等部门统筹考虑各地财力状况和事业发展需要，制定全省学前教育生均公用经费或生均财政拨款的指导意见，并强调公办园生均公用经费主要用于保障幼儿园日常运转所需的基本开支。

健全学前教育扶困资助制度。完善学前教育家庭经济困难幼儿入园资助制度，各地根据省定标准足额落实应分担资金，确保按标准足额发放，规范操作流程。鼓励各类社会组织、个人通过多种形式资助家庭经济困难儿童、孤儿和残疾儿童入园。

加大对学前教育的投入，并且逐年增长。县级政府安排的学前教育经费主要用于公办幼儿园正常运转、教职工工资、示范性幼儿园建设和师资培训等方面。各级政府采取积极措施，扶持和发展农村及民族、贫困地区的学前教育事业。乡镇人民政府承担相应的责任，积极筹措并安排发展学前教育的经费。制定优惠政策，保证幼儿园（班）的公用事业费（水、电、房租等费用）按中小学的标准收缴。新建、改建、扩建幼儿园按照中小学校建设减免费用的有关规定减免相关费用。

（四）中部地区学前教育财政投入情况分析

有研究建议中部地区学前教育财政投入采取中央政府设立专项、省统筹、市县为主、乡镇酌情参与的三级学前教育财政投入体制。中央政府针对农村地区、弱势人群设立专项经费支持其发展；省级政府统筹本区域内学前教育经费，针对省内市、县间经济社会和学前教育发展状况，对经济社会和学前教育发展相对落后市（县）的基本设施设备建设、教师培训、弱势群体进行补助；市（县）政府共同承担本区域内配套设施设备配备、教师工资、生均公用经费等；乡镇政府酌情参与日常修缮和维护工作。中部落后地区的学前教育财政投入体制参照西部地区的学前教育财政投入体制。①

如 2011 年，河南省争取中央财政学前教育资金 8.7 亿元，省财政投入超过 1 亿元，各市财政投入超过 10 亿元，总计超过 20 亿元的财政资金，投入学前教育，学前教育发展力度、速度和规模空前加强。有限的投入主要投到城市和县镇幼儿园，占 70% 的农村学前教育机构没有固定财政预算，省、市、县三级财政均没有专项资金投入农村学前教育，致使农村学前教育机构仅靠收费来维持运转。这种投入体制的不公平性，加大了城乡之间、地区之间学前教育发展的差距，是造成当前普遍存在的“入园难”“入园贵”的根本所在，也是导致长期以来农村学前教育水平发展缓慢的主要原因。② 这种情况在中部地区具有一定的代表性。

就安徽和江西两省而言，政府实行的一些普惠政策，催生了真正普惠性的学前教育服务，使得一些收费十分低廉的学前教育机构提供了有质量的服

① 庞丽娟，洪秀敏．中国学前教育发展报告——农村学前教育［M］．北京：北京师范大学出版社，2013：36.

② 张岩莉．中部地区学前教育发展现状：河南省的分析［J］．上海教育科研，2013（8）.

务，场地、师资、教玩具大多也十分精良。然而，能享受到这些服务的群体十分有限，真正的弱势群体并没有或很少享受到这种服务。近年来，中部欠发达地区“入园难”问题受到了国家的普遍关注，提高学前教育的普及率和普惠性成为热门话题，需在幼儿园数量增多、设施完善的基础上，有针对性地解决中部欠发达地区学前教育出现的问题，使得大量经济欠发达地区的农村儿童接受优质的学前教育服务，享受到国家教育政策的优惠。①

第三节　西部地区学前教育公共服务现状

一、西部地区学前教育管理体制

（一）内蒙古自治区学前教育管理体制

根据内蒙古自治区《关于全面发展学前教育的实施意见》，内蒙古自治区在学前教育管理体制改革方面有两点比较突出。一是初步形成了各有关部门切实履行职责、密切协调配合、合力推进学前教育发展的机制。二是提出建立学前教育政策咨询研究机制，充分发挥有关专家、学者在重大教育政策和项目实施过程中的作用，为全区学前教育工作重大决策提供针对性的咨询服务。

近些年来，内蒙古自治区在学前教育管理体制方面又进行了改革完善。《内蒙古自治区第三期学前教育三年行动计划（2017—2020年）》特别强调坚持政府主导，提出切实履行发展和监管学前教育的主体责任，建立健全确保学前教育可持续发展的体制机制，提高综合治理能力。对于学前教育管理体制方面，该行动计划着力提出了两个方面的管理目标。

第一，构建学前教育公共服务体系。各级政府把学前教育纳入社会发展总体规划，统筹考虑城乡一体化发展、两孩政策实施和流动人口管理服务政

---

① 王爽．EPPE项目对我国中部欠发达地区学前教育的启示［J］．西北成人教育学院学报，2016（1）．

策调整等对本地适龄儿童分布和变化趋势的影响，科学谋划区域学前教育布局，以普惠性幼儿园为主体，盘活各方资源，加快建成覆盖城乡、布局合理的学前教育公共服务体系。

第二，增加特定区域资源特别是普惠性资源供给。顺应城镇化进程要求，加强城乡接合部、城市开发区、保障性住房小区、移民搬迁集中安置点、乡镇中心幼儿园空白点、留守儿童集中地区，以及农牧区新型社区幼儿园的配建补建工作，统一规划，优先建设，切实解决普惠性资源匮乏地区学前教育事业发展问题。

（二）贵州省学前教育管理体制

贵州省在学前教育管理体制建设上有如下举措。

健全政府统筹、教育部门主管、有关部门分工负责的工作机制，形成推动学前教育发展的合力。

建立健全学前教育督导评估制度。各级政府完善督促检查、考核奖惩和问责机制，确保发展学前教育的各项举措落到实处，取得实效。省政府教育督导部门将学前教育发展纳入县级党政主要领导教育工作督导考核体系，加强对学前教育的监督、检查、评估和指导。各市（州、地）政府（行署）加强统筹，帮助和指导所辖县大力发展学前教育。各县政府根据目标明确、职责清楚的原则落实幼儿园建设责任制。省教育厅会同有关部门对各地学前教育三年行动计划进展情况进行专项督查，加强对幼儿园建设配套资金的落实、工程实施的进度和质量、施工安全、幼儿园设施设备的配备、师资配置等方面的督查，并将督查结果向社会公告。

进一步理顺学前教育管理机制。县市区政府负责本行政区域学前教育的规划、布局调整和公办幼儿园的建设，落实学前教育经费，统筹管理城乡各类学前教育机构。乡镇政府在提供幼儿园建设用地、改善办园条件、加强幼儿园周边环境治理等方面充分履行职责，促进辖区学前教育发展。

（三）四川省学前教育管理体制

四川省在学前教育管理体制上采取了如下举措。

坚持实行地方负责、分级管理和有关部门分工负责的学前教育管理体制。各级人民政府是发展学前教育、解决“入园难”问题的责任主体。省、市（州）人民政府负责统筹规划学前教育发展，并制定相关政策。要积极扶持农村及老少边穷地区的学前教育，促进学前教育协调发展。县（市、区）人民政府负责本行政区域内学前教育发展的组织实施工作，做好学前教育的布局调整和规划、公办幼儿园的建设以及各类幼儿园的管理工作。各级人民政府都有维护幼儿园的治安、安全和合法权益，动员和组织家长参与早期教育活动，指导家庭幼儿教育的责任。

明确部门职责，完善工作机制。市（州）、县（市、区）人民政府建立由政府领导、有关部门参加的学前教育联席会议制度。明确教育行政部门是学前教育的主管部门，负责贯彻学前教育方针政策，制定有关学前教育的规章制度和发展目标并组织实施，承担对学前教育机构的业务领导。制定和完善相关标准和管理办法，对幼儿园实行分类定级管理。修订省幼儿园办园基本要求，制定省幼儿园装备标准以及幼儿园（学前班）教师指导用书和幼儿图书、玩教具、材料推荐使用办法。加强幼儿园园长、教师的管理，制订幼儿园园长、教师培训计划，组织培养和培训幼儿师资。充实学前教育管理和教研力量，加强对幼儿园保育教育工作的指导。

加强督促检查。将学前教育发展情况纳入政府目标考核重要内容，建立健全督促检查、考核奖惩和问责机制，地方政府主要负责人是第一责任人。各级教育督导部门把学前教育作为督导重点，加强对地方人民政府责任落实、教师队伍建设、经费投入、安全管理、规范办园等方面的督导检查。县级教育督导部门原则上每年对所辖区内的幼儿园进行一次专项督导检查，市级教育督导部门原则上在三年内对所辖县（市、区）学前教育进行一次专项督导检查，省政府教育督导团每年组织对部分地区学前教育专项督导检查。督导评估结果向社会公示，并逐级上报上级教育行政部门和教育督导部门备查。

（四）广西学前教育管理体制

据研究者调查，广西是全国唯一建立了独立的厅级学前教育工作联席会议制度的省份，并且明确了参加联席会议成员名单。通过建立学前教育工作联席会议制度，充分发挥各部门在资源调度和政策制定方面的积极性、创造性，明确部门责任，落实任务分工，加强统筹协调，形成推动学前教育发展的合力。要建立督促检查、考核奖惩和问责机制，确保各项举措落到实处，取得实效。各级教育督导部门把学前教育作为督导重点，纳入县级党政领导干部考核的主要内容，加强对政府责任落实、教师队伍建设、经费投入、安全管理等方面的督导检查，并将结果向社会公示。教育部门会同有关部门组织宣传和推广先进经验，对发展学前教育成绩突出的地区予以表彰奖励，营造全社会关心支持学前教育的良好氛围。

（五）西部地区学前教育管理体制现状分析

甘肃省和贵州省在 2011 年分别制定《甘肃省人民政府关于加快学前教育改革与发展的意见》和《贵州省人民政府关于加快发展学前教育的实施意见》，都重点强调要大力发展农村学前教育，着力破除影响和制约发展的体制机制障碍。目前贵州省教育厅成立学前教育处①，广西部分县、贵州毕节、西藏南山、新疆积极试点改革农村学前教育投入和管理体制，探索贫困地区发展学前教育的途径。总体而言，西部地区农村学前教育的管理重心应该上移，关键在于合理划分省、市、县三级政府之间的发展责任和相应事权、财权，重点在于处理好省级统筹的责任和能力。因此，西部农村地区学前教育管理体制以“省市统筹，以县为主，县乡共管”② 较为合适。在中西部乡镇财力较弱而又难以吸引社会力量办园的农村地区，要特别加强省级统筹的责任，县级政府要在上一级政府支持下承担起办园的主体责任和管理责任。

二、西部地区学前教育财政投入政策与实践现状分析

学前教育管理体制改革需要适应国情和各地经济社会发展的基本实际，

---

① 刘启艳，刘锰．西部城乡学前教育现状、问题及其对策——以贵州省学前教育发展为例［J］．贵州社会科学，2013（4）．

② 庞丽娟，洪秀敏．中国学前教育发展报告——农村学前教育［M］．北京：北京师范大学出版社，2013：32．

综合考虑城乡、东中西部经济社会和教育发展差异，结合本地区行政管理体制、机构改革进程及其管理实际，稳步循序推进。例如在经济发展水平较高、地方财力较强的城市和东部地区，可将学前教育管理权限直接下放到县，而在经济发展水平较低的农村和中西部地区，则需大大加强省级统筹的力度，以通过政策倾斜、专项支持、转移支付等手段促进区域内学前教育事业的均衡发展。[①] 具体来说，中央和省政府充分发挥其缴费筹集、调配和统筹协调能力，切实承担学前教育机构基础设施设备建设特别是乡镇中心园建设、幼儿教师培训、弱势群体扶助等所需经费；省和市、县政府应该根据区域内农村经济社会发展具体情况，分担本区域内幼儿教师工资待遇、生均公用经费、基础设施设备更新等；乡镇政府根据实际情况积极参与本乡镇学前教育机构的维护。[②]

（一）内蒙古自治区学前教育财政投入

根据内蒙古自治区《关于全面发展学前教育的实施意见》，内蒙古自治区在学前教育财政投入体制上采取了如下举措。建立政府投入、社会举办者投入、家庭合理负担的投入机制。多渠道筹措学前教育资金，多形式扩大学前教育资源。各旗县（市、区）人民政府是学前教育的责任主体，将学前教育经费列入财政预算，并逐年增长，新增教育经费向学前教育倾斜。财政性学前教育经费在同级财政性教育经费中占有合理比例，自治区根据实际制定公办幼儿园生均经费标准和生均财政拨款标准；各级人民政府设立支持学前教育发展专项资金，自治区财政设立专项资金并采取以奖代补方式，支持盟市学前教育发展；建立学前教育资助制度，对牧区双语授课儿童、城乡低保家庭儿童、孤儿、残疾儿童实行保教费减半收取政策，免收部分由当地财政予以补助。有条件的地区可以扩大学前教育补助范围，提高补助标准。

---

① 庞丽娟，范明丽．“省级统筹　以县为主”完善我国学前教育管理体制［J］．教育研究，2013（10）．

② 庞丽娟，洪秀敏．中国学前教育发展报告——农村学前教育［M］．北京：北京师范大学出版社，2013：36.

（二）贵州省学前教育财政投入

根据《贵州省人民政府关于加快发展学前教育的实施意见》，贵州省学前教育以县级政府投入为主，国家和省级给予补助的方式发展学前教育。认真落实政府主导、社会参与、公办民办并举的方针，建立健全政府、社会举办者、家庭合理负担的投入机制。省、市、县各级政府将学前教育经费列入当地财政预算，设立学前教育专项资金。新增教育经费要向学前教育倾斜。财政性学前教育经费在同级财政性教育经费中占合理比例，并逐年提高。2011—2020年，在没有公办幼儿园的乡镇、街道办事处新建的公办幼儿园，省级财政按每所50万元的标准进行补助。加快建立家庭经济困难儿童、孤儿和残疾儿童接受普惠性学前教育资助制度。按照贵州省政府73号令中关于“国家和省确定的农村税费改革转移支付各项资金用于农村教育的比例不得低于50%”的规定，各县（市、区、特区）可将农村税费改革转移支付资金部分用于学前教育。各市（州、地）政府（行署）、县政府划出一定比例的国有土地出让金用于发展学前教育。对各县2011年没有幼儿园建设任务的乡镇和街道办事处启动建设的幼儿园项目，省级财政进行适当补助。

（三）四川省学前教育财政投入

根据《四川省人民政府关于当前发展学前教育的实施意见》，四川省学前教育实行县级投入为主，上级适当补助，鼓励民间投资，家庭合理分担的学前教育投入机制。各级人民政府将学前教育经费列入财政预算。新增教育经费向学前教育倾斜。财政性学前教育经费在同级财政性教育经费中占合理比例并逐年提高。各地根据实际研究制定公办幼儿园生均经费标准和生均财政拨款标准。制定优惠政策，创新投入机制，积极鼓励社会力量办园和捐资助园。家庭合理分担学前教育成本。建立学前教育资助制度，资助家庭经济困难儿童、孤儿和残疾儿童接受普惠性学前教育。发展残疾儿童学前康复教育。支持鼓励有条件的幼儿园和特殊教育机构、残疾人康复机构开办残疾幼儿班和学前班。积极创造条件，推动30万人口以上、残疾儿童较多的县（市、区）建立专门的残疾儿童学前教育机构。地方人民政府加大投入，重点支持边远贫困地区和少数民族地区发展学前教育。规范学前教育经费的使用和管理。

（四）广西学前教育财政投入

根据广西《关于当前促进学前教育发展的若干意见》，广西在学前教育财政投入上采取了以下举措。

1. 各级政府把学前教育经费列入本级财政预算，及时拨付到位。新增教育经费向学前教育倾斜。财政性学前教育经费在同级财政性教育经费中占比合理并逐年提高。公办幼儿园生均经费拨款按每生每年不低于 20 元核定。提高残疾儿童学前教育生均经费，专项经费实行单列。自治区财政设立专项经费，支持农村地区、少数民族聚居区、边境地区、基础条件薄弱地区发展学前教育，支持开展师资培训。统筹用好中央专项资金发展学前教育。各市、县人民政府不断加大投入，重点支持农村学前教育和学前双语教育。加强学前教育经费管理，规范经费使用行为，提高经费使用效率。

2. 进一步完善学前教育成本分担机制，形成政府投入、社会举办者投入、家庭合理分担的投入机制。制定优惠政策鼓励社会力量投资办园和捐资助园。各地要采取政府奖励、税费减免、金融扶持和土地优惠等政策措施，鼓励和引导社会力量投资办园。同时，鼓励社会团体、企业、个人捐资助园，捐赠资金按税收法律法规规定在所得税税前扣除。各级政府对捐资助园成绩突出的社会团体、企业、个人给予表彰。

3. 建立学前教育资助体系。根据国家规定的学前教育资助政策，建立学前教育资助体系，资助家庭经济困难儿童、孤儿和残疾儿童接受普惠性学前教育。积极发展残疾儿童康复教育。

（五）西部地区学前教育财政投入情况分析

相对于东部发达地区，西部地区学前教育发展还面临师资严重紧缺、经费缺口较大、管理机制不够完善等诸多突出问题。国家应加强对西部地区发展学前教育的支持力度。首先，加快师资配备培养力度，通过适当扩编、加大学前教育免费师范生培养力度、定项补助支持解决非公办幼儿园教师工资待遇问题、鼓励幼儿教师参加在职学历培训等方式，增强学前教育师资力量。其次，加大教育经费支持力度，国家参照义务教育经费保障管理办法，设立西部地区学前教育生均公用经费，实行省、市、县按比例分担。另外，还要深化教育体制机制改革，一方面针对企业办幼儿园生存困难且企业归属层次较多、地方政府沟通联系不便等问题，建议采取国有民办或整体移交政府举办成公办幼儿园等方式，进一步理顺办园体制；另一方面，针对城镇小区配建幼儿园管理及移交问题，制定城镇小区配建幼儿园工作实施细则，对规划、建设、移交、举办以及回收、补建等做出具体规定。①

2011 年的《关于加大财政投入支持学前教育发展的通知》，把支持中西部农村扩大学前教育资源作为当前财政支持学前教育发展的重点工作之一。要求充分利用农村的闲置校舍改建幼儿园。中央财政按照拟改建的闲置校舍面积、新增入园幼儿数和每平方米 500 元的测算标准，按比例分地区予以补助。西部地区中央补助 80%，中部地区中央补助 60%，东部困难地区根据具体情况进行具体分配。2013 年，中央财政下达了学前教育发展专项资金 160.3 亿元，主要用于支持中西部地区和东部困难省的扩大学前教育资源，支持普惠性民办幼儿园发展，帮助农民工随迁子女、家庭经济困难及孤残幼儿接受学前教育。②

从“十二五”开始，中央和省级财政加大对贵州省学前教育发展的投入。仅 2011 年中央财政投入贵州省 4.4 亿元用于乡镇公办中心幼儿园建设，投入 600 万元用于“国培计划”培训学前教育师资，投入 900 万元用于扶持民办幼儿园发展；省级财政安排 1.5 亿元投入乡镇公办中心幼儿园建设，投入 100 万元用于提高学前教育发展质量。③ 面对国家明确要求、上级部门的推动，家底并不厚实的巍山县委、县政府最后下定决心将学前教育纳入全县经济社会发展规划，视为重大民生工程。在财政较为困难的情况下，该县每年安排 100 万元学前教育发展专项经费。

① 姚志伟，杜朋举，王永锋．上官吉庆：大力支持西部地区学前教育事业发展［N］．陕西日报，2015-03-13（3）．

② 杨亮．中央拨 160 亿扶持学前教育［N］．光明日报，2013-11-23（1）．

③ 刘启艳，刘锰．西部城乡学前教育现状、问题及其对策——以贵州省学前教育发展为例［J］．贵州社会科学，2013（4）．

第四节　东、中、西部地区学前教育财政投入比较

长期以来，我国东、中、西部地区学前教育在财政投入方面，有着比较显著的差异性。我国中西部农村地区对中央财政的依赖比较严重。2015 年，各级政府共资助幼儿 429.16 万人，占在园幼儿总数的 11.38%。其中，西部地区资助幼儿 253.02 万人，平均资助比例为 22.78%；中部地区资助幼儿 83.95 万人，平均资助比例为 6.19%；东部地区资助幼儿 92.19 万人，平均资助比例为 7.07%。从资助金额来看，西部地区共资助 32.27 亿元，占 62.37%；中部地区 8.53 亿元，占 16.49%；东部地区 10.94 亿元，占 21.14%。具体见图 8-1。[①]

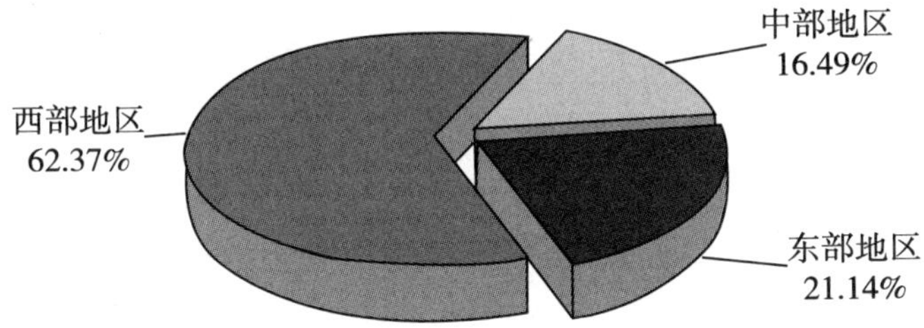

图 8-1　2015 年学前教育政府资助资金区域分布

在东部地区，得到财政补助最多的是我国学前教育强省江苏省，最少的是海南省；公共财政预算最多的是河北省，最少的是海南省；生均公共财政预算教育经费支出最多的是上海市，最少的是广东省。

在中部地区，得到财政补助最多的是河南省，最少的是黑龙江省；公共财政预算最多的是河南省，最少的是吉林省；生均公共财政预算教育经费支出最多的是吉林省，最少的是河南省。

① 全国学生资助管理中心 . 2015 年中国学生资助发展报告［R/OL］.（2016-09-01）［2018-07-06］. http://www.moe.edu.cn/s78/A05/moe_ 702/201609/t20160901_ 277355.html.

在西部地区，得到财政补助最多的是陕西省，最少的是宁夏回族自治区；公共财政预算最多的是陕西省，最少的是宁夏回族自治区；生均公共财政预算教育经费支出最多的是西藏自治区，最少的是广西壮族自治区。具体见表 8-1。

表 8-1　我国东中西部地区地方农村幼儿园财政投入比较（单位：元）

地区	省市区	财政补助	公共财政预算	生均公共财政预算教育经费支出
东部11	北京	982962	681382	16007
	天津	474792	396612	6024
	河北	3003630	2662207	2273
	辽宁	452065	415678	2337
	上海	1190061	1058410	16169
	江苏	3414684	2647153	2442
	浙江	2821436	1921299	4999
	福建	1814560	1544981	3480
	山东	2824565	2534493	2310
	广东	1372940	1198859	1305
	海南	351508	288523	5178
中部8	山西	1119199	869325	2328
	吉林	593629	508603	4643
	黑龙江	587948	542272	4118
	安徽	1599784	1273475	2707
	江西	1076087	940563	2859
	河南	1826820	1493947	1300
	湖北	957192	752015	1854
	湖南	1155075	1028433	2013
西部12	四川	2606535	2251246	2611
	重庆	730561	568784	1740
	贵州	1386272	1268022	2673

续表

地区	省市区	财政补助	公共财政预算	生均公共财政预算教育经费支出
西部12	云南	1303795	1042293	2139
	西藏	1173349	762873	20105
	陕西	3407494	2976819	7096
	甘肃	1140459	934249	3827
	青海	487496	306709	5693
	宁夏	258494	175643	3067
	新疆	2168432	2089485	4700
	广西	1036729	959637	1312
	内蒙古	1954004	1447826	7515

资料来源：教育部财务司，国家统计局社会科技和文化产业统计司．中国教育经费统计年鉴 2015［M］．北京：中国统计出版社，2016：474，590，655.

从全国来看，得到财政补助最多的是我国东部地区的江苏省，最少的是西部地区的宁夏回族自治区；公共财政预算最多的是西部地区的陕西省，最少的也是西部地区的宁夏回族自治区；生均公共财政预算教育经费支出最多的是西部地区的西藏自治区，最少的是中部地区的河南省。从数据来看，整体而言，各省财政补助、公共财政预算、生均公共财政预算教育经费支出等数据依然呈现“东西高、中部凹的格局”[①]，表明未来我国各级政府需要进一步调整财政投入政策，加大对中部地区学前教育的财政投入力度。

教育机会均等、教育公平等民权思想当前已经深入人心。但是，传统社会里的公共资源都是由政府代百姓掌管的，长官意志往往成为分配公共资源的实质依据，教育公平缺乏制度性保障。[②] 国家教育财政公平的基本要求是不同阶层和社群之间按比例平等分配教育经费，而分配有着诸多类型原则，在资源均等分配原则、财政中立原则、成本分担和成本补偿原则的基础上，

① 学前教育成本分担研究课题组，吴静．我国东部、中部、西部学前教育成本分担现状分析与政策建议［J］．学前教育研究，2015（1）．

② 李辉．幼儿教育券：我国幼教体制改革的可行方案［J］．幼儿教育（教育科学），2009（1、2）．

运用对于弱势群体的积极歧视原则和公共资源从富裕流向贫困原则十分重要。由于我国幅员辽阔，地区差异大，中央与地方政府应根据各地具体情况承担不同程度的主体责任。在中西部农村地区，学前教育财政保障的主体应该以中央政府为主，实行中央财政承担70%，省财政承担20%，县财政承担10%的成本分担机制。东部经济发达的农村地区，其学前教育财政投入保障的重心则以中央支持下的地方政府为主。唯有如此，才能有效地缩小我国学前教育发展的巨大地区和城乡差异。为此，在我国“十三五”发展阶段，中央和地方政府应明确将发展农村学前教育作为推进教育公平的着力点和关键环节，以农村儿童为重点实行部分免费学前教育，建立适合我国新时代国情和现实需要的学前教育经费投入及分配制度，切实推进以公办为主体的农村普惠性学前教育的健康有序发展。

出 版 人　李　东
责任编辑　王春华
版式设计　孙欢欢
责任校对　贾静芳
责任印制　叶小峰

图书在版编目（CIP）数据

农村学前教育公共服务研究／尹坚勤等著．—北京：教育科学出版社，2019．6
ISBN 978-7-5191-1899-0

Ⅰ．①农…　Ⅱ．①尹…　Ⅲ．①乡村教育—学前教育—公共服务—研究—中国　Ⅳ．①G619．2

中国版本图书馆 CIP 数据核字（2019）第 092483 号

农村学前教育公共服务研究
NONGCUN XUEQIAN JIAOYU GONGGONG FUWU YANJIU

出版发行	教育科学出版社		
社　　址	北京·朝阳区安慧北里安园甲 9 号	**市场部电话**	010-64989572
邮　　编	100101	**编辑部电话**	010-64989395
传　　真	010-64989419	**网　　址**	http://www.esph.com.cn
经　　销	各地新华书店		
制　　作	北京金奥都图文制作中心		
印　　刷	保定市中画美凯印刷有限公司		
开　　本	720 毫米×1020 毫米　1/16	**版　　次**	2019 年 6 月第 1 版
印　　张	16.75	**印　　次**	2019 年 6 月第 1 次印刷
字　　数	245 千	**定　　价**	58.00 元